国家社科基金
重大项目成果

对外汉语教学语法丛书
◎总主编 齐沪扬

助词“着”

胡建锋 ◎主编 | 崔维真 ◎著

北京语言大学出版社
BEIJING LANGUAGE AND CULTURE
UNIVERSITY PRESS

图书在版编目（CIP）数据

助词“着” / 胡建锋主编 ； 崔维真著. -- 北京 ： 北京语言大学出版社，2025. 6. --（对外汉语教学语法丛书 / 齐沪扬总主编）. -- ISBN 978-7-5619-6804-8

Ⅰ. H195.3

中国国家版本馆 CIP 数据核字第 2025UF1235 号

助词“着”

ZHUCI “ZHE”

排版制作： 北京光大印艺文化发展有限公司
责任印制： 周 燚

出版发行： 北京语言大学出版社
社　　址： 北京市海淀区学院路 15 号，100083
网　　址： www.blcup.com
电子信箱： service@blcup.com
电　　话： 编 辑 部　8610-82303647/3592/3395
国内发行　8610-82303650/3591/3648
海外发行　8610-82303365/3080/3668
北语书店　8610-82303653
网购咨询　8610-82303908
印　　刷： 北京联兴盛业印刷股份有限公司

版　　次： 2025 年 6 月第 1 版　　**印　　次：** 2025 年 6 月第 1 次印刷
开　　本： 787 毫米 × 1092 毫米　1/16　　**印　　张：** 15.5
字　　数： 261 千字
定　　价： 82.00 元

PRINTED IN CHINA

凡有印装质量问题，本社负责调换。售后 QQ 号 1367565611，电话 010-82303590

总　序

摆在读者面前的，是国家社科基金重大项目“对外汉语教学语法大纲研制和教学参考语法书系（多卷本）”（17ZDA307）的所有成果。这些成果包括大纲系列4册、书系系列26册、综述系列8册，以及选取研究过程中发表的一部分优秀学术论文集辑而成的论文集1册，共计39本著作，约700万字。这个项目的研制，历时5年有余，参加的研究人员多达50余人，来自国内和海外近30所高校。

2017年11月，全国哲学社会科学工作办公室正式公布“2017年度国家社科基金重大项目立项名单”。2018年4月14日，国家社科基金重大项目“对外汉语教学语法大纲研制和教学参考语法书系（多卷本）”的开题报告会举行。2019年8月，2017年度国家社科基金重大项目中期检查评估报告提交，2023年1月召开课题结项鉴定会。

根据专家组意见，特别是专家组组长赵金铭教授两次谈话的意见，按照全国哲学社会科学工作办公室立项通知书上的要求，本项研究牢固树立问题意识、创新意识和精品意识，立足学术前沿，体现有限目标，突出研究重点，注重研究方法，符合学术规范。项目的执行情况、所解决的问题和最终成果如下：

大纲、书系和综述是主要的研究成果。三类不同的成果面对的读者是不一样的：大纲是给教师教学与科研使用的，同时也顾及学习汉语、研究汉语的一些国际学生；书系主要是给在一线教学的对外汉语教师看的，以解决这些教师在教学过程中的实际问题为目的；综述是对大纲和书系的补充，主要面向对外汉语教师、汉语国际教育专业研究生和本科生，以及需要进一步了解、研究相关领域的群体，为这些人继续研究相关问题提供材料和方法。三种不同的读者群体决定了三类成果的不同写法。

1. 大纲研制

大纲研制的最终成果是两套大纲：分级大纲（初级大纲和中级大纲）和分类大纲（书面语大纲和口语大纲），共 4 册。语法大纲不局限于语法知识本身，而是以学习者语言能力的培养为目标。凡是能促进学习者语言能力的语法项目都应析出为大纲的项目。语法项目的编排依据的是语法形式，使用条件式来描述细目的功能。使用条件式有利于促进语法知识转化为语言能力。

分级大纲中语法项目的等级不宜简单理解为语言本身的难度区分，更应理解为习得过程性的内在要求。以促进学习者生成语言能力为目标，支持学习者语言能力生成的语法项目都应列目，项目编排以语法结构为基础，细目的描写以促进语言能力生成为重。大纲体现习得的过程性，总体上为螺旋形呈现。

目前对外汉语教学和科研依据的都是通用语体的语法大纲，至今尚没有分语体的大纲问世，这种状况显然与发展迅速的第二语言教学事业不相适应。书面语语法大纲和口语语法大纲的研制，填补了大纲研究的空白，在今后的教学指导、教材编撰、汉语水平测试等方面，都能发挥很大的作用。

2. 书系研发

我们在全国范围内分三批次遴选和推荐了撰稿人，这些撰稿人都有长期从事对外汉语教学的经历，且都是语法专业背景出身。从目前情况看，学术界和教学界都需要这一类书，这套书也具有填补空白的作用。而且，这套书是开放性的，条件成熟了可以再继续做下去，达到 30 本到 50 本的规模，甚至再多一些都是可能的。

书系的研发应以"语法项目"作为书名，不求体系完整，成熟一本撰写一本；专业性不能太强，要考虑到书系的读者需求，他们阅读这本书是为了解决教学上的问题，除了必要的理论阐述和说明之外，要尽量早一点儿切入到教学中去；提出的问题要切合教学实际，60～80个问题，其实就是这本书的目录，有人来查，很快就能对症下药，找到自己想要的东西；提的问题要有针对性，要有实用性，针对学生的水平等级，围绕这个语法项目，把教学上可能遇到的问题按等级排序。总之，这是一套深入浅出的普及性小册子，一定会受到广大对外汉语教师的欢迎。

3. 综述编著

按照标书要求，阶段性成果包括两套综述汇编。编著这两套综述汇编，首先是项目研制的需要，是和大纲研制、书系研发互相支撑、互相配合的；其次是近20年的综述汇编，学术界和出版界均尚无相关成果问世，很多研究者迫切需要这方面的资料；最后是这套综述汇编的写法与其他综述成果不同，两套综述不仅仅是“资料汇编”，里面更有很多作者的评议和引导，是“编著”类的“综述”，这类“综述”其实是不多的。这样的写法比目前在做的或者已经出版的“综述”要科学得多，实用得多。

综述分为两套:《近20年对外汉语语法教学研究》和《近20年汉语作为第二语言语法习得研究》。综述的主要读者应该是研究者，是关心该领域的研究者，作者收集的材料要尽可能齐全，作者所做的分析要有依据，作者做出的解释要能让研究者信服。两套综述都能做到对相关问题做出梳理，述评结合，突出评价的学术性、原创性和实用性，力图使读者对相关论题有一个全面的认识和深刻的思考，并为进一步的研究提供方向。

对上述这些成果的介绍只能点到为止，事实上，具体到每一本著述，都是有必要重点介绍的。好在每套书都另有主编，请读者自行阅读每套书的主编写的“序”吧。我这里还想向读者介绍的是这些著述的作者们，没有他们，这些成果难以问世。

本项课题涉及面广，研究人员多，在最初填写招标书时我们已经意识到了：“本项研究工程浩大，……大纲和书系非一校之力可完成，将集中全国不同高校共同承担。”本课题前后参加研究的人员有 50 多人，分布在国内及海外近 30 所高校。如何将这些研究人员组织起来，集思广益，凝神聚力？课题组在“集全国高校之力”上，下了大力气。

原先设想由某个高校具体负责某块项目研究，但该想法在实际操作中遇到了问题。开题报告会后，课题组调整后的组织方式体现出优势来。四个研发小组的组长取代了原来子课题负责人的职位和功能，优势体现在：他们面对的是具体的项目，而不是具体的研究人员；他们针对项目选取研究人员，而不是为已有的研究人员配备研究内容；他们可以从全国高校选择自己相中的研究人员，而不需采取先满足校内再满足校外的程序和方式。人尽其才，物尽其用，效率提高，质量保证，自然是意料之中的结果。例如，书系组的 20 多位作者来自 15 所高校，综述组的作者来自 12 所高校。这是第一个方面。

第二个方面，就是充分利用会议的机会，将会议定位于有目标的会议、有任务的会议，让会议开出成效来。自课题立项之后，围绕着课题的研究进展，课题组已经开过多次会议。一是一年一度的“教学语法学术讨论会”，课题组所有人员都参加，至今已经开过多届：淮北（2017）、扬州（2018）、南宁（2019）、黄山（2020），等等。二是一年多次的课题专项讨论会，有需要就开。如在杭州，就分别开过综述组、数据平台组、书系组的专项讨论会；在南京、上海都开过大纲组的专项讨论会；2020 年 7 月，在腾讯会议上开过两次大纲组的专项讨论会；等等。这些会议目标明确，交流便捷，解决问题能力强，时间跨度短，是联络不同高校研究人员的好方式。

这套书的所有主编和作者都十分尽力。对外汉语教师的工作量很大，大多数人都有每周 10 节以上的课时量；况且，大多数人的手上还有自己的科研项目要做，还有自己指导的研究生的论文要看，还有各自的不同研究论文要写。种种忙碌和辛苦之中，要挤出这么多时间和精力，去从事另外一块研究任务，还是高标准、有要求、无报酬的研究任务，如果没有一种对对外汉语教师这个职业的由衷热爱，没有一种为对外汉语教学事业做点儿贡献的精神支撑，他们是断然不可能接受这样的研究任务的。更何况有些作者接受了两项不同的研究任务，研究强度和研究压力可想而知。因此可以这么说，这些成果渗透着作者们的辛劳，饱含着作者们的心血，每一本都是“呕心之作”，这样的赞誉是得当的。

北京语言大学出版社是这个项目的合作者和推动者。项目立项不久，出版社和课题组就有过接触。出版社前后两任社长和总编辑都向课题组表过态，希望这个课题的所有成果能在北京语言大学出版社出版，出版社愿意为课题的宣传、推广、出版尽责任，做贡献。2020 年 1 月，课题组和出版社有过进一步的密切联系，敲定了详细的合作计划。2022 年 3 月，出版社申报的“对外汉语教学语法丛书”成功入选 2022 年度国家出版基金资助项目。这些成果的出版，没有出版社的支持是做不到的。

再次感谢在漫长的研究过程中给予我们支持、帮助的所有老师和朋友。

对于这套教学参考语法书系，这里想重点介绍下这套书系的编撰特点和编撰原则。编撰特点可以归纳为以下四点：“设计理念要接受多元的语言学理论指导”“编撰方针是两种语法分析方法的结合”“结构框架要考虑本体研究和教学研究的需要”“问题设计要以‘碎片化’语法为主”。关于这四点的具体阐述就不再展开了，事实上读者通过这四点已经可以大致了解这套书系的编撰理念了。入选的 26 本专著选取了不同的语法项目作为书名，面对不同的主题，每本书都会在不同层面、不同角度、不同对象上反映出这套书系的整体面貌和阐述形式，以及结构框架和问题设计，值得一读。

这套教学参考语法书系两个必须遵守的编撰原则是普及性和实践性。普及性原则体现在要做到对读者进行语法知识的普及。语法知识普及要考虑两个方面的问题：一是理论知识的普及，一是语法术语的普及。书系的编写还要遵守实践性的原则，这个原则体现在三个方面：一是面向教学实践，二是面向教师群体，三是面向教学语法。这套书系不以学术高度与理论深度为目标，而以是否能够解决实际问题为标准。出版这样的系列丛书尚属首次，相信普及性原则和实践性原则会使这套书系更接地气，更受欢迎。

教学参考语法书系研发是和汉语教学语法大纲研制平行的、互相支撑的一项研究，书系是以大纲为参照编写的，作为本体研究和教学研究的重要工具书，是对大纲的深化和阐述。书系书目的确定，编写方式的确定，以至于作者队伍的确定，都尽量做到和大纲的研制同质同步。当然，由于书系服务的目标人群和大纲不完全一样，作者会更多地关注语法教学的实效性，对具体问题的一些处理，可能会有与大纲不同的地方，这一点也是需要说明的。

谨以此作为总序。

齐沪扬

初稿于2020年7月

二稿于2022年5月

三稿于2022年12月

序

本专辑包括《助词“了”》《助词“着”》《“能”和“会”》《语气词》和《语篇的衔接与连贯》五本著作，是齐沪扬教授主编的对外汉语教学语法丛书书系系列六大专辑之第三辑。

之所以把这几本专著放在一个专辑里，主要是因为它们有几个共同点：第一，在研究内容上都是相对封闭的。《助词“了”》《助词“着”》和《“能”和“会”》都是写一个词或一组词的，而《语气词》的研究对象也是有限的，至于《语篇的衔接与连贯》，是语篇研究中的一个重要部分，是研究衔接手段、衔接成分的，和前面几本一样，在研究内容上也是相对封闭的。第二，“了”“着”“能”“会”和语气词，以及小句之间的衔接方式，在教学和学习过程中都是高频出现的。第三，这些形式在使用时涉及多层面的因素，有多种意义，用法具有多样性。第四，“了”“着”“能”“会”和语气词等的用法或表达的意义，都与语境密切相关，只有在语境中，才能全面、准确了解。

近年来，越来越多的学者认识到，语言教学的范围不仅包括语法、词汇层面的内容，还包括语用、语篇等相关内容，不仅要让二语学习者学得会，更要让他们用得好。与之相关的，对于一个词或者语法点应该讲授哪些内容，在传统的关于句法、语义研究的基础上，学者们也开始关注语用和语篇的相关内容。从研究内容上看，本辑的专著，除了尽可能解决传统的句法和语义问题外，还着力解决在中介语语料库中体现得很突出的语用和语篇问题。有些语篇，即使在词汇、句法等方面都没有问题，看起来仍然不地道，主要就是在语篇的衔接和连贯方面出现了问题；再如信息配置方面的问题，信息的类别从不同视角可以分为已知信息与新信息、前景信息与背景信息、预期信息与非预期信息等，而在不同的语言中，不同信息类别进入语篇的方式可能存在差异，学习者习得汉语时难免会出现各种问题，这与具体语言形式相关，如“着”“了”等时体标记就与前景/背景信息配置密切相关；还有语言的主观性方面的问题，进入语篇的语言不仅传递客观信息，而且传递主观信息，不同语言中，表达主观性的手段不尽相同，汉语情态词、语气词都与主观性表达密切相关。

本辑的专著不仅关注研究对象自身的用法，更关注与之相关的词语或句式之间的系统性，比如关于“能”和“会”的研究，不仅基于情态义分析它们的句法特征等，还关注它们与其他语法范畴的联系与制约关系。在研究中，注意不同层级的用法差异，关注高层级对下一个层级的制约等，比如助词“了”“着”等，特别关注其在不同句式中的用法，从高层面研究它们的具体用法。研究的内容从句法、语义到语用、语篇，全面覆盖教学可能涉及的知识点，比如关于语气词的研究，不仅说明不同语气词的话语分布特点、话语功能，还关注常见偏误，以及具体教学的问题等；关于语篇衔接的手段，不仅关注显性衔接，还关注隐性衔接，研究的内容都非常全面。几本专著都着力解决二语习得过程中的一些常见偏误问题和教学中的常见问题，相关的内容具有直接的应用价值，问题的设置都具有针对性。

同时，每一本专著又有着自己的特色。《助词“了”》对于如何处理具体问题视角十分明晰，从“性质与功能”“联系与区别”“连用与共现”“偏误与原因”“教学与实践”等角度处理相关问题，秉持从简从易的原则，比如把词尾“了”和句末“了”作为同一个体标记在不同位置上的分布来处理，将复杂的问题简单化，具有操作性，全书“以简约为求”。《助词“着”》从绝对时间和相对时间视角出发考察了“着”的用法，还从动词或动词词组的类别、数量词组、外部事件参照等角度进行探讨，并结合时间副词、相关结构和句式等，对相关用法进行全方位的研究，突显了“着”的时间性特征对其功能的影响，全书“以时间为线”。《“能”和“会”》以语义为着眼点，基于“能”和“会”的情态义分析它们的句法特征及其与其他语法范畴的联系与制约关系等，在此基础上，分析、解释和应用“能”和“会”，考察细致入微，对各种用法以及使用的条件都有详细的描写，全书“以分布为纲”。《语气词》基于该类词的多样性、动态性和细微性的特点，将汉语抽象、空灵的语气词用法置于具体的用法中讲解，选取日常口语中两个常用语气词“呀”“吧”做详细介绍，另选取若干常用语气词做典型功能及用法介绍，使得语气功能易于理解，语气差异具体可感，全书“以用法为引”。《语篇的衔接与连贯》围绕语篇衔接与连贯这个核心，考察了影响语篇衔接与连贯的具体因素，比较了一些衔接方式对语篇组构产生的影响等，从二语习得中的偏误出发，基于已有的相关成果，针对具体的衔接对象，进行相关衔接方式的选择性研究，全书“以组构为要”。

以上五本专著基于教学和学习，选择不同的研究视角，或者考察了相关的知识，或者介绍了相关的方法，对可能出现的问题做出内容取舍。我们相信，这些对本知识点或者相关知识点的研究成果，无论对教学还是对学习，都具有直接的参考价值，必将有助于提升教师相关语法知识的教学水平。

胡建锋

2022 年 5 月

目　录

第三部分 句法规则 / 60

引 言

齐沪扬教授主持的国家社科基金重大项目“对外汉语教学语法大纲研制和教学参考语法书系（多卷本）”（17ZDA307）力图重新研制对外汉语教学语法大纲，并编写教学参考语法书系（以下简称“书系”）。其中，书系的推出旨在解决理论研究、习得研究、教学研究脱节的难题，将理论研究中的最新成果与留学生偏误现象、一线教学实践相结合，探讨构建对外汉语教学语法体系的新思路。书系以“一点一书”的形式呈现，即一个知识点编写一本书，《助词“着”》就是该书系的组成部分之一。

一、为什么选择助词“着”？

助词“着”既是本体语法研究的重点，又是教学语法研究的难点，它的分布及使用规律在汉语言中本身就比较复杂。

从语法形式来看，助词“着”具有“非强制性使用”的特点（吴福祥，2005）。不管是表示动作的进行，还是表示状态的持续，助词“着”都不是必须出现的，汉语中动词零形式、时间副词、体标记等其他手段均可起到相同作用。

从语法意义来看，助词“着”具有［－完整］［＋持续］［±动态］等语义特征。助词“着”关注“持续 / 非持续”，而不关注“完成 / 非完成”。因此，助词“着”可以与持续动词等共现，但不能与达成动词、完结动词等共现。

以往的对外汉语语法教材总是把精力放在单句中助词“着”的语法形式、语法意义的阐释上（陆方喆，2013），对于助词“着”的跨语言差异重视不够，对“V 着”存现句、“V 着”连动句的语篇功能介绍得较少。因此，虽然学习者学习了助词“着”的句法规则和语法意义，但却很难在交际中准确使用。有鉴于此，本书在回顾汉语助词“着”的本体研究、习得研究的基础上，总结、归纳前人的研究成果，并对助词“着”的教学、习得研究提出建议。

二、助词“着”的语法意义研究述评

从语法性质来看，有研究者立足于词法，将“着”分析为记号、动词后缀（词尾 / 后附成分）（王力，1943；朱德熙，1982）；也有研究者立足于句法，将“着”分析为体标记（形尾）或动态助词（小品词 / 语助词）（陆俭明，1999）。

从语法意义来看，受动词情状类型的影响，助词“着”具有[－完整][＋持续][±动态]的语义特征（戴耀晶，1997）。[－完整]指的是助词“着”不能跟有界性成分（如时量补语、动量补语、结果补语、趋向补语等）共现。[＋持续]指的是助词“着”可以和持续动词、状态动词共现，不能与瞬间动词、心理动词、关系动词、完结动词共现（马庆株，1981；陈平，1988；郭锐，1993；龚千炎，1995；戴耀晶，1997；杨素英、黄月圆，2009）。[±动态]指的是：跟持续动词共现表示动作正在进行（记为“着$_1$”），跟状态动词共现表示状态的持续（记为“着$_2$”）（木村英树，1983；李临定，1985；刘宁生，1985；戴耀晶，1991，1997；郭锐，1997；钱乃荣，2000；石毓智，2006）。然而，也有研究认为“着”的语法意义是“持续”，“V 着”表示的是内部均质的状态（石毓智，1992；袁毓林，1993；方梅，2000）。

从时体属性来看，有很多研究认为助词“着”是持续体标记（戴耀晶，1991，1997；左思民，1997；石毓智，2006；陈前瑞，2008）。时间副词“在、正、正在”表示进行义（陈刚，1980；倪立民，1980），而助词“着”并不表进行义（仇志群，1981）。其中，“在＋V”关涉的是“事件”，结构本身存在一个内在的自然终止点，是可以独立成句的，而“V 着”关涉的是“动作”（陈月明，1999），结构本身不存在一个内在的自然终止点，是不能独立成句的；前者与说话时间发生关系，后者只表示“V”的持续，不与说话时间发生关系（肖奚强，2002；祝东平、祝郝，2012）；前者表示“事件在进行”，后者表示“状态在持续”（杨西彬，2013；何薇、朱景松，2015；沈梅英，2016）；前者着眼于对事件整体的观察，具有陈述性、前景化的语用功能，而后者着眼于对事件内部的观察，具有描述性、背景化的语用功能（尚新，2009a）。从事件语义学的角度来看，受重复性语义解读和名词论元复数特征的影响，事态重复只能跟“在”共现，跟“着”共现的只有片段重复（王媛，2012）。

石毓智（2006）指出，“正”表达动作在开始和结束之间某一时间位置上的进行，“在”着眼于动作从过去某一个不确定的时刻到目前的进行状况，而“着”注重表达动作从说话时刻到将来的进行状况或者某个动作结束后的结果状况。欧阳晓芳（2020）进一步指出，“正”属于时域，是对事件进行精准时间定位的相对时标记；“在”属于体域，是表示动作进行或状态持续的进行体标记；“着”是状态化标记。

在助词“着”是否兼表时这一问题上，研究结论并不一致。张秀（1957），龙果夫（1958），雅洪托夫（1959），李铁根（1999），陈立民（2006），瞿云华、冯志伟（2006）均认为助词“着”兼表时，且具有已然义。动词的词汇意义能够表示某种时间特征，能够跟助词“着”共同表示句子的时间类型（陈平，1988；龚千炎，1995）。李铁根（2002）进一步指出：在绝对时标记中，助词“着”表已然；在相对时标记中，助词“着”表同时。然而，也有研究认为，从外部时间性来看，动态“着”属于时体标记，静态“着”不是，前者属于典型的时体助词，后者属于同形异质语素（郭锐，2015；于秀金、吴春相，2017）。

综上所述，本体研究对助词“着”语法意义的深度挖掘，有效拓宽了对外汉语教学语法的思路。但本体语法研究侧重于理论探讨，而教学语法研究偏重探讨句法规则和限制条件。例如，表“动作进行”的“V着”结构完句条件较为复杂，不仅对谓语动词的情状类型有限制，而且对句子中的各个句法成分（如主语、定语、状语、宾语）均有约束。表“状态持续”的“V着”结构往往出现在特定的句式中，如“V着”存现句、“V着”连动句等，这些句式均具有特定的构式义，在语篇中往往具有特殊的语用功能。

三、助词“着”句法结构、语用功能研究述评

张黎（1996）明确将句法结构和助词“着”的语义特征结合起来进行讨论，

将助词“着”的语法意义在句式中固定下来。一般来说，助词“着”能构成“V着”句、“V着”存现句、“V着”连动句[①]（吕叔湘，1999；刘月华、潘文娱、故韡，1983；孙德金，2000；李蕊、周小兵，2005；周小兵，2007）。

3.1 “V着”句

受动词情状类型的影响，“V着”结构主要表示动作或状态的持续。由于“V着”结构本身具有无界性的语义特征，且不具有一个内在的自然终止点，因此，“V着”句往往需要添加定语性成分、状语性成分或具有复数性语义特征的主语和宾语来提升句子的有界性，使其成为一个语义自足的句子。这些完句成分往往能顺应、强化“着”的持续义。

一般来说，定语成分主要用来修饰限制主语、宾语的数量、频次，使其具有复数性、重复性、延续性的语义特征。状语成分多由时间名词、时间副词、处所状语及其他修饰性成分充当，主要用来说明动作行为持续的时间、情状或场所。如时间副词“一直、从来、仍然、已经、曾经”具有强化持续义的功能，因此能够与“V着”结构连用（夏群，2009；王梓秋，2014；杨荣祥，2019），而不具有持续义的时间副词则不能与“V着”连用。

3.2 “V着”存现句

根据动词的语义特征，“V着”存现句可分为静态存现句和动态存现句[②]（朱德熙，1981）。根据宾语的语义类型，“V着”存现句可分为施事存现句和受事存现句。

范方莲（1963）认为“V着”存现句中的“着”和“了”可以互换。“着”和“了”在存现句中的差别被存现动词中和了（刘宁生，1985；李临定，1986）。在静态存现句中，“着”和“了”可以互换；但在动态存现句中，“着”强调动

---

① 事实上，助词“着”能构成的句式还有很多种。不过，从对外汉语教学语法的角度来看，这三种句式使用频率最高。

② 静态存现句主要表示状态的持续（陈庭珍，1957；范方莲，1963；宋玉柱，1982；马希文，1987；胡裕树、范晓，1995），动态存现句主要表示动作的持续（宋玉柱，1992，2004）。

作的持续，而“了”强调动作的完成，两者不能互换（聂文龙，1989）。任鹰（2000）进一步分析了静态存现句中“着”和“了”意义相当的原因。

不过，王葆华（2005）从认知语言学的角度出发，指出“V着/了”存现句在认知视点、认知模式上存在较大差异。前者的认知视点、认知模式是整体的、静态的概要模式，而后者表达的是局部的、动态的顺序模式。“V着”存现句表示持续视点体的意义，而“V了”存现句表示中性视点体或结果完成态的意义。从语用功能的角度来看，前者侧重于对眼前状态的描写，偏重描写静态场景，而非叙述动态事件（田臻，2012），而后者着眼于对情况变化的叙述（董成如，2010；税昌锡，2011）。

3.3 “V着”连动句

从句法结构来看，“V_1着V_2”结构中，“V_1”主要表现静态义，对“V_2”进行限制或描写；“V_2”往往具有较实在的动作义（李向农、张军，2001）。从语法意义来看，“V_1着V_2”结构表示动作持续的共时同现关系（袁梅，2002）；前后两个动词所构建的连动结构具有较为明显的时体完整性特征，且两个动作行为之间存在时间相互依附性，从而使整个连动结构具有事件特征（尚新，2009b）。

从句法结构来看，“V_1着V_1着……V_2……”中的“V_1”和“V_2”都是由同一动作主体发出的，“V_2”表示的是主体行为或情绪等方面的变化。“V_1着V_1着”表示的动作行为在时间上不是一个点，而是一个时段，在这个时段内动作持续不断。从语法意义来看，“V_1着V_1着……V_2……”表示某种动作正在进行时又出现另一种动作行为或状态（侯友兰、徐阳春，2002）。

从语法意义来看，“V_1着V_2”连动句中，连动式前项动词和后项动词具有多种意义关系。如“方式—动作”关系、“动作—目的”关系、“先时—后时”关系、“肯定—否定”关系（吕叔湘，1980；朱德熙，1982）。

从语用功能来看，连动结构中的“V着”主要提供背景信息（方梅，2000）。具体而言，在语篇中，“V着”连动句既不充当起始句，也不充当终结句，而是充当说明事件进展的背景句，旨在描写、说明动作行为的状态、方式，以及可能产生的结果。

对外汉语教学中，助词“着”的三种句法结构形式较为简单，但用法较为复杂。[①]“V着”句的完句条件往往跟句子的有界性密切相关，而不同母语者对事件有界性的认知心理并不相同，因此留学生并不能完全掌握“V着”句的完句条件。“V着”存现句的句法结构、语法意义较为明晰，且在英语、日语、韩语、泰语中均存在对应形式。“V着”连动句在其他语言中并不多见，其他语言多以连词等形式来表示前后两个动作之间存在“先时—后时”“方式—动作”“动作—结果”“肯定—否定”等语义关系。学习者容易理解表“先时—后时”语义关系的汉语“V着”连动句，因为“时序”关系是最基本的逻辑事理关系，但另外三种语义关系不太容易被接受。在具体使用过程中，学习者可能存在回避使用的倾向。

四、助词“着”二语习得研究述评

4.1 动词情状类型对助词“着”习得的影响

首先，动词情状类型影响助词“着”的习得。研究发现，学习者普遍先掌握静态持续义，后掌握动态持续义（杨素英、黄月圆，1999；孙德金，2000；李蕊，2004；杨素英，2016）。然而，也有研究指出，在母语为英语的学习者中，“着”多用于活动情状（杨素英，2016）。

此外，研究者还运用“体假设”的普遍原则来解释汉语体标记的习得顺序（金利民，2009；杨素英，2016，2017；徐彩华、徐晴、王昭等，2019；王昭、徐彩华，2022）。然而，“体假设”主要建立在欧洲语言习得的基础上，跟印欧语言相比，汉语中“着”的使用具有非强制性，其他词汇手段也可表示持续义。此外，“体假设”理论主要将助词“着”的使用跟动词及小句的情状类型联系起来，忽视了其他句法成分对助词“着”的潜在影响。

---

① 助词“着”还可以出现在“V着A”句、“V着”“把”字句、“V着”“被”字句等句式中，这些句式在对外汉语教学中属于非重点教授句式，此处不再赘述。

4.2 母语背景对助词“着”句法结构习得的影响

研究发现，母语背景不同，助词“着”句法结构的习得顺序也不相同（孙德金，2000；李蕊、周小兵，2005；刘瑜，2010；丁雪欢、曹莉敏，2014）。孙德金（2000）指出，以英语为母语的留学生习得含有助词“着”的句法结构时，习得顺序依次为“V着”存现句、“V着V”句、“V着”句；李蕊、周小兵（2005）指出，助词“着”的习得顺序应为“V着”句、“V着V”句、“V着”存现句。刘瑜（2010）指出，韩国留学生助词“着”的习得顺序为“V着”存现句、“V着”句、“V着V”句。丁雪欢、曹莉敏（2014）指出，东南亚留学生助词“着”句法结构习得顺序为“V着V”句、“V着”句、“V着”存现句。汉语助词“着”和留学生母语相应结构的对应关系会影响助词“着”的习得顺序。母语迁移及语言标记性是影响助词“着”习得的重要因素（刘瑜，2010；刘瑜、陈德胜，2010；丁雪欢、曹莉敏，2014）。

4.3 二语水平对助词“着”句法结构习得的影响

研究发现，随着学习等级的提高，体标记助词“着”逐渐被掌握（杨素英，1999）。然而，也有研究指出，学习汉语的时间长短跟“着”的习得程度高低不呈正相关关系（周小兵，2002；李蕊，2004；李蕊、周小兵，2005）。随着汉语学习等级的提升（尤其是从初中级到高级），东南亚学习者“着”的习得程度整体上会有提升，但在中期可能会出现停滞甚至倒退（丁雪欢、曹莉敏，2014）。这表明，不同水平二语者所处的习得阶段不同，对目的语的吸收、内化及产出效率也不同。二语水平对助词“着”习得的影响程度还有待验证。

此外，助词“着”习得过程中存在回避现象（周小兵，2007；丁雪欢、喻迎春，2011）。书面任务中助词“着”的使用频率高于口头任务（李蕊，2004）。强制性语境中助词“着”的使用情况与自发生成语料的正确率有差异（丁雪欢、曹莉敏，2014）。一般而言，书面任务要求二语者将注意力集中于语言形式；而口头任务要求二语者将注意力集中于语言意义；强制性语境所要求的意识程度高，自发生成语境所要求的意识程度低。

综上所述，前人研究主要通过对比汉语母语者和留学生助词“着”常用句式的使用频率及正确率，得出留学生助词“着”常用句式的句法结构类型（李蕊，2005；周小兵，2005；丁雪欢，2014）。整体来看，助词“着”的习得研究着重分析中介语系统中助词“着”句法结构的偏误现象，其习得研究仍停留在对比分析、偏误分析阶段，研究内容主要包括收集偏误语料、划分偏误类型、探寻偏误原因。

不足之处在于：首先，留学生作文中介语语料库中的语料在母语背景、二语水平上可能分布不均衡；其次，直接将二语者中介语系统中助词“着”的使用情况与汉语母语者对应起来，相对忽视了学习者母语系统的迁移作用，未能在目的语系统、母语系统和中介语系统之间建立联系；再次，采用静态语料进行频率统计的研究方法，缺少对中介语系统动态发展的辩证分析；最后，助词“着”习得研究偏重分析助词“着”的语法意义、句法结构，较少分析语篇中助词“着”的习得情况，对于留学生助词“着”语用功能的习得探讨得还不够深入。

五、编写原则和教学知识框架

5.1 适用对象

本书主要适用于从事初级汉语语法教学的对外汉语教师，以及有志于深入了解汉语助词“着”的特点的高级汉语学习者。

5.2 编写原则

本书从语法知识、语法习得、语法教学的角度对助词“着”的句法、语义、语用特征进行分析和探讨。语法知识方面，主要围绕助词“着”的性质、句法分布、语法意义、语用功能展开论述。语法习得方面，主要从汉外对比分析的角度，指出助词“着”跟其他语言相应形式的特征对应关系，并基于留学生偏误现象分析偏误成因。语法教学方面，主要考察教材、练习题中助词“着”的教学内容，并根据助词“着”的常用句式进行教学设计。

（一）多维性

从结构、语义、语用的角度，对助词“着”的句法语义特征进行分析、说明，尽量做到句法结构简明、句式语义清晰、语用功能有趣。结构简明旨在集中学习者的注意力，减轻学习者的认知负担，使学习者能快速辨明形式。语义清晰旨在使学习者注意汉语助词“着”和母语相应形式的联系和区别。语用有趣旨在鼓励学习者多说多练，积极尝试，形成正向反馈。

（二）高频性

基于使用的第二语言习得观认为，使用频率对二语者外显学习和内隐学习影响重大。外显学习是对语法规则的有意识运用，内隐学习则是对语法规则的无意识掌握。助词“着”的语法意义、句法分布、限制条件等属于外显知识，而语用功能则属于内隐知识。在学习过程中，掌握规则不代表能顺利使用规则。只有相关句法结构的出现频率足够高，经由学习者反复地注意、理解，助词“着”才会被顺利习得。

对此，本书基于 BCC 语料库，对助词“着”各句法结构（包括动词及各组成成分）的出现频率进行统计分析，并依据动词语义特征详细描述各句式的结构、语义、语用特点，旨在帮助教师和学习者理解助词“着”各句法结构的句式义及高频动词，便于助词“着”句法结构的教学及学习。

（三）实用性

首先，教学篇以助词“着”的常用句式为核心，重点针对“V 着”句、“V 着”存现句、“V 着”连动句展开教学设计，对于非常用句式（如带“着”的“把”字句、“被”字句、祈使句等），则进行淡化处理。

其次，助词“着”常用句式的教学设计尽可能紧贴现实生活，将“必须使用助词‘着’才能顺利交际”作为筛选标准，紧扣助词“着”的肯定形式、疑问形式、否定形式进行教学设计，力求体现助词“着”常用句式的句法语义特点和语用特征。

最后，按照“分层分级”等理念扩展助词“着”常用句式的教学，“分层分级”指的是各常用句式既包含上位（核心）句式，又包含下位句式；各常用句式的出现语境既包括对话，又包括语段、语篇等。同时，还要确保句式的复现率，确保不同语言水平的学习者都能掌握助词“着”的常用句式，确保习得过程循序渐进。

5.3 知识框架

本书内容共分为三个部分：语法知识、汉外对比、语法教学。

语法知识部分，主要介绍助词“着”各结构的语法形式、语法意义及语用功能。目的是帮助读者全面了解助词“着”的相关语法知识。

汉外对比部分，首先从语言类型学的角度，帮助读者掌握汉语助词“着”与其他语言中相对应形式的联系和区别，厘清汉语助词“着”的独特表达形式。其次，对助词“着”的偏误现象进行分析，深入辨析使用助词“着”的限制条件，帮助一线教师有效把握留学生的学习难点，以便在教学中进行充分的讲解、操练，减少偏误现象的产生。

语法教学主要是助词“着”的教学设计，包括常用句式的引入方法、讲解方法、练习方法、教学案例、课堂活动、课后练习等等。

从知识框架来看，语法知识部分包含共现与连用、组合与分布、句法规则，汉外对比部分包含跨语言差异、偏误分析，语法教学部分包含教学设计。具体内容见表1：

表1 《助词“着”》知识框架

内容	问题类别	问题举例
语法知识	共现与连用	如：助词“着”的语法意义是什么？
	组合与分布	如：“V着”结构可以充当什么句法成分？
	句法规则	如：如何理解“V着”存现句？
汉外对比	跨语言差异	如：助词“着”和英语“-ing”有什么联系和区别？
	偏误分析	如：为什么不能说“他穿红色衣服”？
语法教学	教学设计	如：怎么进行“V着O”结构的教学？

六、结语

综上所述，助词“着”语法意义复杂，句法结构灵活，且具有非强制性使用的特征。同时，助词“着”与学习者母语对应形式的句法、语义、语用特征既有联系又有区别。一线教师和研究者既要深入了解助词“着”的本体研究成果，也要从类型学的角度自觉开展汉外对比分析。

对外汉语教学语法研究始终离不开汉外语言相应语法知识体系的梳理、对比，如何帮助汉语学习者在汉语助词“着”的句法结构、语法意义、语用功能和其母语相应语法特征之间建立联系，并辨明异同，是一线汉语教师及研究者面临的重要难题。

第一部分　共现与连用

1. 如何理解助词“着”？

汉语书面语中，“着”是一个多音字，读音为 zhe、zhāo、zháo、zhuó。

当读作 zhe 时，“着”为助词，表示动作的进行。

（1）他们正谈着话呢。[①]

例（1）中，谓语动词“谈着”本身表示动作的持续，同时又受到时间副词“正”及语气词“呢”的修饰，表示在某一时点上事件正在持续。

助词“着”还可以表示状态的持续。

（2）桌子上放着一瓶花。

（3）他听着音乐跑步。

（4）说着容易，做着难。

（5）你听着！

例（2）中，谓语动词“放着”表示动作行为“放”结束后遗留状态的持续；例（3）中，“听着”表示持续的状态，“跑步”为真实的动作，整句表示前一动作持续的状态为后一动作的方式；例（4）中，“说着”“做着”后加形容词，表示对某种持续的状态的评价；例（5）中，“听着”表示命令、祈使，说话者要求听话者处于或保持某一状态。

助词“着”还可以用在某些形容词后面，表示性状“现时延续”。

（6）坎肩已不见了，胸前全是白沫子与血，还湿着呢。

---

① 本书例句选自北京大学 CCL 语料库、北京语言大学 BCC 语料库、前人研究文献，还有一部分自编例句。为行文简洁，不再一一注明出处。

（7）我们年龄大，可我们的心态年轻着呢。

例（6）中，“湿着”表示性状的持续，“呢”表示确信的语气，“着呢”并未词化；例（7）中，“年轻着呢”强调性状程度上的偏大量，“着呢”已经词化为复合语气词，表示“一种自信的语气，带有说服对方的意味”（张斌，2001）。

助词“着”还可以作为构词语素，加在某些动词后面，构成介词，如“随着”等。

当读作 zhāo 时，“着”可以表示“计策或手段”，此时是名词，通“招”。如下棋时下一子或走一步叫“一着”，又如“高着儿”；或可活用为量词，如“一着好棋”；或用作动词，表示“放、搁进去”，如“着点儿盐”；或用于应答，表示同意，如“着，咱们就这么办！”。

当读作 zháo 时，“着”为动词，表示“接触”，如“前不着村，后不着店”；或表示“感受、受到”，如“着凉”；或表示“燃烧、发光”，如“炉子着得很旺”“天黑了，路灯都着了”；或用于动词后，表示动作已经达到目的或实现了某种结果，如“睡着了、打着了、猜着了”；或表示“入睡”，如“一躺床上就着了”。

当读作 zhuó 时，“着”可以作为动词，表示“穿戴”，如“穿着”；或表示“接触”，如“着陆、不着边际”；或表示使接触别的事物，使附着在别的物体上，如“着笔、着眼、着手”；或用于公文语体，表示命令的口气，如“着即施行”。还可充当名词，表示“着落”，如“遍寻无着”。

在对外汉语教学中，助词“着”属于 HSK 二级词汇，出现时间较早，使用频率较高，属于对外汉语教学语法的重点和难点。本书主要对汉语书面语中的助词“着”进行讨论，通过辨析汉语助词“着”的形式、意义及功能，剖析助词“着”各结构之间的联系和区别，辨明汉语助词“着”的跨语言差异，探明助词“着”习得及教学中的难题，为一线教师及汉语学习者提供建议和参考。

本书主要讨论助词“着”的句法、语义、语用特征，较少涉及“着”的下列用法。

1.“着（zháo）”，如“睡着、着急”。

2. 构成复合语气词“着呢”，如“早着呢”。

3. 构词语素“着”，如“有着、随着、意味着”等。

4. 用在惯用语中，如“闹着玩儿、走着瞧”。

5. 构成句末语气词，如“来着”。

2. 助词“着”的语法意义是什么？

“体”是对一个情景的内部时间结构的不同看法，可以分为完整体和非完整体两大类（Comrie，1976）。现代语言学对体的表现方式的认识在逐渐发生变化，经历了从“体就是词的形态变化所表示的概念的现象”，再到“虚词可以表示体”，最后到广义上认为“体是词汇语义范畴”的过程。除了词形变化、附着词，其他能够表示体意义的词语或形式都可以看作体的表现方式。

汉语体范畴的语法化程度远远低于印欧语言。英语体形式主要是通过动词的形态变化来实现的。汉语的体形式是分析形式，体意义属于句子而不仅仅属于动词。跟印欧语言相比，综合句法、词汇手段来表现体是汉语体范畴的特色。具体来说，汉语通常把体意义综合在“着”“了”“过”等最常用的动态助词之上。此外，汉语还借助其他手段（比如副词、介词短语等）来表达丰富细腻的体概念。

首先，对于“汉语有无体范畴”这一问题，学界有两种不同的观点。一种观点认为，汉语不存在体范畴，“着”并非体标记。“着”虽然能表示动作行为或状态的持续，但动作行为或状态的持续不一定必须由“着”来表示，汉语里有若干词汇和句法手段可以用来表达“动作或状态持续”的语法意义。因此，汉语并不存在印欧语里的那种体范畴，汉语的“着、了”也不是体标记或形尾，而应该分析为助词（陆俭明，1999）。汉语“没有像印欧语里那种体”（刘一之，2001）。

另一种观点认为，汉语存在体范畴，“着”是持续体标记（戴耀晶，1991；左思民，1997；石毓智，2006；陈前瑞，2008）。根据原型范畴理论，汉语没有类似于印欧语言那种强制性的体范畴，以及严格的体标记系统。汉语的体范畴是非强制性的语法范畴，是一种语法化程度较低的语法范畴，体标记“着”是非黏着性语素，“着”的使用是非强制性的，且不具有语法规定性。“着”尚未彻底虚化，还处于语法化的过程之中。

针对“着”的体意义，木村英树（1983）指出，表动态进行的“着”和表静态持续的“着”是不同的单位。表动态的“着”是体标记（时体标记），而表静态的“着”则不是。[①] 不过，戴耀晶（1991）、石毓智（1992）、袁毓林（1993）、方梅（2000）都认为只有一个表持续义的“着”，“V着”结构表示内部均质的持续状态。

戴耀晶（1991）进一步指出，“着”具有三项主要的语义内容：非完整性、持续性以及动态 / 静态二重性。首先，非完整性着眼于对事件内部的观察。因此具有完整性语义特征的句法成分不能与“着”共现，如时量补语、动量补语、结果补语、趋向补语等，如下所示：

（1）*我走着一个小时。[②]

（2）*我走着一下。

（3）*我走完着。

（4）*我走出着教室。

例（1）～例（4）均不合法。这是因为，从事件的界性特征来看，助词“着”主要着眼于动作进程的中段，不关注动作的起点和终点，是无界的，说明事件既没有达成，也没有完结。而时量补语“一个小时”、动量补语“一下”、结果补语“完”、趋向补语“出”均为有界的，包含有界性特征，与助词“着”［−完整］的语义特征相冲突。

其次，持续性反映了事件过程的连续特征。助词“着”与持续动词共现可以很自然地表示动作、状态的持续。这让人以为助词“着”的持续义主要受动词语义特征的影响，进而推论出不含持续义或持续义较弱的瞬间动词、心理动词、关系动词、完结动词等不能与助词“着”共现。但事实上，只要句子包含动作重复、主 / 客体复数的语义特征，助词“着”就可以与瞬间动词等共现（戴耀晶，1991）。如下所示：

① 不过，由于研究者在区分助词“着”的动态义和静态义时，主要依赖于动词的情态类型，同时又以动词能否带助词“着”为形式标准来区分动词的情态类型，这就导致对“着”的考察陷入循环论证的怪圈，而且忽略了句子中的其他成分对“着”的语法意义的影响。

② “*”表示句子不合法。

（5）* 天上掉着一块馅饼。

（6）天上不停地掉着馅饼。

（7）天上掉着一块块香喷喷的大肉饼。

例（5）不可接受，因为瞬间动词“掉”不存在内部进程，动作的开始即意味着动作的结束，因此不能与表示持续性的助词“着”共现。例（6）中，“掉”受频率副词修饰，“不停地掉着”含有动作重复的意思，顺应了助词“着”所表示的持续义，整个句子的可接受度大大提高。例（7）中，“一块块香喷喷的大肉饼”含有客体复数的意思，顺应了助词“着”所表示的持续义，整个句子的可接受度也大大提高。由此，我们认为，汉语助词“着”的持续性不仅仅指向动词，还指向句子中的其他成分。动词的外部、内部进程可以影响助词“着”的持续义，句子中具有延续义、持续义、重复义、复数义的其他成分也可以影响助词“着”的持续义。

再次，动态 / 静态二重性是由持续性的强弱决定的。动词语义类型和句中其他成分均会影响持续性的强弱，使整句的动态 / 静态性发生游移。从动作进程来看，助词“着”会受到动作内部视点或者动作外部视点的影响而产生语义上的动静偏离现象。如下所示：

（8）海边拉着网。

（9）他们正拉着手。

例（8）中，“拉着网”表示动作行为结束后遗留的状态的持续，是静态的。例（9）中，“拉着手”表示动作行为开始到结束的中段进程，是动态的。

然而，不同语言对动作内部视点、外部视点的理解并不完全相同。现以汉语动词“穿”为例进行具体说明。

（10）a. 我进来的时候，他（正）穿着衣服。When I entered, he was putting on his clothes.

b. 他穿着红衣服。He was wearing red clothes.

（11）a. 我进来的时候，他吃着饭。When I entered, he was eating.

b. 他吃着一碗米饭。He was eating a bowl of rice.

汉语关注动作行为是否“持续”，分为动态持续和静态持续。“穿”为“动作-状态”复合义动词。例（10）的a句中，“穿着”表示“穿”这一动作的动态持续。b句中，“穿着”表示动作结束后的状态遗留，为静态持续。不管a句还是b句，由于“穿着”在逻辑事理上具有一定的持续义，因此英语中均由表长时持续的“-ing”表示。

英语关注动作行为是否“完成”，分为长时持续和短时持续。长时持续表示未完成的持续，由“-ing”形式表示；短时持续表示持续已完成，由“-ed”形式表示。“吃”为持续动词，例（11）的a句中，“吃着”表示动态持续、长时持续；b句中，“吃着”仍然表示动态持续、长时持续。

综上所述，受动词情状类型及句中其他成分的影响，汉语助词“着”具有［－完整］［＋持续］［±动态］的句法语义特征。在对外汉语教学中，一线教师要结合动词情状类型及具体句法结构，帮助学生深入理解助词“着”的语法意义。

3. 助词“着”可以跟哪些动词共现?

1. 动词的情状类型

Vendler（1967）把英语动词分为四类：状态动词、活动动词、完结动词和达成动词。[①]根据这一标准，汉语动词或动词短语也可分为四种情状类型[②]（Smith，1991；Li & Bowerman，1998）。状态动词包含表达认知、情感等意义的动词，如

---

① 国内，马庆株（1981）将汉语动词分为非持续性的“死”类动词、强持续的“等”类动词、弱持续的“看、挂”类动词。郭锐（1993，1997）系统分析了汉语动词的过程结构，指出汉语动词存在状态动词、动作动词、变化动词等三个典型的小类。杨素英（2009）将动词分为状态动词、活动动词、瞬时活动动词、指向结果的动词、包含结果的动词等五个小类。本体语法研究的动词分类属于穷尽性的，教学语法的动词分类更多地要考虑实用度、透明度。考虑到教学语法的这一特殊性，本书采用Vendler（1967）、Smith（1991）、Li & Bowerman（1998）的四分法来考察动词与“着”共现的情况。

② 汉语体范畴跟印欧语体范畴并不一致（吴福祥，2005）。印欧语形态变化丰富，时体范畴主要由动词的语法范畴来体现。汉语既缺乏严格意义的形态变化，也不存在类似于英语的体标记。因此，虽然Comrie（1976）提出的情状分类能够在一定程度上对汉语时体范畴做出解释，但要想全面揭示汉语体范畴的特点，还需立足于汉语自身的时体特点。

“喜欢、知道”等，以及部分关系动词如“等于、像”等。活动动词包含表达动作行为的动词，如“走、跑”等。完结动词包含表实现义的动词，如“画、盖”等。达成动词包含动结式词语，如“看见、找到”等。

助词“着”能够跟活动动词共现。活动动词包含持续动词，如“等、看、听、说、学、问、叫”。活动动词还包含“动作–状态”复合义动词，如“挂、摆、插、贴、装”等。

（1）他在办公室等着我。

（2）他一直看着外面，一句话也没说。

（3）正挂着画，他来了。（动态）

（4）墙上挂着一幅画。（静态）

从动作呈现的状态来看，持续动词主要表示动作的持续，如例（1）～例（2）。而“动作–状态”复合义动词既可以表示动作的持续，如例（3）；又可以表示动作结束后遗留的状态的持续，如例（4）。

当动词为“动作–状态”复合义动词时，表动作持续的助词“着”不能跟否定副词“没”共现，如例（5）；表状态持续的助词“着”可以跟否定副词“没”共现，如例（6）。

（5）*他没吃着饭。

（6）墙上没挂着画。

助词“着”一般不能跟非持续性动词（如达成动词、完结动词、瞬间动词①以及静态动词②、心理动词③等）共现。因为达成动词、完结动词、瞬间动词均具有有界的语义特征，而静态动词、心理动词均不具有持续性的语义特征。由于这些动词的语义特征跟助词“着”的语法意义不兼容，因此不能与助词“着”共现。例如：

（7）*我今天在图书馆看见着她。

---

① 瞬间动词包括“死、到、懂、来、去、回、伤、断、摔、倒、灭、熄灭、完、丢、结婚、知道、明白、出现、成立、结束、毕业”等。

② 静态动词包括“是、姓、属于”等。

③ 心理动词包括“打算、估计、回忆、记得、计划、决定、觉得、考虑、理解、了解、明白、认识、认为、熟悉、忘记、以为、知道、注意”等。

（8）* 他画着一幅画。

（9）* 池塘里死着一条鱼。

（10）* 他是着学生。

（11）* 我认为着这件事很重要。

例（7）中，达成动词“看见”及句中其他成分“今天、在图书馆”均具有有界的语义特征。例（8）中，完结动词“画”所表示的动作本身包含一个内在的自然终止点。例（9）中，瞬间动词“死”表示动作瞬间发生并完成。例（10）～例（11）中，静态动词“是”表示事物的属性，心理动词“认为”表示人的心理情感状态，二者均既不表示动作的持续，也不表示状态的持续。由于这些动词自身的语义特征与助词“着”的语法意义不兼容，因此一般不能与助词“着”共现。

2.“V 着”的句法结构

“V 着”结构具有无界的语义特征，本身缺乏一个内在的自然终止点，因此不能单独成句。要想在句子中独立使用，必须添加完句成分。在单句中，“V 着”结构可构成三种句法结构：“V 着”句、“V 着”存现句、“V 着”连动句。

首先，从句法形式上看，“V 着”句缺乏一个内在的自然终止点，在语义上是不自足的，因此是不能单独成句的。例如：

（12）a.* 他看着我。

b. 他一直默默地看着我。

（13）a.* 他穿着大衣。

b. 他穿着大衣，戴着礼帽，拿着皮包，走过来了。

通过句中其他句法成分来凸显“V 着”的持续义，可以大大提高“V 着”句的完句程度。例（12）的 a 句中，“看着”表示动作的持续；例（13）的 a 句中，“穿着”表示状态的持续。两句的共同点是缺少一个内在的自然终止点，听话人难以了解动作行为或状态何时开始、何时结束，句子缺乏自足性，似乎话还未说完。例（12）的 b 句中，时间副词“一直”、方式副词“默默地”分别从时间性、状态性的角度强化了“看着”的动作持续义。例（13）的 b 句中，上下文语境强化了“穿着”的状态持续义。

其次，“V 着”存现句表示动作行为或状态持续发生于某处。“V 着”存现句中的动词较为特殊。含有［+位移］义的活动动词可以出现于“V 着”存现句，如“飞、跑、游”等；含有［+附着］义的“动作-状态”复合义动词可以出现于“V 着”存现句，如“放、贴、挂、摆、插”等；而含有［+去掉］义的动词，不能用于“V 着”存现句，如“脱、扔、丢、去、拆”等。

（14）天上飞着一只鸟。

（15）床上放着一本书。

（16）*床上拆着一本书。

例（14）中，“飞着”表示动作行为的持续，是动态的。例（15）中，“放着”表示状态的持续，是静态的。例（16）中，动词“拆”包含［+去掉］义，因此句子不合法。

再次，“V 着”连动句中前后两个动作动词之间存在“方式—动作”“动作—结果”等较为复杂的逻辑事理关系。

（17）他坐着火车去北京。

（18）他听着听着睡着了。

例（17）中，可以用“怎么去北京”“以何种方式去北京”来提问，“去北京”表示动作，“坐着火车”表示动作行为的方式。例（18）中，可以用“听着听着怎么了”来提问，“听着听着”表示动作的持续，“睡着了”表示动作的结果，强调“听”和“睡”两个动作行为接续发生。

4. 助词“着”可以跟哪些形容词共现？

1. 性状形容词和变化形容词

张国宪（1998）指出，在现代汉语中，不仅动词可以有体形式，一部分形容词也可以有体表现。根据是否具有静态义的语义特征，可将形容词分为两大情状类型：性状形容词、变化形容词。

助词“着”一般不能跟性状形容词共现。因为性状形容词是静态的，内在时间结构是均质的，缺乏自然的起始点和终止点，一般不能带“着、了”等体标记。常见的性状形容词如“普通、名贵、欢乐、美妙”等。

（1）a. 这件长袖衣服非常普通。

　　b. * 这件长袖衣服普通着 / 了 / 过。

（2）a. 这幅画非常名贵。

　　b. * 这幅画名贵起来 / 下去。

例（1）和例（2）的 a 句为状态情状句，事物的性状是静止的，随着时间的流逝，性状没有发生变化。因此，这些性状形容词不能带“着、了、过”等体标记和“起来、下去”等准体标记，如例（1）和例（2）的 b 句。

助词“着”一般可以跟变化形容词共现。因为，变化形容词是动态的，内在时间结构是异质的，存在自然的起始点和终止点，一般能带“着、了”等体标记。常见的变化形容词如“胖、瘦、红、光、长、粗、大、低、短、多、高、干、好、黑、坏、急、旧、空、快、烂、老、累、冷、亮、绿、慢、便宜、轻、热、少、甜”等。

（3）a. 这件长袖衣服胖了。

　　b. 这件衣服比那件衣服胖着一大截。

　　c. 德奥从来没胖过。

变化形容词可以用在变化情状句中。变化情状句指的是事物的性状是动态的，随着时间的流逝，性状会发生变化。如例（3）的三句指的就是变化的延续状态。

2.“变化形容词 + 着”结构

“变化形容词 + 着”结构（以下记作“A 着”结构）可以分为四种结构：“A 着 + NP”结构、“A 着 + VP”结构、“A 着 + 数量词”结构、“A 着 + 点儿”结构。

“A 着 + NP”结构中，名词性成分“NP”表示谓语所指的对象，多为表身体部位的名词（吕晓华，2012），形容词具有使动义，可构成致使结构描写状态的持续（蔡忆铭，2014；赵冉冉，2017）。如“低着头、红着脸、弯着腰、板着脸”。

（4）小刘低着头不说话。

例（4）中，“低着头”指的是“把头低下来、使头低下来”，表示一种暂时的状态（金忠实，1998；张国宪，2006b；贺民，2009）。

“A着＋VP”结构中，变化形容词一般是表心理状态的，如“忙着倒茶、急着出门”中的“忙、急”。

（5）他们每天忙着上班。

动词性成分“VP”通常表示原因或目的，如例（5）中“忙着上班”可以用“忙着做什么”来提问，整个结构表示均质的相对的延续状态（张百领，2009）。

“A着＋数量词”结构中，数量词成分表示数量的变化，如“多着一条尾巴、长着三公分”。

（6）他比我高着两公分呢。

例（6）中，“高着两公分”表示差值的变化，常用来表示比较。整个结构可表性状“现时延续”的语义（胡承佼，2012）。

“A着＋点儿”结构通常表示命令、提醒等（吕叔湘，1980）。

（7）慢着点儿，别摔了。

“A着”结构可受时间副词等状语修饰。如例（8）中，时间副词“正”修饰“忙着复习”，表示现在进行时；例（9）中，重复副词“也”修饰“快乐着、幸福着”，表示不同状态交替重复进行；例（10）中，否定副词“不”修饰“急着结婚”，表示对将来时中状态存续的否定；例（11）中，范围副词“都”修饰“忙着做毕业设计”，表示所指范围内的人都处于某一状态。

（8）很多学生正忙着复习。

（9）那时候，我们辛酸着，也快乐着；贫穷着，也幸福着。

（10）现在不急着结婚。

（11）大家都忙着做毕业设计。

3.“A着”结构中“着”的意义

一般而言，有“着”无“着”意义不一样，其中的差别就在于描画情状与陈述性质的不同。

（12）a. 他比我高着两公分呢。

b. 他比我高两公分呢。

例（12）的 a 句侧重于描画情状，比较主体处于“高”的状态，而比较客体处于“矮”的状态，两者相差“两公分”。并且，随着时间的推移，事物的情状也许会发生变化。因此，数量短语“两公分”无法省略，省略后句子“他比我高着”不合法。b 句侧重于凸显属性，比较主体“高”，而比较客体“矮”，数量短语“两公分”主要补充说明差异的量。一般而言，属性是固定不变的，不会随着时间的推移而产生变化。因此，省略“两公分”不影响句子“他比我高”的完整性。

（13）a. 总觉得少着点儿什么。

b. 总觉得少点儿什么。

例（13）的 a 句同样侧重于描画情状。“少着”指的是事物处于“不足”的状态。量名结构“（一）点儿什么（东西）”做宾语来补充说明事物的状态。随着时间的推移，事物所处的情状有可能发生变化。因此，数量短语无法省略，省略后句子“总觉得少着”不合法。b 句侧重于凸显属性，量名结构“（一）点儿什么（东西）”做宾语来说明数量及程度。

总的来看，状态是持续变化的。跟表属性的形容词相比，“A 着”结构主要表示事物的状态，且这种状态会随着时间的推移发生变化。换言之，单个形容词用于描写事物本身具有的绝对属性，而“着”结构用于描写事物自身伴随时间、空间变化而产生的变化的情态。

5. 助词“着”能否表示时间？

助词“着”是体标记，主要标明动作行为的过程，而非动作行为的时间。助词“着”主要指明动作行为的进行或状态的持续，它本身不能说明动作行为处于时间流的哪一个具体阶段。但是，在具体的上下文情境中，不仅动词的语义类型会赋予助词“着”一定的时间义，句中的其他成分也会赋予助词“着”一定的时间义。

汉语中有两种时间切分方式，以说话时间为时间参照点的切分方式属于绝对时间句，以事件为时间参照点的切分方式属于相对时间句。“着”与两种时间切分方式都有关，而与后者的关系尤其密切。

（1）a. 他穿着衣服。

b. 他穿衣服。

在绝对时间句中，“着”呈现绝对时间功能，表已然。例（1）的 a 句为绝对时间句，主要由语法手段“穿着”来表示句子的时间性，“穿着衣服”表示动作行为“穿”结束后所形成的状态的遗留，表明动作行为已经发生且结束。b 句去掉了“着”，整个句子所包含的时间性大大减弱，由表示已然的、惯常的句子，转变为单纯表行为动作的无时句，因此从这个角度来看，在绝对时间句中，助词“着”可以表达一定的时间性。

（2）a. 他听着音乐写作业。

b. 他听音乐写作业。

在相对时间句中，“着”呈现相对时间功能。例（2）的 a 句为相对时间句，主要由前后相继的两个事件来表示句子的时间性。其中“听着音乐”表示动作行为“听”开始及持续的状态，从界性特征来看，“听着音乐”是无界的，“写作业”是有界的。前者的界限阈值包含后者或至少与后者相邻，整个句子才合法。从时间性的角度来看，“听着音乐”与“写作业”两个事件存在包含或相接的关系。b 句去掉了“着”，句子中前后两个事件的同时性大大减弱。因此从这个角度来看，在相对时间句中，助词“着”也可以表达一定的时间性。

综上所述，“V 着”结构中，助词“着”的时间性跟动词情状类型有关，主要表示绝对时功能，具有已然义。“V_1 着 V_2”结构中，助词“着”的时间性跟句子中前后包含或相接的两个事件的时间类型有关，主要表示相对时功能，说明前后两个事件具有同时性的语义特征。

第二部分　组合与分布

6.“V 着”结构可以充当什么句法成分?

1.“V 着”结构做谓语

“V 着”结构可以在单句中充当谓语。

（1）a. *他喝着茶。

b. 他一个人慢慢地喝着茶。

例（1）的 a 句中，“他”是主语，也是动作行为的发出者，“喝着”是谓语，表示动作的持续，但由于整个句子缺少一个内在的自然终止点，因此可接受度低。

b 句中，“一个人、慢慢地”都是状语，从动作涉及的范围和动作行为的情态等角度，对“喝着”进行限制，给整个句子赋予了一个内在的自然终止点，因此句子可接受度大大提高。

（2）走廊上挂着一幅画。

例（2）为存现句,“走廊上”是主语，表示动作行为存在或出现的地点；“挂着”是谓语，表示状态的持续；“一幅画”表示存在或出现的事物。

“V 着”结构做谓语可以带名词宾语，如“喝着茶”；也可以带形容词宾语，如“看着热闹”。

（3）a. 看着热闹，实际上不行。

b. 看起来热闹，实际上不行。

一般来说，“V 着 A”结构中，“V”为单音节动词，如“吃、喝、看、听”等表动作的及物动词。有时候，“V 着 A”结构可以跟“V 起来 A”结构互相替换，如例（3）的 a 句和 b 句。

2.“V 着”结构做状语

“V 着”结构可以在连动句中充当状语。

（4）我听着音乐写作业。

（5）她笑着看了我一眼。

例（4）中，主语“我”是动作行为“写”的发出者,“听着音乐”充当状语，说明动作行为“写”的方式，“作业”充当“写”的宾语。整个句子能够用“你听着音乐的时候，做什么”或者“你一边听音乐，一边做什么”进行提问。

例（5）中，主语“她”是动作行为“看”的发出者，“笑着”充当谓语结构“看了我一眼”的状语，表明动作行为伴随的状态。整个句子能够用“她怎么样地看了我一眼”进行提问。

3.“V 着”结构做定语

“V 着”结构可以充当定语。李铁根（1999）指出，“V 着的 N”结构中“V”与“N”之间隐含动作行为与该动作行为的施事（或行为主体）、受事、处所、工具等语义关系，也即动词“V”能够与句子中的其他成分建立语义联系，形成语块。

（6）a. 张师傅漆着的车是我那辆。

b. 张师傅漆的车是我那辆。

（7）a. 提着的都是准备送人的礼物。

b. 提的都是准备送人的礼物。

（8）a. 他抄着的那份留着以后用。

b. 他抄的那份留着以后用。

（9）a. 桌上放着的几本书都是新的。

b. 桌上放的几本书都是新的。

“V 着”结构做定语相当自由，能在谓语位置上带“着”的各类动词几乎都可以在“V 着的 N”中出现。例（6）～例（9）的 a 句、b 句都合法，因为删去助词“着”后，动作行为可以跟句中的主语或宾语建立语义联系。

（10）a. *洗着的目的

b. *洗目的

（11）a. *跑着的姿势

b. *跑姿势

例（10）～例（11）的 a、b 都不合法，因为删去助词“着”后，动作行为“洗”“跑”无法跟句中的主语或宾语“目的”“姿势”建立语义联系。

“V 着”做定语和“V”做定语在语法意义上有所区别。“V 着的 N”的定语部分始终表示一种意义：动作的进行或状态的持续。“V 的 N”中的定语则可以表达不同方面的意义，如“用途”“习惯或爱好”“职业”“领属”等（刘宁生，1985）。

李铁根（1999）进一步指出，两者最本质的区别是时间特征上的区别。“V 着的 N”结构兼表动作行为的时间，而孤立的“V 的 N”结构主要表示动作行为的状态。

（12）a. 跪着的人都站了起来。

b. 跪的人都站了起来。

例（12）的 a 句“跪”这一事件持续到“站”这一事件发生为止，即“站”这一事件发生，“跪”这一事件结束。“跪着”作为一个时间事件，为动作行为“站”提供了参照时间。b 句删去了“着”，由描述事件降级为叙述人物的性质、状态，指的是一类人。

7.“V 着”结构可以跟哪些时间词语同现？

杨晓黎（1993）指出，直接修饰“V 着”的时间词语，主要是时间名词和时间副词。时间词语能否强化“V 着”的持续义、延续义，是二者能否共现的先决条件。持续义指的是动作行为或状态持续于某一时段，延续义指的是动作行为或状态要能够延续至现实时间（说话时间）。

首先，能够与“V 着”共现的时间名词一般应为时段名词。

（1）昨夜，我大部分时间都清醒着。

（2）英子姐姐今天早晨也穿着一件白色的衣服。

例（1）中，“大部分时间”凸显了“清醒着”的持续义。例（2）中，时间名词“今天早晨”强化了“穿着”的延续义。

其次，能够与“V着”共现的时间副词一般要具有持续义或延续义，且具有一定的时间跨度。如表贯穿延续的“在、正、正在”，表间断延续的“常、常常、往往、老、总”，表有限延续的“至今、一向”，表无限延续的“一直、始终、还、仍然、永远”等。

（3）他的左肩上常挂着一只皮包。

（4）村里至今流传着一个故事。

（5）女孩一直看着这条裙子，她告诉男孩：“我很喜欢这条裙子。”

例（3）中，时间副词“常”表示“挂着”这一状态的持续。例（4）中，时间副词“至今”表示“流传着”这一状态持续到现在时间（说话时间）。例（5）中，时间副词“一直”指明了“看着”这一动作行为持续的过程。

第三，能够与“V着”共现的时间副词一般既可以表示先时，如“已经、曾经、早就”；也可以表示后时，如“就要、早晚、快”。

（6）我下课后推着爸爸那辆车回家，妈妈已经扶着自行车把，站在宿舍楼下等我了。

（7）春节过后，我就要带着她与燕燕坐上火车到北京去了。

例（6）中，先时时间副词“已经”表示“扶着车把”这一状态持续于过去。例（7）中，后时时间副词“就要”表示“带着她”这一状态持续于将来。

8.“V着”结构不能跟哪些时间词语同现？

首先，助词“着”不能跟表示惯常义的时间词语同现。

（1）a. *我每天学习着汉语。

b. 我每天学习汉语。

c. 我正学习着汉语。

例（1）的a句中，时间词语“每天”倾向于修饰反复的行动和习惯；而助词“着”主要表示“持续义”，而非“反复义、惯常义”，因此两者同现受限。b句中，删去助词“着”，句子表示惯常性的事件。c句中，将表惯常义的时间词语“每天”改为“正”，句子表示动作正在进行并且持续。

其次，助词“着”不能跟表示具体时间的词语同现。

（2）a. *他七点打着球。

b. 他七点打球。

例（2）的a句中，“七点”为具体时间，“打着”表示动作的持续，两者在语义上相冲突。b句删除助词“着”后，句子可接受度提高了。

（3）*他三点看着电视。

（4）*他一个小时看着电视。

例（3）不合法，因为“三点”为具体时间，跟“看着”的持续义相冲突。将“着”删除后，改为“他三点看电视”，句子的可接受度大大提高。例（4）也不合法，因为“一个小时”表示一个具体的时间，是有界的，跟“看着”的非完整义相冲突。若改为“他看了一个小时电视”，句子的可接受度大大提高。

第三，助词“着”一般不能跟表示瞬时义的时间副词同现，如“刚、立刻、立即、马上、一下子、忽然”等。

（5）a. *他马上写着作业。

b. 他马上写作业。

例（5）的a句中，时间副词“马上”表示瞬时义，“写着”表示持续义，两者在语义上相冲突。b句中，删除助词“着”后，句子可接受度提高了。

（6）爸爸，等先生给我把手套打好了，我马上戴着上街去，上公园去。

（7）两人隔桌而坐，说了一会儿闲话。老徐忽然笑着问他，什么时候能吃到他的喜糖。

例（6）中，瞬时时间副词“马上”与上句“等手套打好了”前后呼应，说明前一动作“打好”结束后，后一动作“戴着上街”立即开始。“马上”主要修饰“上街去”，而“戴着”表示伴随的方式，说明“上街去”的状态。例（7）

中，瞬时时间副词“忽然”与“说了一会儿闲话”前后呼应，说明前后动作行为接续发生。“笑着”表示“问”的状态。时间副词“忽然”主要修饰动词“问”，而非“笑着”。

不过，有些情况下，两者可以同现。

（8）我马上带着箱子坐上人力车。

（9）他刚刚坐着看完了一场短暂的圣诞节演出。

例（8）中，“马上”修饰“坐上人力车”，而非“带着箱子”，“带着箱子”主要表示伴随的状态。例（9）中，“刚刚”主要修饰“看完了”，而非“坐着”，“坐着”同样表示伴随的状态。

9.“在V”和“V着”有什么联系和区别？

汉语的时间系统主要由时间副词的时间意义来表示，受动词内在时间进程的影响，助词“着、了、过”也可表示一定的时间意义。时间副词和时态助词“着、了、过”是现代汉语时间表达系统的最重要内容（杨荣祥，2014）。在同一句子中，时间副词和表时间意义的“V着”结构互相选择、互相制约，保证句子语义的和谐。

1.“在V”和“V着”的联系

时间副词“在”是进行体标记，助词“着”是持续体标记，两者皆为未完整体（陈前瑞，2003），语法意义均表示动作行为的持续或进行。

首先，“在V”和表动作进行的“着”在语义上有联系[①]（陈月明，1999）。

（1）a. 他在看书。

b. *他看着书。

---

① 助词“着”可分为“着$_1$”和“着$_2$”，“着$_1$”表示动作的进行，“着$_2$”表示状态的持续。“着$_2$”造句如“他端着碗站在旁边”“墙上挂着一幅画”“说着容易”“听着听着睡着了”，上述例句中的“着”均不能用进行体标记“在”替换。

c. 他在看着书。

d. 他正看着书。

e. 他正在看着书。

f. 他看着书呢。

但是，“在V”结构可以直接表示动作的进行，整个句子在语义上是有界的，也存在一个内在的自然终止点，如例（1）的a句。“V着”结构在语义上是无界的，也不存在一个内在的自然终止点，因此不能独立使用，如b句。

“V着”结构必须加上进行体标记“在、正、正在、呢”，才能表示动作的进行，如例（1）的c句～f句。在单句中，“V着”句可以跟包含时间副词“在、正、正在”及语气词“呢”的句子进行变换分析而不影响理解和使用。

其次，“在”和“着”只能跟动作动词、持续动词共现，如例（2）；不能跟静态动词、瞬间动词共现，如例（3）。

（2）他在打球。他打着球。他在看书。他看着书。

（3）*他在姓王。*他姓着王。*他在忘记过去。*他忘记着过去。

第三，两者均不能与表示有界性的时量补语、动量补语、结果补语、趋向补语共现（郑懿德，1988；戴耀晶，1991；刘小梅，1994），如例（4）～例（6）的a句、b句。

（4）*他在学习一个小时。*他学习着一个小时。

（5）*他在踢一下球。*他踢着一下球。

（6）a. *他在吃完饭。*他在走出教室。

b. *他吃完着饭。*他走出着教室。

第四，两者均可以与带有延续义或重复义的时间副词共现，如“一直、还、刚、已经、仍然、永远、老是、总是、常常、又”等，如例（7）的a句和b句。两者均不能与短时时间副词共现，如“立刻、顿时、急忙、赶紧、即刻、马上、很快、霎时”等，如例（8）的a句和b句。

（7）a. 他一直在看电影。

b. 他一直看着电影。

（8）a. *人们立刻在跳舞。

b. *人们立刻跳着舞。

2.“在V”和“V着”的区别

2.1 疑问形式有别

“在”字句可以用在问句或答句中，而“着”字句不能。进行体的疑问形式一般为“你在做什么？”“你是不是在……？”，或用疑问语气词“吗”来提问，如例（9）～例（11）。不能用“V着”来提问，也不能用“V着”来回答问题，如例（12）。

（9）A：你在干什么？

B：我在浇花。

（10）A：你是不是在浇花？

B：我是在浇花。

（11）A：你在浇花吗？

B：我在浇花。

（12）*A：你干着什么？

B：我浇着花。

例（9）中，问话人在言语交际中使用了特指问句，答话人采用泛指的回答方式，笼统地对正在进行的活动加以概述，较为符合言语交际原则。例（10）中，问话人使用了正反问句，答话人对问话人的疑问表示肯定、强调。例（11）中，问话人使用了一般疑问句，答话人对问话人的疑问表示了确认。例（12）中，问话人想要了解动作作用于何物，答话人则描述了“持续的动作”。不管是问句还是答句，均表示对显而易见的事实进行直陈，不太符合言语交际中的信息足量原则。

2.2 语义特征有别

首先，“在”表示活动（activity）的进行，而“着”表示动作（action）的持续（陈月明，1999）。“在V”具有延续性，“V着”具有重复性。“在V”可用来表达揭示表象后进行的实质活动，而“V着”主要用来描述直观明了的动作（泽田启二，1993；陈月明，1999）。

（13）a. 什么浇花？你不是（没）在浇花，你是在浪费水。

b. *什么浇花？你不浇着花，你是浪费着水。

例（13）的a句中，“在浇花”指多个动作构成的活动，如“取水、估测水温水量、判断浇花位置、浇花”等；b句中，“浇着花”指“用水浇花”这一动作的重复进行。

其次，“在V”描述的是由多个活动构成的整体事件，而事件是非均质的，否定或强调事件中的某一活动，并不等于否认事件存在的真实性。“在V”可用于否定句，也可用于强调句。例（13）的a句旨在否定整体事件中的局部活动“用水浇花”，强调局部活动“用水浇花”意味着“浪费水”。

“V着”描述的是动作的持续，具有一定的已然性。均质的、已然的持续事件既无法否定，也无法强调。“V着”一般不用于否定句，如例（13）的b句。

再次，“在”的句法、语义辖域是整个谓语“VP”，而“着”的句法、语义辖域是动词“V”。当二者共现时，它们的层次关系为［在［V着（N）］］（陈月明，1999）。

（14）a. A：他儿子在做什么？

B：去年他儿子在读大学，今年大学毕业了，在找工作。

b. *A：他儿子做着什么？

B：去年他儿子读着大学，今年大学毕业了，找着工作。

最后，一般来说，在言语交际过程中，双方都不太会关注细节、关注局部、关注重复的动作，更多的是关注全局、全过程。

（15）a. A：晚上八点，你在做什么？

B：我在看书。

b. A：晚上八点，你在做着什么？

B：我在看着书。

例（15）的a句中，问话者关注全貌，关注事件或活动发生、发展的全过程。

答话人回答得较为笼统且含混。b句中，问话者关注局部，关注动作的重复进行。答话者所说的“书”往往是定指的，所说的“看着书”也是确有其事、较为确凿的。

2.3 句法语用有别

首先，“在V”是表述性的，“V着”是描述性的（陈月明，1999）。

（16）a. 他不好意思地笑着。

b. *他在不好意思地笑。

c. *他不好意思地在笑。

（17）a. 他高高兴兴地谈论着。

b. *他在高高兴兴地谈论着。

c. *他高高兴兴地在谈论。

“在V”前不能出现描写动作状态的状语，而“V着”前的状语成分不受此限制，如例（16）的a句～c句。“在V”重在陈述由多个动作构成的活动，重在事件的延续，不关注动作或活动的情状；“V着”重在描写重复进行的动作，重在动作的重复，着眼点在于动作的情状，如例（17）的a句～c句。

其次，“在V”句与其周围语句的关系是松散的，“在V”句不受周围语句的牵制，是自足性语句（郭风岚，1998；杨西彬，2013）。

（18）自从被大兵拉去，他似乎没看见过太阳，[心中老在咒骂]，头老低着，忘了还有日月，忘了老天。

（19）大家不愿中途改变，[他只好在一旁坐着]。为打起点精神，他还要再喝几盅，口口声声说自己没吃饱，而且抱怨厨子赚钱太多了，菜并不丰盛。

在语篇中，“V着”句对上下文的依存度比“在V”句要高。例（18）中，删去“心中老在咒骂”，不影响整句话的理解；而例（19）中，一旦删去“他只好在一旁坐着”，会影响整句话的理解。

最后，“在V”结构可做定语，旨在提供插入信息，表示插入某一正在持续进行的动作行为。

（20）先把巡警揍了，再去坐牢也不吃亏。在打架的时候，他又觉出自己的力气与本事，把力气都砸在别人的肉上，他见了光明，太阳好像特别的亮起来。

（21）水流渐渐地稳定，小鱼又结成了队，张开小口去啃一片浮着的绿叶，或一段小草。

例（20）中，“在打架的时候”具有岔开话题的作用；而例（21）中，“V着”结构做定语，具有较强的摹状性。

10.“正V”和“V着”有什么联系和区别?

1.“正V”和“V着”的联系

“正V”结构具有时点性，而“V着”结构具有时段性。“正V”和“V着”均可以与持续动词共现，二者可以互相替换，如例（1）的a句和b句。

（1）a. 外面正下雪。

b. 外面下着雪。

“正V”和“V着”可以与部分心理动词共现，如例（2）的a句和b句。

（2）a. 他正想回家，妈妈就来了。

b. 他想着回家，妈妈就来了。

“正V”和“V着”均不能与时量补语、动量补语、结果补语、趋向补语共现，如例（3）～例（6）。

（3）*他正等一个小时。/*他等着一个小时。

（4）*他正看一遍。/*他看着一遍。

（5）*他正看完这本书。/*他看完着这本书。

（6）*他正拿出来课本。/*他拿出来着课本。

“正V”和“V着”结构均不能与时段名词“这段时间”共现，如例（7）的a句和b句。

（7）a. *你这段时间正干什么?

b. *你这段时间干着什么?

2.“正 V”和“V 着”的区别

2.1 “正 V”和“V 着”与动词共现比较

“正 V”可以与完结动词共现，如例（8）；而“V 着”则不能与之共现，如例（9）。

（8）上周去北京出差，正赶上下雪。

（9）* 有天去青年宫看戏，碰上着老舍先生。

“正 V”可以与瞬间动词共现，如例（10）的 a 句；而“V 着”则一般不能与瞬间动词共现①，如例（10）的 b 句。

（10）a. 我一回头，正看见他偷东西。

b. * 我一回头，看见着他偷东西。

“正”与关系动词同现不受约束，如“正是、正属于、正等于、正符合、正有、正存在”，如例（11）和例（12）；“V 着”只能跟“有、具有、存在”共现，如例（13）。

（11）祥子的新车刚交半岁的时候，正是麦子需要春雨的时节。

（12）他从前当过修树枝工人，当个园丁正符合他的愿望。

（13）回味在这都市流浪三年的一切，小小的心中，也有着一个别人无法探知的世界。

“正 + 形容词”可以做谓语，也可以做补语。“形容词 + 着”则只能做谓语，不能做补语，如例（14）的 a 句和 b 句。

（14）a. 天正热，休息一会儿再走。/ 你来得正好，我正要去找你。

b. 天黑着，什么也看不见。/* 你来得好着，我正要去找你。

2.2 “正 V”和“V 着”与时间词语共现比较

一般来说，“正 V”可以与时点词语共现，能够增加时间的准确度，如例（15）的 a 句；“V 着”结构则不能与时点词语共现，如例（15）的 b 句。

---

① 需要指出的是，“醒着”“熄灭着”“停着”可以说，是因为在一定语境中，它们表示的是动作行为瞬间发生后形成的状态。

（15）a. 这时正下了课，书房里没有学生。

b. * 这时下着课，书房里没有学生。

“正”不能与表示延续、重复或频度的时间词语共现，如“一直、还、老、总、常常、又、仍然”等，如例（16）的 a 句；也不能与表示已然、经历或未然的时间词语共现，如“已经、曾经、尚未”等，如例（17）的 a 句；更不能与表示时间参照点前后的时间词语共现，如“刚刚、就、早、才”等，如例（18）和例（19）的 a 句。

（16）a. * 这段时间他一直正忙。

b. 这段时间他一直忙着。

（17）a. * 我还没有来得及拦住她，她已经正拿热水壶出去了。

b. 我还没有来得及拦住她，她已经拿着热水壶出去了。

（18）a. * 她刚正拿信纸、信封和钢笔，马上又改变了主意。

b. 她刚拿着信纸、信封和钢笔，马上又改变了主意。

（19）a. * 等到他的轿子转了弯不见了时，她才正捧她的大肚皮一步一步地走进房去。

b. 等到他的轿子转了弯不见了时，她才捧着她的大肚皮一步一步地走进房去。

相比而言，“正”与时间词语共现的限制条件最多，而这些时间词语与“着”共现基本不受约束，如上述四例中的 b 句。由于“正”本身就具有时间参照性，因此与之共现的动词以及时间词语的内部时间进程可长可短；而持续体标记“着”所对应的动词、时间词语均为可以延展的时间段。当“正”和时段词语搭配，“着”和时点词语搭配时，句子都不合法。

2.3　“正 V”和“V 着”的时间参照性比较

“正”本身就具有时间参照性，是对事件进行精准时间定位的相对时标记。除了表示动作的进行，“正”还可以表示该动作、行为、变化的发生与某个时间参照点相契合（杨平，2000；欧阳晓芳，2020）。而“着”重在说明动作行为的进行或状态的持续，与时间表达基本无关。

单句中，时间副词“正”表示动作在进行中，可记作“S + 正 + V + O”。在上下文语境中，“正”表示某一动作或状态的持续与另一时间相契合，如例（20）的 a 句，可以记作“S_1 + 正 + V_1 + O_1，S_2 + V_2 + O_2”。助词“着”与进行体标记“在、正、正在、呢”共现，表示动作的进行，可以记作“S + 在 / 正 / 正在 + V 着 + O + 呢”，但助词“着”不能表示“两事相合”，如例（20）的 b 句。

（20）a. 她和哥哥姐姐刚要上汽车，却不见了母亲，后来发现在一排柳树下，母亲正和一个中年妇女说话，两个人不时掏出手帕拭泪。

b. *她和哥哥姐姐刚要上汽车，却不见了母亲，后来发现在一排柳树下，母亲和一个中年妇女说着话，两个人不时掏出手帕拭泪。

a 句中，“正”表示“她和哥哥姐姐发现”的时间跟“母亲和中年妇女说话”“掏出手帕拭泪”的时间恰好、正好且不偏不倚地重合起来。b 句则叙述前后动作行为发生的过程，缺少“两事相合”所产生的“碰巧、恰巧、凑巧”的意味。

2.4 “正 V”和“V 着”的语用功能比较

首先，“正 V”高度依赖上下文语境。“正 V”一般需要上下文中有另一动作行为作为时间参照点。“V 着”主要表示动作或状态的持续，本身不具有时间参照性。

（21）当我把车子停下时，她正看别处，头发上映着夕阳余晖。

（22）梨云把他的头发理好，他还是呆呆地坐着。

例（21）中，“正看别处”的时间参照点，就是上文中的“车子停下时”。如果离开了上下文，读者很难确定“正看别处”的时点位置是什么。例（22）中，“呆呆地坐着”着重表明动作行为以何种状态持续，而不涉及动作行为发生或持续的时间。

其次，“正 V”“V 着”都可以做背景句。“正 V”旨在提供时间参照，“V 着”旨在描述事物的状态。

（23）可是，您圣明：茶叶、煤球儿都一会儿一个价钱，也许您正喝着茶，茶叶又涨了价钱！您看，先收茶钱不是省得麻烦吗？

（24）葛尊志突然扑在桌上痛哭失声。邻居们闻声赶来，乱哄哄地询问着、劝说着。慕樱觉得这些芸芸众生何足道哉，只是坐着冷笑。

例（23）中，“正喝着茶”是背景句，“茶叶又涨了价钱”是前景句。“正喝着茶”为“茶叶又涨了价钱”提供时间参照，说明茶叶价钱变化之快。例（24）中，“乱哄哄地询问着、劝说着”旨在说明邻居们的状态，以此来衬托葛尊志的无助和慕樱的孤傲。

11.“正在 + V”和“V 着”有什么联系和区别？

从构成特征来看，“正在”由“正”和“在”构成，因此兼具两个时间副词的特点。“正在”既表示动作进行的某一时刻，又表示动作进行的状态。“正在”修饰一个有界限的时段。

1.“正在 + V”和“V 着”与其他动词的共现条件

“正在 + V”结构中的动词往往是动作动词，且可以跟趋向补语共现，如例（1）的 a 句；“V 着”结构则受到限制，如例（1）的 b 句。

（1）a. 传统中医正在走向世界。

　　b. *传统中医走向着世界。

“正在”在时间轴上具有延续性，因此可以跟表趋向义的趋向补语共现。“V 着”不具有时间参照作用，也不具有延续性，因此不能跟表趋向义的趋向补语共现。

并且，“正在 + V”和“V 着”结构充当谓语时，均不能与结果补语、可能补语、状态补语、数量补语等共现，如例（2）～例（5）。

（2）a. *有一群人坐在农场门前，正在穿上新鞋。

　　b. *有一群人坐在农场门前，穿上着新鞋。

（3）a. *有一群人正在打得过来球。

　　b. *有一群人打得过来着球。

（4）a. *他发现赫文正在看得津津有味电视，身边放着一个酒杯。

b. * 他发现赫文看得津津有味着电视，身边放着一个酒杯。

（5）a. * 我正在想一下问题。

b. * 我在想着一下问题。

2.“正在 + V”和“V 着”与状语的共现条件

“正在”侧重于强调动作在某一时点进行，或两事在某一时点相合。因此，“正在 + V”一般不与时段名词及表反复、重复的时间词语共现。

2.1　时间词语做状语

首先，“正在 + V”常常与表示时点的时间词语共现，如“目前、那时、当时、此时、这时候、……的时候”等。“V 着”结构则受到限制。

（6）有一天，几个外国人来求见牛顿。牛顿这时候正在喂狗吃药，那是他的一只被唤作“美人儿”的狗。

例（6）中的“这时候”表示时点，与上文“有一天”“外国人求见”相呼应，表示“喂狗吃药”恰好发生并持续进行。

其次，“正在 + V”不能与表示“重复、反复”的时间词语共现，如“一天到晚、一代又一代、每天、每时每刻、时时刻刻”等，也不能与表时间的介词短语“从……以来”共现。“V 着”结构则不受此限制。

（7）a. * 酒井一天到晚正在开会。

b. 酒井一天到晚开着会。

例（7）的 a 句中的“一天到晚”表示“重复、反复”的时间概念，“正在开会”表示“开会”正在某一时刻进行。两者在语义上不匹配，所以句子可接受度低。

另外，“正在 + V”结构不能与表示时间长短或频率的时间词语共现，如“常常、一直、总是、又、还、已经、曾经、刚、将、终于、从来、一再、始终、早晚、一向、老是、永远、依然、仍然”等；而“V 着”结构可以与表示长时间或习惯性的时间词语配合使用，如“一直、总是、还”等。

（8）a. * 这些天，我一直正在学习。

b. 这些天，我一直学习着。

（9）a. *我总是正在想：人活着的意义是什么？

b. 我总是想着：人活着的意义是什么？

（10）a. *凌晨三点了，他还正在工作。

b. 凌晨三点了，他还工作着。

例（8）的a句中，"一直"强调"持续不变的时间段"，而"正在"则强调"动作行为发生于某一时刻，且不能延续"。二者在时间指向上相冲突，因此不能共现。余类同。

2.3 范围副词、介宾短语做状语

首先，从状语成分来看，"正在 + V"结构和"V着"结构均可以与范围副词"也、都"等同现，如例（11）～例（12）。

（11）a. 我看他们的时候，他们也正在看我。

b. 我看他们的时候，他们也看着我。

（12）a. 街上没有人。居民们都正在吃晚餐欢度圣诞。

b. 街上没有人。居民们都吃着晚餐欢度圣诞。

其次，"正在 + V"可以与做状语的表示处所、方向的介宾短语共现，如例（13）和例（14）的a句。"V着"结构则受到限制，如例（13）和例（14）的b句。

（13）a. 中国与印度、不丹的边界问题正在朝积极方向发展。

b. *中国与印度、不丹的边界问题朝积极方向发展着。

（14）a. 目前正在往房间里摆放家具。

b. *目前往房间里摆放着家具。

值得注意的是，"正 +'在'引领的介词短语"结构易和"正在 + VP"混淆，如例（15）～例（17）。

（15）那天，我正［在院子里］听英语磁带。

（16）风筝正［在天上］飞着。

（17）小船正［在河里］漂着。

12. 如何理解“时间副词 + V 着”结构？

陈刚（1980）指出，有些情况下，“V 着”句不能成立，它们给人的印象是话没有说完，只提供了一些情况，而在这些情况下发生的事情还没有说出来，如下列三例中的 a 句。

（1）a. ?他们开着会。①

b. 他们开着会，外头下起雪来了。

c. 他们一直开着会。

（2）a. ?外头下着雪。

b. 外头下着雪，可一点儿也不冷。

c. 外头还下着雪。

（3）a. ?他唱着歌。

b. 他唱着歌，朝外边走去。

c. 他刚刚唱着歌。

有时，添加一个分句后，整句的意义才显得完整，如上述三例中的 b 句。前一小句中“V 着”结构表示动作的持续，后一小句则说明了其变化和发展。时间副词“一直、还、刚刚”凸显了“V 着”结构的时间参照功能，为动作行为“开着会、下着雪、唱着歌”的持续时间提供了参照时间，如上述三例中的 c 句。本小节将重点探讨时间副词②与“V 着”结构共现的句法语义特点。

1. “时间副词 + V 着”结构中的高频时间副词

我们以“时间副词 *V 着”的格式在 BCC 语料库中自定义检索《老舍文集》，

① “？”表示句子合法，但可接受度稍弱。

② 由于时间副词的判定标准存在差异，本体语法研究对时间副词表示的时间意义认识不同。陆俭明、马真（1985），李少华（1996），马庆株（2000），张谊生（2000a、2000b），李泉（2004），邹海清（2010）所收时间副词的范围和数量均存在差异。就对外汉语教学而言，程钰茹（2018）指出，《新汉语水平词汇大纲》和《发展汉语》系列教材共同收录的时间副词为 27 个。

在统计分析时间副词与体助词“着”同现频率的基础上，对其组合搭配进行描写及梳理，重点说明两者的相互选择机制以及相互制约条件。

按照出现频次从高到低对时间副词与“V着”的共现频次进行统计，结果显示，出现频次前四位的时间副词依次为“在、还、就、正在”。翻阅《发展汉语》系列教材可知，教材较为重视教授“在、正在”与“V着”同现的句式，在语法注释、课后练习部分都有所体现，对“还、就”与“V着”同现的情况不够重视。以下着重介绍“还、就”与“V着”同现的句法语义特征。

2.“还+V着”结构

时间副词“还”的意思是表示动作、状态的持续，多用于连续的时间事件，如“S+V+O，过了一会儿，S+还+V着+O”。

（4）鸽子越飞越高，明朗的青天也越来越高，在鸽翅的上下左右仿佛还飞动（着）一些小小的金星。天是那么深远、明洁，鸽子是那么黑白分明。

例（4）中，前时事件为“鸽子越飞越高”，后时事件为“在鸽翅的上下左右仿佛还飞动（着）一些小小的金星”，表明“飞”这一动作行为持续进行，“还”的语义特征跟“V着”结构较为匹配。如果删去“还”，前后两个动作行为之间会缺少“持续不变”的意味，整句的连贯性会大大减弱。

（5）外祖母去世后的一天，母亲说，外祖母住院的时候，还想着孙女。

例（5）为留学生作文语料。其中，副词“还”表明动作行为“想着孙女”从“还没住院的时候”持续到“住院的时候”。如果去掉“还”，则表示动作行为“想着孙女”仅仅在“住院的时候”发生。

3.“就+V着”结构

时间副词“就”的意思是：1. 表示很短时间以内即将发生；2. 强调在很久以前已经发生；3. 两件事情紧接着发生。其中，前两个语义特征与“V着”结构的语义特征不兼容，只有第三个语义特征能够与“V着”结构匹配，且多用于前后接续的时间事件，如“$S+V_1+O_1$，$S+$就$+V_2$着$+O_2$”。

（6）擦完脸，从袋中掏出银的牙签，细细地剔着牙，剔到一段落，就深长饱满地打（着）响嗝。

例（6）中，根据上下文可知，时间副词"就"指明前一动作行为"剔牙"和后一动作行为"打响嗝"接续发生，而"深长饱满"做状语修饰"打（着）响嗝"，表明动作行为在时间及空间上的延续性。如果删去"就"，前后两个动作行为会缺少"接续发生"的意味，整句的连贯性会大大减弱。

（7）小学三年级时学校就规定要写大楷字了。我不会写，便哭了。父亲就握着我的手教我如何拿毛笔来写大楷字。每次要交的作业就这样过关了。

例（7）中，前时事件为"我哭了"，后时事件为"握着我的手""教我写字"。副词"就"表明前后事件接续发生，提升了语篇的连贯性。

13. 如何理解"重复副词[①] + V 着"结构？

首先，以"重复副词 *V 着"的格式在 BCC 语料库中自定义检索《老舍文集》，按照出现频次从高到低对重复副词与"V 着"共现的情况进行统计。结果显示，出现频次较高的重复副词依次为"也、又、再"。

1. 重复副词"也"

首先，根据《现代汉语八百词》，重复副词"也"表示和其他人的动作相等同。整个结构可以码化为："$S_1 + V + O$，S_2 + 也 + V 着 + O"。

（1）温都太太含着泪对小狗儿说。说完，还在狗的小尖耳朵上要个嘴儿，小狗儿有时候也傻瓜似的陪着吊一对眼泪。吃饭时间的问题，就是她们俩拌嘴的一个大原因。

例（1）中，"也"做状语修饰动词"陪着"，受上下文语境的影响，"也"指的是"温都太太含着泪""小狗陪着吊眼泪"两个动作行为接续发生。如果删去"也"，前后两个动作行为之间的重复性会大大减弱。

---

① 程钰茹（2018）指出，《新汉语水平考试大纲》和《发展汉语》系列教材共同收录的重复副词为六个，分别为：也、又、再、反复、再三、亦。

（2）我爸爸这个人是很善良的、说话不太多的人。他很喜欢我，我也一直怀念着他。

例（2）为留学生作文语料。前一小句“他喜欢我”与后一小句“我怀念着他”前后呼应。其中，重复副词“也”说明“怀念着他”这一状态的持续，与上文相呼应，增强了文章的连贯性。

2. 重复副词“又”

根据《现代汉语八百词》，重复副词“又”表示和自己以前的动作等同。整个结构可以码化为：“S + V_1 + O，S + 又 + V_2 着 + O”。

（3）军长聚精会神地看着沙盘上的小山小河，半天没有开口。洞子里没有一点响动。“你先说几句好不好？”军长微笑着对政委说。说完，他又用心地看着沙盘。事实上，他无须一定说话。他来到这里，已经足以教大家感到这一仗必须打胜，必能打胜。

例（3）中，根据上下文，可知“军长看着沙盘”这一事件持续进行，重复副词“又”做状语修饰动词“看着”，表示“看着沙盘”这一事件重复、反复持续进行。如果删去“又”，前后两个动作行为的重复性会大大减弱。

（4）赵老师说：“志基，你居然逃课，连考试都不去考，你有没有为将来打算？如果你自己都不自爱，还有谁可以帮助你呢？”她又接着说：“现在离小学会考还有五个月，如果你能够迎头赶上还来得及，我愿意帮你补习。”

例（4）为留学生作文语料。其中，“又”修饰“接着说”，与上文“赵老师说”相呼应，表明动作行为重复发生。

3. 重复副词“再”

根据《现代汉语八百词》，“再”表示一个动作（或一种状态）重复或继续，多指未实现的或经常性的动作。整个结构可以码化为：“S + V_1 + O_1，S + 再 + V_2 着 + O_2”。检索语料发现，“V 着”前的“再”常与否定词合用，如“不敢再、不好意思再、不愿再、不能再、不用再”，表示动作不重复或不继续下去。

（5）想到这里，他挣扎着起了床，觉着自己已经好多了。既已见好，就不能再这么待着。他已经能站，能走，能想了。没时间再病下去。

例（5）中，“不能再”做状语修饰“待着”，表示动作“待着”不重复下去。如果删去“着”，动作行为“待”与“不能再”所表示的持续义不兼容，句子的可接受度大大降低。

（6）小时候我看她做什么，我就模仿她做什么。长大了以后虽然我不再跟着她，可是有的地方很像她，比如说话的口气、穿着等等。

例（6）为留学生作文语料。其中，“不再”修饰“跟着她”，与上文“小时候模仿她”相呼应，表明动作行为不再持续。

综上所述，重复副词“也、又、再”做状语修饰“V着”，通过限定动作行为的重复对象（与他人相同、与前时事件相同、与预测行为相同），说明后时事件“V着”的动作行为或状态无一例外保持均质、恒定的持续状态。重复副词“也、又、再”的主要语用功能为：通过凸显“着”的持续义，如动作行为在时间上、频率上及状态上的持续，来增强语篇的连贯性。

14. 如何理解“在P+V（着）”结构？

侯敏（1992）从动词语义类型的角度指出，“在P+V（着）”结构的句式义为“动作或状态于某一处所持续”。

1.“在P+V（着）”结构中的动词

第一，持续动词能够用于“在P+V（着）”结构。例如：

（1）a. 妹妹在屋里哭。

b. 妹妹在屋里哭着。

例（1）中，动词“哭”为“动作–持续”动词。受动词语义特征及“在P+V（着）”结构句式义的影响，例（1）a句和b句均可表示“动作或状态于某一处所持续”。

第二，“动作–状态”复合义动词与“在P+V（着）”结构兼容性较低。

（2）a. ?他在母亲面前跪。

b. 他在母亲面前跪着。

（3）a. ?花瓶在书架上放。

b. 花瓶在书架上放着。

例（2）和例（3）中，动词“跪”“放”均为“动作–状态”复合义动词，具有动静二重性的语义特征。从内在时间性来看，两者均为瞬间动词，与句式义“动作或状态于某一处所持续”不匹配，因此 a 句的可接受度低。从外在时间性来看，加上助词“着”以后，动词“跪”“放”的语义特征偏向于表示状态，与整句句式义兼容性高。因此 b 句的可接受度较高。

第三，瞬间动词与“在 P + V 着”结构兼容性较低。

（4）a. 花瓶在地上碎了。

b. *花瓶在地上碎着。

c. 一排排花瓶在地上碎着。

（5）a. 手帕在地上掉了。

b. *手帕在地上掉着。

c. *一块块手帕在地上掉着。

d. 一块块手帕从天上掉着。

瞬间动词不能表示动作或状态的持续，因此只能与“在 P + V + 了”结构兼容，如例（4）和例（5）的 a 句；不能与“在 P + V 着”结构兼容，如 b 句。例（4）的 c 句中，主语具有复数性语义特征，与整句句式义可以兼容，因此句子的可接受度较高。

例（5）的 c 句中，尽管主语具有复数性语义特征，但动词“掉”具有空间位移义，要求位置移动具有一个内在的起点、路径及终点，与处所短语“在地上”语义兼容度不高，因此句子的可接受度低。例（5）的 d 句中，处所短语“从天上”包含一个内在的起止点，能够同时兼容“掉”的空间位移义，并且主语“一块块手帕”的复数义特征、处所状语“从天上”的空间位移性特征与整句句式义均可兼容，因此句子的可接受度高。

2.“在 P + V（着）”结构的语用功能

从语篇功能来看，“在 P + V 着”结构能够指明动作持续的处所，表明在同一时空环境中，多个事件或活动持续发生。

（6）从天台公寓出发，翠蓝的天上挂着几片灰心白边的浮云，东来西去地在天上浮荡着。两个人坐在车上，全仰着头细观天象。

当前后事件处于同一时空环境时，删去处所信息“在 P”不影响句子的理解。例（6）中，介词短语“在天上”做状语修饰“浮荡着”。删去“在天上”，不影响语篇的理解。原因就在于，例（6）中“浮云挂着”和“浮云浮荡”的空间环境是一致的，都是“天上”。时空环境呈现了高度的一致性和稳定性。运用“在 P + V 着”结构能够使得语言表达更加准确、精密，改为“在 V 着”或“V 着”结构也不影响语篇的理解。

当前后事件涉及不同的时空环境时，删去处所信息“在 P”会影响句子的理解及语篇的表达。

（7）那位母亲看起来似乎跑不动了。她伸出手哭喊着，要抱回儿子，而孩子也在他的肩膀上扭动着，想要挣脱他，想要回到母亲的怀抱。

例（7）中，介词短语“在他的肩膀上”做状语修饰“扭动着”。从时间线来看，“跑不动、伸出手、哭喊、抱回、扭动、挣脱、回到”等多个事件接续发生；从空间环境来看，“他的肩膀、母亲的怀抱”等多个场所先后转换。时间事件和空间场景处于分离的状态。如果删去“在他的肩膀上”，则会导致语义不明，读者不了解“孩子在何处扭动着”。从上下文语境来看，删除处所信息，会干扰叙事主线，影响时空环境的前后接续，降低语篇的可理解度。

综上所述，“在 P + V 着”结构具有凸显“状态持续于某一处所”的语用功能，并且偏重静态的描写，而非动态的叙述。

15. 如何理解"没V着"结构?

1."V着"的否定形式为"没V着"

关于"V着"是否有否定形式，已有研究结论不一。有研究者认为，"V着"前一般不能用否定词，因为"着"与否定词在语义上相互排斥（龚千炎，1995）。"V着"没有或者说用不着专门的、直接的否定形式。这种说法等于变相否定了"V着"否定形式存在的必要性。

也有研究者认为，"V着"的否定形式为"没V着"，并且强调由于"着"的功能主要是从正面加以描写，所以很少用否定形式（Teng，1973；刘月华、潘文娱、故韡，1983；石毓智，2001）。高顺全（2003）进一步指出，"在V""V着"的预设是"V了"，因此两者的否定形式均应该是"没V"。

然而，这种说法忽略了持续体标记"着"的"非完整性"。"V着"表示动作行为或状态的持续，但持续体"V着"并不意味着动作行为已经完成，持续体和是否完成之间没有必然的联系。如"明天我坐着火车去北京"，动作行为"坐着火车"并没有真实发生；又如"明天你上着课的时候，我去找你"，动作行为"上着课"也同样没有真实发生。因此，认为"V着"的预设是"V了"，进而推导得出"V着"的否定形式是"没V"的做法并不可取。

陈莉、潘海华（2017）从阶段性谓语和个体性谓语的角度出发，指出当"V着"表示状态的持续时，其否定形式为"没V着"。例（1）的a句中，"梳"为"动作–状态"复合义动词，"头上梳着两个丫角"的否定形式可以为b句"头上没梳着两个丫角"。当表示动作的进行时，"V着"和"在V"共用一个否定形式，均为"没在V"。

（1）a. 我自己坐在他们中间茶几前面的一张小椅子上，头上梳着两个丫角，身上穿的是浅色衣裤。

b. *我自己坐在他们中间茶几前面的一张小椅子上，头上没梳着两个丫角，身上穿的是浅色衣裤。

从形式上来看，汉语不存在英语那样肯定形式和否定形式一一对应的、严格的时体系统。肯定形式“V 着”从正面表示动作行为或状态的持续，否定形式“没 V 着”则并不表示动作行为或状态的持续，而是对过去某段时间内动作行为或状态持续的量的否定。

2.“没 V 着”结构表示量的否定

“没 V 着”并非否定动作或状态的持续，而是具有语用否定功能。“没 V 着”结构主要从量的否定的角度对动作行为进行全部或部分否定。状语成分能够制约“没 V 着”结构所表示的“量的否定”。

（2）尽管他有一段时间没见着他了，但那天遇上还是很高兴的。

（3）有空你就多牵挂牵挂我吧，我记得你已经好久没带着我一起旅行了。

（4）叶天征闭着眼，睫毛下却有了微微的湿润，“他出去时就没想着能回来”。

（5）因为他们的眼睛多半都没看着黑板。

例（2）中，“一段时间”做状语修饰“没见着他”，指明动作行为“没见着”的起止时间。“有一段时间没见着他”是对这一特定时段内动作行为的持续的全量否定、整体否定。

例（3）中，“好久”做状语修饰“没带着我”，指明动作行为“没带着我”的起点是“上一次带着我一起旅行”，终点是说话时间。“好久没带着我”是对这一特定时段内的动作行为的持续的全量否定、整体否定。

例（4）中，“就”做状语修饰“没想着”，指明“没想着”的起点是“出去时”，终点是说话时间。“就没想着”是对这一特定时段内动作行为的持续的全量否定、整体否定。

例（5）中，受副词“多半”的影响，“没”并非对谓语动词“看着黑板”进行全量否定，而应看作对“他们看着黑板”这一事件的量进行部分否定。否定的既可以是动作主体“一部分人”，又可以是动作行为“看着黑板”。

16. 如何理解“不V着”结构？

助词“着”具有［+持续］的语义特征。从时间的进程上来看，“持续”或许与“开始”有关，但却与“完成”无关。因此，助词“着”可以用于过去、现在以及将来，如例（1）的a、b、c句。

（1）a. 我昨天一直看着书。

b. 我今天一直看着书。

c. 我明天一直看着书。

理论上，助词“着”既可以与否定过去的“没”同现，如例（2）的a句；也可以与否定现在及将来的“不”同现，如例（2）的b句和c句。

（2）a. ?我昨天没看着书。

b. ?我今天不看着书。

c. ?我明天不看着书。

从否定副词“没、不”的语义指向来看，两者均非单纯的语义否定。“没V着”更侧重于量的否定。本小节着重论述“不V着”的句法语义特征。

1. 句法分布

首先，否定副词“不”可以直接修饰“V着”。例（3）中，否定副词“不”直接修饰谓语动词“守着”。

（3）你说说看，我不守着你三婶，你三婶闹了什么漏洞吗？

其次，否定副词“不”后可以跟能愿动词[①]，共同修饰“V着”结构，旨在表现否定意愿的强弱程度。例（4）中，“不愿”作为能愿动词“愿”的否定形式，共同修饰“坐着”。

---

① 能够进入“不+能愿动词+V着”结构的能愿动词有“愿意、敢、能、应当、必、肯、准、会、许、要、得、该、想”等。

（4）一堆讨厌的肉，对她没有可说的，没有可做的。“孩子们睡了？”他不愿呆呆地坐着。“刚睡。”她用编物针向西指了指，孩子们是由刘妈带着在西套间睡。

再次，否定副词“不”后可以跟程度副词“那么、太”、重复副词“也”、范围副词“都”等，共同修饰“V着”结构，来减弱否定副词“不”的否定力度。

（5）慢来！你中了状元，我放了心！是呀，你脸上长了点肉，眉头也不那么皱着了，好！我放了心！这个碗我还用得着，自己端着吧！

（6）电影每天拍几个镜头，可电视剧每天要赶十几场，转换也很快，每场情节之间都不挨着，台词又多，幸亏合作的演员都很有经验，带着我走，大家都演得很愉快。

（7）夏威夷群岛的土地非常肥沃，食品有大量的增加，但人口并不跟着增加，主要是因为该处的居民并不是喜欢多子多孙的。

例（5）中，副词“也”修饰“不那么皱着”，否定语气稍弱。例（6）中，副词“都”修饰“不挨着”，强调无一例外。例（7）中，副词“并”修饰“不跟着”，强调与预期相反，是对“人口跟着增加”这一预期的正面驳斥。

另外，“不V着”结构可以受其他否定副词修饰，通过多重否定来表示肯定的意味。“不V着”结构与否定副词“无时无刻、无一”共现时，动词多以双音节形式为主。“无时无刻”用在“不”前，合起来表示“时时刻刻都……”之意。如例（8）中，“无时无刻不”表示双重否定，“无时无刻不影响着我们的生活”的意思是加强肯定，指的是“时时刻刻都影响着我们的生活”。

（8）从相识相恋到结婚生子，中国移动无时无刻不影响着我们的生活。

“无一”用在“不”前，合起来表示“没有一个不、所有的都……”之意。如例（9）中，“无一不”表示双重否定，“无一不代表着参加舞会者的地位”的意思是加强肯定，指的是“所有的都代表着参加舞会者的地位”。

（9）柔和的灯光，舒缓的音乐，高雅的气氛，无一不代表着参加舞会者的地位。

2. 语法意义

肯定形式“V着”从正面表示动作行为或状态的持续，否定形式“不V着”

同样表示动作行为或状态的持续，指的是对现在及未来某段时间内动作行为或状态持续的否定。

“不V着”结构中的“V”仍然表动作行为或状态的持续进行，但动作或状态的持续并没有真实发生，也即并非“真实事件”，而是“虚拟事件”。说话者先预设或假定“虚拟事件”的持续，紧接着通过情态动词的否定形式对“虚拟事件”予以否定，对命题的真值或事件的现实性状态表达主观态度（彭利贞，2007）。

（10）我也不知道如何来开始我们的谈话，怎么能不碰着她的伤口、不伤害到她的自尊心呢？

例（10）中，“不碰着伤口”指向未来，指的是在开始谈话以后，动作行为“碰着伤口”没有真实发生或持续。从主观性的角度来看，面对“不碰着她的伤口”这一虚拟事件，说话者想要表达的却是“疑问、怀疑乃至否定”的情感态度，如“我也不知道”“怎么能”等。

3. 语用特征

在BCC语料库中，以“不V着”格式进行检索，查找文学、报刊、对话语体下“也/并/都/无时无刻/无一不V着”格式的出现频率（见表16-1）。结果显示，“也不V着”强调两事相同，多用于报刊语体、对话语体；“并不V着”强调与主观推测相反，多用于文学语体、报刊语体；“都不V着”强调量的否定，多用于对话语体；“无时无刻/无一不V着”强调普遍存在，多用于报刊语体。

表16-1　“不V着”的语用分布

结构	文学	报刊	对话
不V着	1326	3054	3822
也不V着	91	148	203
并不V着	118	143	23
都不V着	13	25	205
无时无刻不V着	12	60	21
无一不V着	6	102	2

“不V着”旨在弱化现实持续性，增强心理主观性，能够对“虚拟动作行为或事件”的持续性进行双重否定，进而实现肯定、确信等语用功能。

（11）我脑子里无时无刻不想着这个问题，吃饭想，走路想，白天想，晚上想。

（12）那里的街道庙宇、民俗习尚等，无一不保留着浓厚的大陆民间特色。

例（11）中双重否定副词“无时无刻不”，以及例（12）中双重否定副词“无一不”均对虚拟否定事件的持续进行了弱化否定，实则增强了肯定意味的表达。

综上所述，“不V着”结构主要否定在未来某一时间段内动作行为或状态的持续，多用于正式语体、书面语体。“不V着”结构可以受一般副词修饰，动词以单音节形式为主；也可受否定副词修饰，用以加强肯定，此时动词以双音节形式为主。

17.“形容词+着”结构可以充当什么句法成分？

1.“形容词+着”结构做谓语

从句法结构来看，“形容词+着”结构可以充当谓语。

（1）（这衣服）穿在身上短着一大截。

（2）已是晚上九点多，L君的房间还黑着。

例（1）中，谓语为“短着”，宾语为数量短语“一大截”。例（2）中，谓语为“黑着”，时间副词“还”指明形容词谓语“黑着”一直持续到说话时刻“晚上九点多”，反映了说话人对时间量的主观认知。

2.“形容词+着”结构做状语

“形容词+着”结构可以充当状语。“形容词+着”表示事物的状态，做状语来修饰谓语动词，说明伴随动作行为进行或持续的方式、状态。在言语交际中，通常可以用“怎么样地V”进行提问，其目的为对动作行为“V”所处的状态进行描写。如例（3）可以用“怎么样地上班”、例（4）可以用“怎么样地吃”

进行提问。

（3）急着上班。

（4）不要煮老了，嫩着吃。

从语用功能上来看，例（3）中，“急”主要指向主语“说话人”。“急着”的语义指向并非单纯指向动词“上班”，在“急着”这一均质状态持续的同时，“上班”这一事件也在进行中，包括了“更换衣服、整理物品、出门”等一系列行为动作。换句话说，“形容词 + 着”的功用在于将“时点”拉长为“时段”，将“持续的状态”赋予时间义，视角的切换带来的最大改变就是行为动作被细分为连续的系列事件。

例（4）中，“嫩”主要指向宾语“食物”。“嫩着”并不指向动词“吃”，而指向“吃”的宾语“某一食物”，在描摹宾语“某一食物”的均质持续状态的同时，“吃”这一事件也在同时进行中，包括了“吹气、冷却、放入口中”等一系列行为动作。“形容词 + 着”将恒定不变的属性转化为动态变化的状态，进而为前后接续的事件赋予时间意义。

3.“形容词 + 着”结构做定语

“形容词 + 着”结构可以充当定语。“形容词 + 着”做定语，“着”的功能主要是通过给持续的状态赋予时间意义，改变后置动作行为的情状类型。

（5）a. 为什么饿着的时候没死那么多人？

b. * 为什么饿的时候没死那么多人？

（6）a. 一直红着的脸这才松弛了点。

b. ? 一直红的脸这才松弛了点。

例（5）的 a 句中，“饿着”做定语修饰中心语“时候”，使得整个事件具有持续义，可以蕴含“没死那么多人”这一持续性的结果；b 句中，“饿的时候”主要指“饥饿的那一刻”，由于缺乏持续义，无法蕴含“没死那么多人”这一大规模的持续事件，因此句子不合法。

例（6）的 a 句中，“红着”做定语，修饰中心语“脸”；时间副词“才”表示动作行为发生得晚、慢、难，指明“红着”既表持续的状态，同时又蕴含时间意义。b 句中，“红的脸”具有描写性，无法与时间副词“才”共现，句子的可接受度大大降低。

18.“V 着”句的完句条件是什么？

戴耀晶（1991）指出，助词“着”的持续义不仅受到动词语义类型的影响，还会受到句中其他成分的影响。助词“着”的语法意义正是在与句子整体意义及各部分的局部意义互动的条件下产生的。

“V 着”结构本身缺少一个内在的自然终止点，具有无界的语义特征。结构自身的语义不自足，完句程度低。通过添加具有复数性语义特征的主 / 宾语，指称性强的定语，时间状语、描写性状语及其他体标记，“V 着”句的完句程度可得到提高。

1. 复数性语义特征的主 / 宾语

具有复数性语义特征的主 / 宾语能够强化助词［+ 持续］的语义特征。因为复数性语义特征的主语或宾语，表示动作行为“V 着”的主体或客体在数量上具有持续义、延续义。

（1）a. * 有辆火车过着桥呢。

　　b. 一列列火车过着桥呢。

例（1）的 a 句中谓语“过桥”具有一个内在的自然终止点，在语义上，a 句所表示的事件有界性程度均比较高。而“V 着”结构具有无界的语义特征，一般不能与表示有界性的成分共现。因此，a 句的可接受度均较低。

例（1）的 b 句中，具有复数性语义特征的主语“一列列火车”表示“过着桥”这一动作行为重复、持续发生，提高了整个句子的可接受度。

2. 指称性强的定语

指称性强的定语可以增强“V 着”结构［+ 持续］的语义特征。因为指称性强的定语对动作行为持续所涉及的对象予以限制，增强了句子的完句程度。

（4）他吃着一只刚出炉的香喷喷的烤鸭。

（5）监狱长打量着面前的军人。

例（4）中，数量短语“一只”、状中短语“刚出炉”、形容词“香喷喷”均包含一定的指称性，这就为动作行为“吃着”所表示的持续义提供了一定的外部时间参照。例（5）中，如果删除定语修饰语，失去了定指性的特征，“军人”缺少有定性，句子的完句程度会降低。

3. 时间状语

具有持续义的时间状语能够顺应“V 着”结构［＋持续］的语义特征。

（6）哗啦啦，哗啦啦，河水一天到晚流着，这可怎么过河呀？

（7）他每天都盼望着这个法定的散步的时刻。

例（6）中，名词性时间短语“一天到晚”表示时间的持续。例（7）中，时间状语“每天”表示时间的反复，两者均能强化“V 着”结构的持续义，因此句子合法。

（8）他常常在奥云娜忙碌的时候注视着她。

（9）这件事一直拖延着。

（10）关于水江爷爷的话题依然继续着。

（11）昨天晚上我一直醒着。

例（8）中“常常”表示经常义，例（9）中“一直”表示持续义，例（10）中“依然”表示延续义，均可以表示动作行为或状态持续的时间段，表示从过去某时刻持续到现在（说话时刻）。例（11）中，时间副词“一直”具有持续性的语义特征，做状语整体修饰“醒着”，因此句子的可接受度大大提高。

4. 描写性状语

描摹性强的状语成分能够强化“V 着”结构［＋持续］的语义特征。首先，数量词充当状语修饰“V 着”结构，用以说明动作行为或状态持续的数量、频率等。

（12）有些战士骑着自行车，大多数三三两两地走着。

（13）焉识一口一口地喝着咖啡。

（14）炸弹接二连三地爆炸着。

例（12）中，“三三两两”做状语修饰谓语动词“走着”；例（13）中，数量词“一口一口”做状语修饰谓语动词“喝着”。例（12）和例（13）中的“三三两两”和“一口一口”分别限制了动作行为持续的数量及频率，如果将它们删去，“走着”和“喝着”缺少一个内在的自然终止点，句子可接受度降低。例（14）中，形容词性短语“接二连三”本身具有复数性的语义特征，做状语整体修饰“爆炸着”，因此句子的可接受度大大提高。

其次，动词、形容词等充当状语修饰“V着”结构，用以表现动作行为或状态持续的情状。

（15）他使劲儿地拽着背包，始终不肯松手。

（16）有个小姑娘站在我面前。她认真地看着我。

例（15）中，动词“使劲儿”做方式状语修饰谓语动词“拽着”；例（16）中，形容词“认真”做方式状语修饰谓语动词“看着”。两者分别对伴随动作行为持续的情况、状态、方式予以说明，如果将方式状语删去，句子缺少了描摹性，可接受度会大大降低。

再次，介词短语充当状语修饰“V着”结构，用以说明动作行为或状态持续的趋向、方位或处所。

（17）我往前走着。

（18）她在远处的人行道上走着，手牵着一条病恹恹的、摇着大肚子的短腿长身的德国种猎犬。

例（17）中，介词短语“往前”做状语修饰谓语动词“走着”，限定动作行为持续于某一方向；例（18）中，介词短语“在远处的人行道上”做状语修饰谓语动词“走着”，限定动作行为持续于某一处所。例（17）和例（18）中的介词短语“往前”和“在远处的人行道上”所包含的空间概念，说明了动作行为持续的趋向、处所。如果将介词短语删去，例（17）和例（18）句不仅缺少一个内在的自然终止点，而且缺乏对动作行为持续的处所及趋向的说明，句子可接受度降低。

5. 体标记

有些体标记也可与助词“着”共现。

（19）“他们都在看着我们呢。”一个女人轻轻说。

（20）教师向我友善地点点头，他正微笑着和另一位老师说话。

（21）张英才正在想着，余志从后山上下来了。

（22）我用心地听着呢。

例（19）～例（22）中，进行体标记“在、正、正在、呢[①]”具有有界性的语义特征，本身就具有独立成句的功能，均可以在单独加上动词后独立成句。而“V 着”结构不能独立成句，一定要加上进行体标记，才可以独立成句。

① “呢”本身为语气词，具有一定的时间参照作用，如“看着呢”，表示动作行为“看”持续，并延续到说话时刻。

第三部分　句法规则

19. 如何理解“V 着”存现句？

1. 句法结构

1.1　主语的特点

“V 着”存现句中的主语多为处所名词。在 BCC 语料库中，以“NP 上 / 下 / 边 / 里 / 中 / 内 / 外 V 着一（个）NP”为例进行检索，发现“NP 上”“NP 里”的出现频率最高（见表 19-1）。所以，从搜索结果来看，“～上”“～里”要比“～中 / 边 / 下 / 内 / 外”更容易被说话者 / 听话者所注意，凸显程度更高。

表 19-1　“V 着”存现句中主语的结构特征

主语	NP 上	NP 里	NP 中	NP 边	NP 下	NP 内	NP 外
频率	10053	6748	3681	2330	1109	367	311

“V 着”存现句中的主语多由表处所的名词充当，该处所具有“凸显”“外显”的语义特征，旨在引起听话者的注意，在上下文语境中起引介作用。

1.2　宾语的特点

“V 着”存现句中的宾语多由表事物的名词性成分充当，该名词性成分前常加“一个”“一位”等数量短语指明新事物，倾向于提供一个不确定的、未知的新信息，如例（1）所示。

（1）浪花的白沫上飞着一只鸟，仅仅一只。

（2）餐桌上放着母亲为我准备的冰糖罗汉果炖雪梨，还有老爸为我准备的早餐奶。

有时，也可在前面加上复杂定语，指明新事物的属性及状态，对新信息进行描写、说明。例（2）中，宾语为名词性短语“母亲为我准备的冰糖罗汉果炖雪梨”，其中，“母亲为我准备”属于主谓短语做定语，用来描写中心语的语义特征。

1.3　谓语动词的特点

受谓语动词语义特征的影响，“V 着”存现句可分为静态存在句和动态存在句（宋玉柱，1982）。静态存在句是与动态存在句相对的一种存在句，它的基本特点在于句中动词不表示动态，而只表示一种静止的状态（陈庭珍，1957；宋玉柱，1992、2004）。静态存在句表示静止的状态，而动态存在句表示动作的进行（田臻，2009；齐沪扬，1998）。

在 BCC 语料库中，以“NP 上 / 下 / 边 / 里 / 中 / 内 / 外 V 着一 NP”为例进行检索，并对各结构中动词的出现频率进行统计，选取出现频次大于 50 的动词进行重点分析。见表 19-2：

表 19-2　谓语动词的出现频率

序号	NP 里		NP 上		NP 下	
	V 着	频次	V 着	频次	V 着	频次
1	拿着	1224	挂着	474	藏着	68
2	住着	299	放着	391		
3	抱着	239	戴着	222		
4	放着	215	坐着	145		
5	握着	192	带着	144		
6	坐着	173	摆着	137		
7	捧着	171	穿着	120		
8	提着	168	拿着	82		
9	装着	161	插着	81		

续表

序号	NP里		NP上		NP下	
	V着	频次	V着	频次	V着	频次
10	藏着	137	贴着	62		
11	带着	121	画着	61		
12	端着	93	站着	58		
13	弥漫着	93	系着	56		
14	拎着	88	躺着	54		
15	夹着	86				
16	含着	77				
17	摆着	74				
18	躺着	73				
19	捏着	70				
20	站着	70				
21	挂着	64				
22	叼着	60				
23	插着	59				
24	举着	53				
25	抓着	53				

研究发现，三种结构中，出现频率较高的动词有9个，分别是“拿、挂、放、坐、带、摆、躺、站、插”。其中，“挂、放、带、摆、插”在“NP上V着一NP”结构中的出现频率均高于在“NP里V着一NP”结构中；而“拿、坐、躺、站”在“NP里V着一NP”结构中的出现频率均高于在“NP上V着一NP”结构中（见表19-2）。

动词“挂、放、带、摆、插”共有的语义特征是附着于物体的表面，与“NP上”的空间语义关系相符合；而动词“拿、坐、躺、站”共有的语义特征是处于某三维空间中，与“NP里”的空间语义关系相符合。并且，从动词自身的语义特征来看，这9个动词均表示静态语义，主要表明动作的持续或动作停止后遗留的状态。

2. 语义特征

“V 着”存现句主要表持续义，又可分为表静态的持续义以及表动态的持续义（宋玉柱，1982；齐沪扬，1998）。

（3）这时路上走过来一位教师模样的三十岁出头的男人，他脖子上挂着一个照相机。

（4）马路上走着一条懒洋洋的狗，蚊子如黑云，围着狗头盘旋。

两者的区别在于，“V 着”静态存现句主要表示某处存在某物，某物附着于某处，如例（3）所示。“V 着”动态存现句主要表示某处存在某事件，某事件持续存在于某处，如例（4）所示。

静态持续和动态持续的主要差别体现在动词的情状类型上。能够出现在静态“V 着”存现句中的动词一般具有“动作–状态”复合义的语义特征。

当动词的开始、进行、持续及完成在时间上相互重合时，“V 着”存现句的语义就会表现为静态持续义。例（3）中，“挂着”表示动作结束后遗留的状态。

当动词的开始、进行、持续及完成在时间上不完全重合时，“V 着”存现句的语义就会表现为动态持续义。例（4）中，表示“走着”从开始到说话时间的动作的持续。

3. 语用功能

3.1　话题—说明关系

“V 着”存现句可表示“话题—说明”的语篇功能。“V 着”存现句的主语可看作是话题，谓语可看作是说明。一般情况下，该结构的主语和谓语（话题和说明）之间结合得比较紧密，中间不能停顿或插入其他成分。但在有些情况下，主语和谓语之间可以稍有停顿。

（5）那蛇人的手里，拿着一把长枪。此时他用长枪指了指我们，这动作便是不上战场的人也知道，是挑战。

例（5）中，主语“那蛇人的手里”表示话题，“拿着一把长枪”是谓语，表示说明。该结构可通过“那蛇人的手里怎么样”等问题对话题进行深入说明。

3.2 新旧信息关系

“V 着”存现句还可表示“旧信息—新信息”关系的语篇功能。“V 着”存现句是引介句，它的话语功能在于为谈话的对方引介出人和事物（齐沪扬，1998）。句子的信息传递符合“从旧到新”的原则，即旧信息在前，新信息在后。对“V 着”存现句而言，表示空间位置的主语，多为话题，指的是旧信息、已知信息；而表示事物的宾语，多为说明，指的是新信息、未知信息。句子的前半部分为背景信息，后半部分为焦点信息。

根据上下文语境可知，例（5）中，“那蛇人的手里”为旧信息，主要提供事情发生的背景信息；“一把长枪”为新信息，主要说明推动事情进展的焦点信息。

20. 如何理解“V_1 着 V_2”结构？

本体语法研究侧重于探讨“V_1 着 V_2”结构的语法意义（吕叔湘，1980；朱德熙，1982）；教学语法研究则着重从汉外对比的角度考察“V_1 着 V_2”结构的用法。英语、日语、韩语、泰语中助词“着”的相应形式均不能用于连动句中，“V_1”和“V_2”之间的逻辑事理关系常用连接词来表示。因此，这给“V_1 着 V_2”结构的教学带来一定困扰。

1. 句法结构

1.1 “V_1 着 V_2”结构

吕叔湘（1980）指出，“V_1 着 V_2”结构中，“V_1”和“V_2”的意义关系有多种，分别为“方式—动作”关系，如“坐着讲”；“动作—目的”关系，如“忙着考试”；“肯定—否定”关系，如“握着不放”。[①]

① 还有一种为“动作—结果”关系，如“想着想着笑了起来”。本书将这种意义关系归入“V_1 着 V_1 着…… V_2……”结构中。详见第 21 小节。

朱德熙（1982）认为，“V_1着V_2”结构中，“V_1”和“V_2”之间存在“方式—动作”关系，如“开着窗户睡觉”；“动作—目的”关系，如“留着喂狗”。

李向农（2001）指出，“V_1着V_2”结构可分为状中式、连动式、动宾式。绝大多数“V_1着V_2”结构为状中式（袁梅，2002）。其中，状中式表示“方式—动作”关系，如“走着去”表示“以什么方式去”；“连动式”表示“先时—后时”关系，如“留着吃”表示“先留再吃”；“动宾式”表示“动作—对象”关系，如“盼着放假”，表示“盼着什么”。

吕叔湘（1980）、朱德熙（1982）侧重于辨析“V_1着V_2”结构的语法意义，李向农（2001）侧重于辨析“V_1着V_2”结构的句法结构。从对外汉语教学的角度来看，“V着”连动句属于“汉语有而外语无”，不管是语法意义还是句法结构，学习者理解起来均存在较大困难。

1.2　谓语动词

在BCC语料库中，以“V_1着V_2”为例进行检索，发现能够进入该结构的“V_1”主要有“笑、看、跟、等”等自主动词；能够进入该结构的“V_2”主要有“说、看、要、问”等表示动作重复进行的动词。“V_1着V_2”结构出现频率最高的为“笑着问、笑着说、跟着走、跟着去、跟着来、哭着说”等。教学中，不宜再对“V_1着V_2”结构进行分解教学，而宜采用框式结构进行整体教学。

1.3　“着”的隐现

有时候，学习者觉得“V_1着V_2”结构难，并非是因为其句法结构理解困难，而是因为不能较好地把握“V_1着V_2”中“着”的隐现规律。

首先，当“V_1着V_2”结构表示“先时—后时”的关系时，“着”可以不出现。[①]

（1）a. 她提着箱子上飞机。

b. 她提箱子上飞机。

① 此时，“V_1着”需要带宾语，如“提着箱子上飞机”。“V_1着”不带宾语时，“着”不能省略，如“提上飞机”。

例（1）的a句中，“提着箱子”表示方式，“上飞机”表示动作行为，整句既可以用“怎么样地上飞机”来提问，又可以用“先提箱子再上飞机吗”来提问。“提着箱子”和“上飞机”既可以表示“方式—动作”的描摹关系，又可以表示“先时—后时”的时序关系。b句中，删去“着”后，“提箱子”“上飞机”在时间顺序上为先后关系。

（2）a. 我存着买房子。

b. *我存买房子。

例（2）的a句中，“存着买房子”主要表示“先时—后时”的时序关系。但“存着”后没有带宾语，无法构成一个具有完整语义特征的动宾短语，因此“着”不能省略。

其次，当“V_1着V_2”结构表示“方式—动作”的关系时，“着”一定要出现。

（3）a. 她躺着看书。

b. *她躺看书。

例（3）的a句中，“躺着”表示方式，“看书”表示行为，整句表示“怎么样地看书”。b句中，“V_1”“躺”为无界动词，“V_2”为有界事件，但两者之间缺少[+附着][+伴随]的语义特征，故句子不合法。

第三，当“V_1着V_2”结构表示“动作—目的”的关系时，“着”可以不出现，如例（4）。

（4）a. 准备着迎接挑战。

b. 准备迎接挑战。

综上所述，“先时—后时”关系表示多个事件前后接续发生，当前时事件由动宾短语充当时，“着”可以不出现。“方式—动作”关系表示动作持续的伴随方式，“着”必须出现；“动作—目的”关系表示动作行为的持续及作用的对象，“着”一般可以不出现。

“着”是否出现跟助词“着”表持续性的虚实有较大关系。在“先时—后时”关系、“动作—目的”关系中，不管在时间序列还是在逻辑事理中，助词“着”都具有较为实在的延续义；而在“方式—动作”关系中，助词“着”为状态化标记，表示一种虚化了的持续义。

2. "V_1着V_2"结构的构式义

罗自群（2002）指出，连动句"V_1着V_2"中，"V_1"和"V_2"的语义关系是："V_1"和"V_2"表示两个动作同时进行，它们有共同的施事主语，但在表达上有主次之别，"V_2"是主要动作，是主要动词，"V_1"主要表示状态的持续或动作的进行，是伴随动作，是次要动词。从界性特征来看，"V_1着"往往是无界的，而"V_2"是有界的。从时间性的角度来看，根据"V_1""V_2"在时间轴上所占据的位置，两者的语义关系存在"先时—后时"的区分。当表意重点聚焦于"V_2"上时，"V_1着"的动态性弱化，静态性增强。从逻辑关系来看，"V_1""V_2"相连蕴含着"方式—动作"的伴随关系。"V_1"和"V_2"的这种关系同它们之间的"着"有密切的联系，"着"能够表示持续的语法意义。

2.1 "先时—后时"的语义关系

"V_1着V_2"结构中，前一动作行为"V_1"和后一动作行为"V_2"在时间轴上均需要占据一定的位置。"V_1着"与"V_2"之间是动作持续的共时同现关系（袁梅，2002）。该结构可以用"先V_1后V_2"等结构进行扩充。需要指出的是，助词"着"为持续体标记，本身不具有时间性，但在"V_1着V_2"结构中，助词"着"容易被理解为具有表同时进行的语义特征。

（5）她不回答这些问题，只催着要钱，说有事在身，不能多留。

从时间的角度来看，"V_1""V_2"所代表的动作行为或同时发生，或先后发生，或交替发生。该结构可以用"一边做什么，一边做什么"或者"先做什么，再做什么"来进行提问。例（5）中，"催着要钱"表示"一边催，一边要钱"。

"V_1"和"V_2"存在依附、伴随的关系，在逻辑事理上能够建立联系。

（6）伯爵不久就听到一串钥匙的声音，就是铜匠老是放在身边准备开各种锁的那种钥匙串，这个玩意儿窃贼们称之为"夜莺"，那无疑是因为开锁的时候它会唱出丁零当啷的夜曲的缘故。"啊，啊！"基督山带着一个失望的微笑低声说，"他原来只是一个贼！"

例（6）中，"带着一个失望的微笑低声说"，既不能改为"带着一个斧头低声说"，也不能改为"带着微笑说"。原文中要凸显基督山的淡定、自信和超然，而修改后的句子无法与上下文建立正常的逻辑事理关系。

2.2 "方式—动作"的语义关系

"V_1"表示"V_2"的方式，"V_2"表示动作（卢付林，2014）。该结构可以用"怎么样地 V_2""以 V_1 的方式来 V_2 吗"进行提问。助词"着"为状态化标记，将动词的功能从叙述转变为描摹。如"哭着说"中，"哭着"是动作行为"说"的状态；"走着去"中，"走着"是动作行为"去"的方式；"挂着卖"中，"挂着"是动作行为"卖"的手段。

（7）终于她把我脸上的毛巾拿掉，把所有油都擦干净。笑着看我，好像很满意的样子。

从情状的角度来看，"V_1"多从情状、样貌、方式等角度来描摹"V_2"。例（7）中，"笑着看我"表示"怎么样地看我"。

在语篇表达上，"V_1"是次要的，"V_2"是主要的。删去"V_1"不影响意思的表达，删去"V_2"则会导致无法理解原文。

（8）院子里一阵摩托车响，表哥来了。我迎出去，却看见表哥的身后带了个姑娘。表哥没有向我介绍，只是笑着问我，小春子，你一个人在家？

例（8）中，删去"笑着"，不影响句子的理解；删去"问我"，会使语篇显得不连贯、不自然。

3. 语用功能

"V_1 着 V_2"结构的主要语篇功能在于提供背景信息。

（9）她看到了我，款款走了过来，朝我微笑，我也笑着走上去了。我说："真没想到会在这里遇到您。"

例（9）中，"笑着"主要描写人物的神情姿态，为下文"走上去了""说"提供了丰富的背景信息，旨在说明"怎么样地走""怎么样地说"。

就对外汉语教学而言，当"V_1 着 V_2"结构表"先时—后时"语义关系时，学生倾向于采用"一边 V_1 一边 V_2""V_1 的时候""先 V_1 再 V_2"来替代。当"V_1

着 V_2”结构表“方式—动作”语义关系时，学生较难理解助词“着”的状态化功能，容易使用“V_1 地 V_2”或小句、分句来表达意思。教师在教学过程中可利用学习者已经具备的知识，引导学生注意“V_1 着 V_2”结构和“一边 V_1 一边 V_2”“V_1 地 V_2”等的联系和区别。

21. 如何理解“V_1 着 V_1 着……V_2……”结构？

“V_1 着 V_1 着……V_2……”句式是将动态助词“着”用在两个相同的单音节动词（即“V_1”）的后面，在它之后又使用第二个动词（即“V_2”），表示某种动作正在进行时，又出现另一种动作行为或状态（侯友兰，2002）。“V_1 着 V_1 着”为前导部分，“V_2”为后续部分。

1. 句法结构

1.1　主语的特点

从形式上来看，两部分的主语有时候相同，此时“V_1”“V_2”所关涉的对象为同一事物，如例（1）中前后两部分主语相同，所关涉的对象均为说话人自己；有时候两部分的主语不同，此时“V_1”“V_2”所关涉的对象为不同的事物，如例（2）中，前后两部分主语不同，前一部分所关涉的对象为“我”，后一部分所关涉的对象为“电脑”。

（1）每次写的时候都要先看点东西，看着看着就不想写了。

（2）（我）看着看着，电脑没电了。

1.2　谓语的特点

首先，“V_1”主要为单音节动词。从“V_1 着 V_1 着……V_2……”中“V_1”的特点来看，能够进入“V_1 着 V_1 着……V_2……”句式的动词必须是自主动词，并且必须是能保持持续状态或能够反复进行的动词（侯友兰、徐阳春，2002）。

在BCC语料库中，以“V_1着V_1着……V_2……”为例进行检索，发现能够进入该结构的“V_1”主要为动作类动词，如“走、说、看、睡、聊、打”。从语义来看，这些动词既表示动作的进行，如“走着走着”，也可以表示状态的持续，如“睡着睡着”。具体又可细分为：

言说类动词：说、聊、叫

涉身类动词：看、睡、打、找、挤、踢、记、搞、蹭、戴、挨、拱、喂、吐

心理类动词：爱、恨

置放类动词：用、留、发、放、调、配

位移类动词：查、赶、过、淘、拿

其次，“V_2”一般为复杂述补短语。从“V_1着V_1着……V_2……”结构中的“V_2”的特点来看，以“走着走着”“说着说着”“看着看着”三组结构为例，集中描写“V_2”的结构特点。以“V_2”出现频率≥4作为标准，经过进一步的统计分析，发现能够充当“V_2”的高频动词主要为“看（看到、看见、看出）、哭、发现”等。

从语义特征来看，“V_2”主要表示新的动作行为，如“看、哭”；表示情绪的变化，如“哭、笑”等；表示意识的转移，如“发现、忍不住”等。

第三，两部分之间的关系较为松散，“V_1着V_1着”后边可以停顿，“V_2”前边可以加时间副词，如“就、又、已、竟然”等，构成“V着V着，就/已经/又+VP”等格式（曾常年，1998）。

（3）他说着说着，就哭了。

（4）一路上，他都在想这件事。想着想着，已经到了学校大门口。

（5）他独自走下楼去，朝江边走，走着走着，又走到朝天门附近来了。

例（3）中，前导部分为“说着说着”，后续部分为“哭了”。时间副词“就”表示第二个动作发生得很快、很早，表示前导部分的动作行为跟后续部分的动作行为接续发生。例（4）中，前导部分为“想着想着”，后续部分为“到学校大门口了”，时间副词“已经”表示事件具有已然义。例（5）中，前导部分为“走着走着”，后续部分为“走到朝天门附近”。时间副词“又”表示事件具有重复义。

2. 语义特征

“V_1着V_1着”表示持续体的反复态（曾常年，1998）。“V_1着V_1着”和“V_2”为时间上、空间上、逻辑上前后相随、紧密相连的动作事件。其中，“V_1”是第一个动作行为，“V_2”是第二个动作行为，伴随着“V_1”的持续进行，“V_2”代表着新的动作行为、心理情绪、主观意识的出现、发展及变化。并且，“V_1”和“V_2”在语义上紧密相连，往往代表着新的情况按照常理自然而然地发生。

首先，“V_1着V_1着……V_2……”结构表示某种动作（“V_1”）在进行的过程中又出现了另外一种状况或动作（“V_2”）（武柏索、许维翰、陶宗侃等，1998）。

（6）女儿早上懒得吃饭，筷子拿着拿着就放下了；没扒几口，就翻身上车直扑学校。

（7）我们有时牵着手，有时拥着肩，有时大声笑着。走着走着会在古老的店面前停下来，看橱窗内的摆饰和价钱，就这么继续散着步。

例（6）中，“拿着拿着”表示动作行为的持续，“放下了”表示出现了新情况。例（7）中，“走着走着”表明动作“走”的持续进行，“会”作为能愿动词表示对后续动作的估计、预测。整个结构“走着走着会停下来”，表示伴随着动作行为“走”的进行，会出现一个意料之中的结果“停下来”。

其次，“V_2”具有动作主体不能自控的语义特征（侯友兰，2002）。

（8）她的嗓子不错，只是底气不足，往往唱着唱着便声嘶力竭。

例（8）中，动作主体无法控制“唱”的结果。

3. 语用功能

在BCC语料库中，以“V_1着V_1着*V_2”格式进行检索，查找文学、报刊、对话语体下该格式的出现频率。结果显示，该格式在对话语体中出现频率较高，在文学语体、报刊语体中的出现频率较低（见表21–1）。这说明，“V_1着V_1着*V_2”格式是口语化程度较高的格式，主要在日常口语交际中出现。

表 21-1 不同语体中“V_1 着 V_1 着…… V_2……”出现频率

语体	文学	报刊	对话
频率	595	797	5369

“V_1 着 V_1 着……V_2……”结构主要描述伴随着“V_1”动作的进行或状态的持续，意料之中的事件“V_2”出现、变化或转移。在语言交际中，可以采用“V_1 着 V_1 着怎么了”进行提问。其中，“V_1”是客观动作行为，“V_2”是主观预料结果。“V_1”是预设的背景，“V_2”是凸显的焦点。

（9）当某一个旅客走着走着发现自己走错了路时，他会很快重新走上正确的道路，他会生自己的气——为什么这么疏忽大意？

例（9）中，“走着走着”是事件的背景，“发现走错了路”是事件的焦点。“走着走着”是客观动作行为的持续，“发现走错了路”是惯常的意料之中的结果。“走着走着”呈现的是事件的持续，而“发现走错了路”表示的是事件的达成。

22. 如何理解“V_1 着 V_2 着…… V_3……”结构？

“V_1 着 V_2 着……V_3……”结构是将动态助词“着”用在两个不同的单音节动词（即“V_1”“V_2”）的后面，在它之后又使用第三个动词（即“V_3”），前导部分“V_1 着 V_2 着”主要表示状态，后续部分“V_3”表示动作的进行。

第一，句法分布方面。在 BCC 语料库中，以“V_1 着 V_2 着 *V_3”为例进行检索，发现能够进入该结构的“V_1”“V_2”主要为自主动词，并且必须是能保持持续状态或能够反复进行的动词，如“笑、看、吵、闹、说、拉”等。此外，“V_1”“V_2”两个动词在语义上紧密相连、互为补充，如“笑看、吵闹、哭闹”本身就是一个词。

从构造方式来看，“V_1”“V_2”两个动词之间多为并列关系，如“吵着闹着”表示“叫喊声音很大地闹”；或为偏正关系，如“哭着闹着”表示“哭泣地吵闹”。

以“V_3”出现频率≥4 作为标准，经过进一步的统计分析，发现能够充当

“V_3”的高频动词主要为“说、去、要、想”等。从语义特征来看，“V_3”主要表示心理状态，如“喜欢、想、要、爱、关注”；表示位置的移动，如“来、去、走、买、找”；表示言说，如“说”（见表 22–1）。

表 22–1　“V_1 着 V_2 着…… V_3……”的结构特点

序号	V_1 着 V_2 着	频率	V_3	频率
1	吵着闹着	25	去	8
			要	7
			买	5
			说	5
2	哭着闹着	20	去	8
			来	4
			要	4
			找	4
3	笑着看着	14	说	10
			爱	4
4	喝着聊着	6	说	6
5	找着等着	5	想	5
6	藏着掖着	4	关注	4
7	看着听说着	4	想	4
8	模仿着试着	4	喜欢	4

第二，语义特征方面。“V_1 着 V_2 着……V_3……”结构主要表示“状态—行为”，说明某一种状态伴随动作行为的进行。

（1）儿子常常在一边笑着看着我说：“妈妈的脸变成黑色的啦！”

（2）她女儿便吵着闹着要母亲带她去吃麦当劳。

例（1）中，前导部分为“笑着看着（我）”，后续部分为“说”。“笑着看着”主要表示“说”的状态，即“怎么样地说”。如果将前导部分省去变成“儿子常常在一边说……”，同样不影响句子的意思；拆分为“笑着说”“看着我说”，也同样不影响句子的意思。例（2）中，前导部分为“吵着闹着”，后续部分为“要母亲（带她去吃）”。“吵着闹着”主要说明后续行为动作的状态。如果将前导部分省去，变成“她女儿便要母亲带她去吃麦当劳”也不影响句子的意思；拆分为“吵着要母亲带”“闹着要母亲带”，同样不影响句子的意思。

“V_1着V_2着……V_3……”结构的表意重点在于“V_3”，通过描述“V_3”持续进行的状态，来增强语言的表现力、感染力。

（3）我没有什么大家小姐脾气，也不会一有事情就哭着闹着去找你们，要你们宠着护着。

（4）她心想既来看病，藏着掖着吞吞吐吐也没意思。

例（3）中，“哭着闹着”跟“去找你们”在语义上紧密相连。例（4）中，“藏着掖着”往往跟“吞吞吐吐”共现。

此外，还可采用“怎么样地V”来对“V_1着V_2着……V_3……”结构进行提问。如“怎么样地去找你们”“怎么样地吞吞吐吐”，这些问句形式同样能够证明“V_1着V_2着……V_3……”结构是说明“状态—行为”的结构。

第三，语用功能方面。“V_1着V_2着……V_3……”结构主要描写动作的状态。

（5）我觉得你说得挺对的，有错承认就不错了，藏着掖着推卸责任才是错误的。

（6）回去的路上正好碰到幼儿园放学，一娃哭着闹着死抓着妈妈不放要去公园玩。

例（5）中，“藏着掖着”主要说明怎么样地推卸责任。例（6）中，“哭着闹着”主要描述怎么样地死抓着妈妈。

为何“哭着哭着睡着了”表示“行为—结果”，而“哭着闹着不放”表示“状态—行为”？我们认为“V_1着V_1着”通过结构重复，占据了一定的时间量，换句话说，“V_1着V_1着”的时间性强于“V_1着V_2着”结构，随着动作的持续、时间的流逝，原本表示无界的“V_1着V_1着”结构，逐渐转变为有界的“V_1着V_1着……V_2……”结构。这种转变即是该结构自身句法语义的强制要求。说话人关注的是伴随着动作行为的持续进行，最终达到、实现了一个什么样的结果。

“V_1着V_2着”结构中，“V_1着”“V_2着”本身既可看作动作行为的进行，又可看作状态的持续。当“V_1着V_2着”结构修饰“V_3”时，“V_1着”“V_2着”不仅要在语义上与“V_3”紧密相连，而且在句法功能上存在去谓词化的倾向，仅保留了修饰描摹状态的功能。并且这种描摹状态的功能具有规约性，而非临时组合。例如，对汉语母语者而言，“吃着喝着”结构是可接受的，但“吃着喝着看手机”的可接受度就大大降低，因为在修饰“看手机”上，“吃着、喝着”不存在鲜明的共性特征。

对外汉语教学中，“V_1着V_2着……V_3……”的教学难点在于，其主要由助词“着”来表达“伴随的状态或方式”这一句法语义特征。而其他语言，如泰语、越南语、韩语等则不能用助词“着”的相应结构来表示，而需要利用连词来表示“V_1着V_2着”和“V_3”之间的逻辑事理关系。因此，“V_1着V_2着……V_3……”的教学，不仅要让留学生掌握句法结构、理解语义特征，而且要帮助留学生理解语用功能。

23. 如何理解带“着”的“把”字句？

关于“把”字句的句式义，前人研究提出“提宾”说（黎锦熙，1924；吕叔湘，1982）、“处置说”（王力，1944）、“状态说”（宋玉柱，1979；邵敬敏，1985；薛凤生，1994；张伯江，2000）和“致使说”（叶向阳，2004）。带“着”的“把”字句的句式义为“使某人或某物保持某种持续的状态”。

1. 句法结构

带“着”的“把”字句的结构可以码化为“A＋把＋B＋V着”。首先，跟一般的“把”字句相比，带“着”的“把”字句的最大特点是动词后跟助词“着”。“着”有两个，一个是表动态进行的助词“$着_1$”，一个是表静态持续的虚化补语“$着_2$”（木村英树，1983；郭锐，1997）。以“写着”为例，“我写着汉字”，表示动作行为正在进行，属于动态的“$着_1$”；“黑板上写着汉字”，表示状态的持续，属于静态的“$着_2$”。能够进入带“着”的“把”字句的为“$着_2$”（叶向阳，

2004；史金生，1998；王红旗，2003）。

其次，能够进入带“着”的“把”字句的动词主要为状态动词或具有“动作–状态”复合义的动词，而非动作动词。状态动词、“动作–状态”复合义动词能够跟“着$_2$”组合，表明动作结束后所留存的状态的持续。

在BCC语料库中，以“把 *V 着”为例进行检索，发现能够进入该结构的动词多为单音节形式（王惠，1993）。以出现频率≥100作为筛选标准，共有20个动词能够进入带“着”的“把”字句。根据动词的语义特征，可大致分为三类：

表虚化状态义：对、接、跟、靠、随

表“动作–状态”复合义：带、留、贴、开、放、坐、穿、拉

表身体动作类：看（kān）、抱、睡、吓、拿、盯、望

（1）他把铅笔尖对着下一个问题。

（2）昨天给你发信息的时候是想告诉你不要喝那么多酒，把胃药随身带着。

例（1）中，施事者为“他”，受事者为“铅笔尖”，动词为“对着”，宾语为“下一个问题”。整个句子表示，施事者使得受事者与宾语处于彼此相对的状态。例（2）中，根据上下文语境可知，施事者为“你”，受事者为“胃药”，动词为“带着”，状语为“随身”。整个句子表示，施事者使得受事者保持被携带的状态。

有些情况下，带“着”的“把”字句中的动词为复杂形式。

（3）我从衣兜里拿出MP3递给了她，一边告诉她怎么用。她把MP3拿在手里来回地看着，说：“我想听你刚才录的东西。”我伸过手在MP3上按了几下，让她听。

（4）老大从床下拿出袋子，解开绳子，把苹果一个一个放在床上数着。

（5）我没敢吃，我只是把糖一直放在嘴里含着了。

例（3）中，“看着”为谓语动词，“拿在手里”表示“看着”的状态，“来回地”表示“看着”的方式。整个连动结构旨在说明“怎么样地看着”。例（4）中，“数着”为谓语动词，“一个一个”表示“数着”的方式，“放在床上”说明“数着”的处所。整个连动结构旨在说明“怎么样地数着”“以什么方式数着”。例（5）中，“含着”为谓语动词，时间副词“一直”表示“含着”持续的时间，“放在嘴里”说明“含着的处所”。整个连动结构旨在说明“怎么样地含着”。

最后，“V着”前的状语可以为表持续义的时间名词或时间副词，用来修饰、限定状态的持续。

（6）牧民张利民做梦也没想到这辈子能用上电。来电的头几天，他兴奋得把100瓦的大灯泡通宵开着，睡觉都舍不得关。

（7）把脸一直向着阳光，这样就不会见到阴影。

（8）不要把眼睛老盯着别人。

例（6）中，时间名词“通宵”做状语修饰“开着”，表示“使大灯泡保持开着的状态”。例（7）中，时间副词“一直”做状语修饰“向着”，表示“使脸保持向着阳光的状态”。例（8）中，时间副词“老”做状语修饰“别人”，表示“不要使眼睛保持盯着别人的状态”。

2. 语义特征

带“着”的“把”字句的语义为动作结束后持续状态的留存。受“把”字句句式义的影响，A和B之间存在处置关系、致使关系，A通过动词“V着”使得B处于一种状态。如：

（9）把碗端着。

（10）把门开着。

例（9）中，动作行为的施事者A可以不出现，动作行为的受事者B为“碗”，动词为“端着”，整个结构表示（施事者A）使受事者B“碗”处于平举的状态。例（10）中，动作行为的施事者A可以不出现，动作行为的受事者B为“门”，动词为“开着”，整个结构表示（施事者A）使受事者B“门”处于打开的状态。

24. 如何理解带“着”的“被”字句？

汉语中既有无外在形态标记的意义被动句，如“水他喝了”，也存在用外在形态标记“被、叫、让、给”来表示的被动句（劲松，2004）。受篇幅所限，本文主要讨论带“着”的“被”字句。

1. 句法结构

从形式上看，带“着”的“被”字句可以码化为：“A + 被 + B + V 着”。A 一般是能发出动作的生命体，B 是动作的发出者；“V 着”表示动作行为或状态的持续。从语义上看，A 为受事主语，表示动作行为的承受者；B 为施事宾语，表示动作行为的发出者。施事是责任者，受事是受损者（吕文华，2013）。整个结构的句式义表示 A 受到 B 的处置或影响产生某种结果、处于某种状态（张谊生，2004）。

带“着”的“被”字句主要充当谓语，还可以充当定语，有时出现在连动句的前半段。如：

（1）项磊皱了皱眉，正想回话，就看见远远的一角，使蓉正被另一群记者包围着。

（2）星期五还告诉我说，那个被绑着的人不是他们部落的。

（3）他看到几个武警跳下了卡车，他也被推着跳了下去。

例（1）中，整句表示施事宾语“另一群记者”使得受事主语“使蓉”处于被包围的状态。例（2）中，“被绑着”充当定语来修饰“人”，说明“处于什么样状态的人”。例（3）中，“被推着”做状语充当连动句的前半段来修饰“跳了下去”，说明“怎么样地跳了下去”。

1.1 谓语

杨素英（1998），黄月圆、杨素英、高立群等（2007）指出“被”字句的关键是谓语部分要包含某种终止点（或是结果，或是变化后的位置，或是量化后的有限行为），如果句中的动词本身没有结果意义，那么谓语部分往往需要补足成分来提供完结性。所以，在形式上，“被”字句的谓语部分一般不能由光杆动词充当。

（4）他被一个中年妇女扶着，慢慢地走着。

例（4）中，“他”是受事，“一个中年妇女”是施事，“扶着”表示动作行为的持续，可以看作是动作行为的终点或结果。整句表示他处于“被扶着”的结果。

除了表示终点义、结果义，“被 *V 着”结构中还蕴含着状态义，也即施事宾语致使受事主语处于某种状态。

（5）他看到他原来睡过的那片地面，现在被一个带着很多行李的妇女占据着。

例（5）中，“那片地面”是受事，“一个带着很多行李的妇女”是施事，“占据着”表示状态的持续。整句表示那片地面处于“被占据着”的状态。

在 BCC 语料库中，以“被 *V 着”为例进行检索，以出现频率≥180 作为筛选标准，共有 20 个动词能够进入带“着”的“被”字句。一般来说，“被 *V 着”结构要蕴含一定的结果，形成某种状态，整个句式义才合法。因此，该结构中的动词必须是及物动词、自主动词，在语义上表示致使一定的结果。以单音节动词为主，也兼有少量的双音节动词。

身体动作类动词：拉、抱、看、牵、带、拖、盯、压、追、围、睡、跟、抓

双音节动词：笼罩、包围、簇拥、覆盖

心理言语类动词：吓、逼、爱

1.2　主宾语的隐现

一般而言，带“着”的“被”字句的主语是受某种影响的人、物、信息或其他和受损语义有关的实体（程琪龙，1993），宾语是施加影响的实体。

（6）于是，早教之风越刮越烈，小小年纪的孩子，整日被逼着学这学那，2 岁学画、3 岁学琴、4 岁学外语，已不鲜见。

（7）我们最苦恼的是身不由己，被别人拖着走。白天下“会海”，夜里爬“文山”，早上迎宾，晚上送客，把我们的时间都消耗在这上边了，想干点事也干不成。

例（6）中，受事主语为“孩子”，施事宾语为“家长”。家长主观上“望子成龙、望女成凤”，客观上却造成孩子“小小年纪，学这学那”。例（7）中，受事主语为“我们”，施事宾语为“别人”。根据上下文语境可知，“别人”并非实指，而是虚指，指的是工作上的应酬。

带“着”的“被”字句主语、宾语的隐现主要受语篇信息表达的影响（游舒，2005）。宾语的隐现恰好说明了句子的施事（动作行为的发出者）“不好说、不用说、不想说、不必说”。

2. 语用功能

2.1 淡化语义色彩

王力（1943）认为被动句式基本上是用来表示“不幸”或“不愉快”的事。然而，王还（1984）提出被动句的语义和动词有关，有些动词所代表的动作无所谓愉快不愉快，有些甚至很愉快。

（8）我在这山顶上一直待到深夜，大地被黑夜笼罩着。

例（8）中，谓语动词“笼罩着”情感色彩为中性，整个句子通过描写“黑夜笼罩大地”，对周围环境进行客观陈述说明。

2.2 保持话题连贯

从语篇角度看，“被”字句主语可以用来延续或者转换主题等（郭圣林，2006）。延续主题时，“被”字句主语可以采用零形式同指、异形同指等方式，使得前后话题一致。转换主题时，一般用异形同指的方式，旨在突出受事主语所遭受的变化以及达成的结果。

（9）他好几次看到了那个把手捂在胸前的老人，他被一个中年妇女扶着，慢慢地走着，不时地没入人海。

例（9）中，带“着”的“被”字句的主语“他”指的就是“那个把手捂在胸前的老人”，通过异形同指，保持了话题的连贯性。

2.3 凸显已然状态

“被”字句本身所要表述的是已经发生的事件或行为（安丰存，2007）。带“着”的“被”字句的表达重点在于凸显状态。

（10）母亲惨叫了一声，立地想越过船栏跳下江去，却被她的丈夫死死地抱着。

例（10）中，“被她的丈夫死死地抱着”表述已然事件，凸显并说明受事主语所处的状态。

25. 如何理解“V 着”祈使句？

“V 着”祈使句是一种较为特殊的祈使句式。首先，表状态持续的动词能进入该结构，而表动作进行的动词一般不能进入该结构。其次，“V 着”祈使句多用于口语，语用功能较为丰富。根据说话者（主事者）的语用目的，既可以表示命令、劝诫，又可以表示请求、建议。第三，除了一般的“V 着”祈使句，汉语中还存在“V 着点儿！”“V 着些！”“别 V 着！”等几类特殊的“V 着”祈使句。最后，从类型学的角度来看，持续体标记较少用于祈使句。“V 着”祈使句在其他语言中的对应形式也并不多见。

1. 句法结构

1.1 动词

首先，能进入“V 着”祈使句的动词大多数情况下为单音节动词，如“站”“看”；双音节动词一般较少用于“V 着”祈使句，如“站立”“看见”。

其次，“V 着”祈使句中，“V”必须具有［+自主］的语义特征。

（1）站着！看着！

（2）*病着！*醉着！

例（1）中，“站”为自主动词，所以可以进入“V 着”祈使句中；例（2）中，“病”为非自主动词，所以不能进入“V 着”祈使句中。

再次，“V 着”祈使句中，“V”必须具有［+持续］的语义特征。

（3）*来着！*断着！

例（3）中，“来”“断”为瞬间动词，含有［–持续］的语义特征，本身不能加“着”，因此也不能进入“V 着”祈使句结构中。

（4）*说着！*打着！

（5）坐着！躺着！

例（4）和例（5）具有［+持续］的语义特征。但例（4）“说着”“打着”表示动作的进行，不能用于祈使句；例（5）“坐着”“站着”表示状态的持续，可以用于祈使句。

最后，“V着”祈使句中，“V”必须具有［+附着］的语义特征。

（6）*住着！ *写着！

（7）穿着！戴着！

例（6）和例（7）均具有［+自主］［+持续］的语义特征。但例（6）不具有［+附着］的语义特征，而例（7）具有。因此，例（6）不合法，而例（7）合法。

总的来看，能进入“V着”祈使句的动词必须具有自主性的语义特征。因为，“V着”祈使句的语用功能为“以言行事”。说话者（主事者）根据交际目的提出预设，听话者（受事者）要根据说话者（主事者）的预设，实现、达成这一预设。

其次，能进入“V着”祈使句的动词必须具有状态性的语义特征。因为，说话者（主事者）的预设仅针对听话者（受事者）最终呈现的状态，而无法对听话者（受事者）的动作进行介入。状态意味着静止的结果，而动作往往意味着动态的过程。状态的可控性更强，而动作的可控性稍弱。

最后，具有［+附着］语义特征的动词往往更符合上述要求，即附着于某一客体，维持某一状态。

1.2 “V着”祈使句的分类

根据动词的分类，“V着”祈使句可分为六个小类（袁毓林，1992）。

A：坐着！站着！躺着！［说话人要求听话人处于某种身体姿态。］

B：歇着！等着！待着！［说话人要求听话人处于某种休止的状态。］

C：穿着！戴着！盖着！［说话人要求听话人处于某种穿戴状态。］

D：拿着！扛着！背着！［说话人要求听话人处于某种拿东西的状态。］

E：放着！收着！搁着！［说话人要求听话人让某物处于某种放置状态。］

F：听着！看着！记着！［说话人要求听话人保持某种感知状态。］

2.“V 着”祈使句的语义特征

袁毓林（1992）指出，“V 着”祈使句的句式义为“说话人要求听话人处于某种状态”。根据状态所处阶段，又可细分为进入某种状态、处于某种状态以及回到某种状态。

能够进入“V 着”祈使句的动词必须具有状态变化义。以“坐”为例，“坐”是“动作–状态”复合义动词，可以分为“动作开始前—动作保持中—动作结束后”，在每一个阶段，均可以采用“坐着！”这一预设引导听话人（受事者）的行为。如下所示：

（8）动作开始前：你坐着，别站着！

（9）动作保持中：你坐着，别站起来！

（10）动作结束后：你坐着，别躺下来！

从时间轴来看，“站”“坐”“躺”在时间上构成了“前—中—后”或者“开始—进行 / 持续—结束”的三个阶段。从语用预设来看，说话人以某一预设状态为理想常态，而听话人本来处于该状态，但他已经或正在偏离说话人预设的某一常态，因此，说话人对听话人状态予以提醒、警示。

3.“V 着”祈使句的语用功能

3.1　预设事态发展

通过“V 着”祈使句，说话人能够预设事态发展，引导事件走向。

（11）那个小鬼班的郑小蔫只抿着嘴笑。他是一年也很难得说几句话的。郭祥故意逗他说：“瞧，小蔫要发言了，你们听着！”这一下把郑小蔫闹得很不好意思，只得红着脸说：“可以搞水平投弹。”他的声音那么小，像个小姑娘似的。

例（11）中，会场上，听话人的状态不一，有的在听，有的没在听，有的在开小差。为了推动讨论深入进行，说话人通过预设事态发展，以“瞧，小蔫要发言了，你们听着！”集中全场注意力。

3.2 保持状态持续

通过“V 着”祈使句，说话人能够提醒听话人保持某一状态的持续。

（12）A：难道这就是灰霾？刚刚有人提醒我出去要戴口罩。

B：嗯，一定要戴着！

例（12）中，听话人 A 意识到灰霾天气戴口罩的重要性，说话人 B 再次确认维持“戴着口罩”这一状态的必要性。

26. 如何理解“别 V 着”结构？

“别 V 着”祈使句中，动词“V”在语音上均为单音节或双音节，在句法语义上多数具有［+自主］［+状态］［+附着］的特征（李广瑜，2013）。在动词的语义特征上，“别 V 着”祈使句跟“V 着”祈使句有相似之处。在前述第 25 小节中，已经对此进行了较为细致的论述，此处不再赘述。本小节将着力辨析“别 V 着”祈使句的语用预设功能。

“别 V 着”祈使句的句式义可概括为“说话人要听话人不处于某种状态”，具体包括“要听话人不保持某种状态”和“要听话人不进入某种状态”，二者预设不同（李广瑜，2013）。如果将“V 着”状态的持续分为“前—中—后”三阶段，说话人对“别 V 着”的初始状态的预设为“不进入某种状态”；而对“别 V 着”的终了状态的预设为“不保持某种状态”。

1. 预设初始状态

（1）A：我们这也在下雪，冷啊。

B：我们还没到长沙，长沙雨夹雪，我只穿了件牛仔衬衫。

A：多穿点衣服啊，别冻着了。

B：嗯，等下下车穿。

例（1）中，交际双方在谈论天气，并侧重讨论 B 的状态。A 将天气描述为

“下雪、冷”。B 不仅对天气进行描述，如“雨夹雪”，而且对自身所处状态进行描述，如“只穿了件牛仔衬衫”。A 基于外部天气和 B 所处的状态，预设“B 暂时还没有受冻，但有可能进入受冻的状态”。A 建议 B“多穿点衣服”，避免进入受冻的状态。

（2）他为我辩解，说老接电话就很难静心写作。这件事我深感冤枉，因为我历来是一听到电话铃声就急速冲过去的，每每引得妻子叮嘱：“慢一点儿，别摔着了。”

例（2）中，一般而言，“急速冲过去”往往更有可能“摔倒”。根据上下文语境可知，妻子对“我急速冲过去”做出了预设，并表明希望我不要进入“摔着”的状态。

2. 预设终了状态

（3）A：我们是湿冷，只有 5～8℃，透骨寒。

B：开空调吧，别冻着了！

例（3）中，交际双方在谈论天气。A 将天气的状态描述为“湿冷、透骨寒”，B 预设随着天气状态的持续，A 可能会处于“冻着”的状态，并给出具体建议，即通过“开空调”可以阻止 A 进一步受到湿冷天气状态的持续影响。

（4）桂英并不理会玉和，却向朱氏道：“妈！你别等着，先回去吧。”

例（4）中，根据上下文语境可知，母亲朱氏已经等着女儿桂英一段时间了。开车的时间到了，女儿桂英没有马上上车，反而对母亲朱氏表示“别等着，先回去吧”，表明女儿希望母亲“不要继续保持等着的状态”。

27. 如何理解“V/A 着点儿”结构？

“V 着点儿”结构可看作是由“V + 着点儿”构成，“着点儿”已经虚化为一个整体，“着”也基本上由表示状态持续的助词语法化为一个词内成分（高顺全，2008）。

“V/A 着点儿”结构中的“V”既可以由动词充当，也可以由形容词充当。

一般来说，能够进入“V 着点儿”结构的动词都必须具备“可持续 / 可反复”的语义特征（周元琳，1998）；高顺全（2008）进一步指出，只有表示“感知状态类”的动词能够进入“V 着点儿”结构。只有具备“状态可变化”的语义特征的形容词能够进入“A 着点儿”结构。

1. 句法结构

“V/A 着点儿”可以单独做谓语，如例（1）和例（2），也可以用在助动词“得 / 要 / 应该”之后，如例（3）；既可以在动词前充当状语，如例（4），又可以在动词后充当补语，如例（5）。

（1）你看着点儿！

（2）你慢着点儿！

（3）你也得学着点儿！

（4）悠着点儿说！

（5）躲远着点儿！

2. 语法意义

“V 着点儿”中的“着”表示动作状态的持续，主要作用是把动作状态化（李大勤，2000）。“点儿”表示程度义，用来说明动作的量，主要作用为描摹动作的状态。因此，可以前加程度副词，如“好好、仔细、稍微、多”等，如例（6）和例（7）。

（6）小娃娃，好好忍着点儿。

（7）多学着点儿吧。

“A 着点儿”中，“着”可说可不说，而“点儿”却是必需的，用来表示跟动作状态相关的程度，如例（8）的 a、b、c 句。“A 点儿”结构向下兼容“A 着点儿”结构。“A 点儿”结构使用频率更高，大部分形容词都能带“点儿”，为优势句式。能带“着点儿”的形容词并不多，“A 着点儿”结构使用频率低，也并非优势句式。“A 点儿”结构应为重点教授句式，“A 着点儿”结构应为非重点教授句式。

（8）a. 太快了，危险，你慢着点儿。

b. 太快了，危险，你慢点儿。

c. * 太快了，危险，你慢着。

从语法意义上来看，“A 着点儿”结构旨在要求听话人通过主观调节，保持或维持性质或状态的量，多用于提醒、请求，如例（8）的 a 句和例（10）的 b 句。

（9）a. 打针比吃药好点儿。

b. * 打针比吃药好着点儿。

（10）a. 快点儿！要迟到了。

b. 快着点儿！要迟到了。

“A 点儿”结构表示性质或状态的量，多用于比较，如例（9）的 a 句；也可以用于提醒、请求，如例（10）的 a 句。

3. 语用功能

“V 着点儿”的语用功能为表示说话人对听话人的命令、请求或提醒等。“V 着点儿”语气更加委婉，更加礼貌。这种语用功能主要由“点儿”来承载，显得表意和缓，语气委婉。

（11）A：“再说，我也不会做饭呀！是不是？妈！”

B：“也该学着点儿啦！”

例（11）的 B 句中，母亲委婉提醒女儿不会做饭并非拒绝做饭的理由，保持“学习”的状态，问题自然可以解决。如果省去“着点儿”，语气过于生硬，有直接提出要求、命令的感觉。

28. 如何理解“V 着呢”结构？

“着呢”存在两种含义，一种用在动词后，表示动作或状态持续的“着 + 呢”，即“着呢 $_1$”。一种用在形容词后，表示强调某种性质或状态的语气助词

“着呢$_2$”。语气助词“着呢”与被附加成分没有句法关系，只给被附加成分增添一种语气意义。本节主要讨论“V 着呢”的句法语义特点。

1.“V 着呢”结构的语法意义

张渊（2021）指出“动作动词 + 着 + 呢”表示的是某一动作的进行和持续，“状态动词 + 着 + 呢”表示的是动作实现或完成后所造成的状态继续存在或持续。在 BCC 语料库中检索“V 着呢”格式，发现能够进入该格式的高频动词为“听、坐、等、睡、忙、躺、看、记、写、开”等。其中，“坐、等、睡、躺、写、开”既可以表示动作，也可以表示状态；“听、看、记、忙”则主要为动作动词。

2.“V 着呢”结构的句法分布

首先，“V 着呢”结构很少带宾语。

（1）a. 睡鼠慢慢地睁开眼，嘶哑无力地说：“我没有睡，你们说的每一个字我都听着呢。”

b. *睡鼠慢慢地睁开眼，嘶哑无力地说：“我没有睡，我都听着你们说的每一个字呢。”

例（1）的 a 句中，“听着呢”表示动作的进行和持续。“听着呢”可以替换为“在听”，不影响句意的理解。b 句中，“V 着呢”结构带宾语后，可接受度较低。显然，句末语气助词“呢”偏重凸显动词，而非受动作行为影响的宾语。

其次，“V 着呢”可以受状语的修饰，如“还、正、一直”等表动作进行或状态持续的时间副词。

（2）“还是请她进茶室好吧。小姐已在客厅里坐着呢。”近子有点故作庄重地说。

例（2）中，时间副词“已”表示“坐着呢”为已然的，从过去某一刻开始并持续到说话时刻；处所短语“在客厅里”表示“坐着呢”这一状态所持续的场所。“坐着呢”侧重于表示状态的持续，因此不能替换为表动作行为的“在坐”。

第三，“V 着呢”可以用于连动结构的后半段。

（3）每年的这个时候他们都安安稳稳地待在家里，围着火炉坐着呢。

例（3）中，“围着火炉”为连动结构的前半段，“坐着呢”为连动结构的后半段，重在说明“以什么样的形式坐着”。

3.“V 着呢”结构的语用功能

首先，“V 着呢”结构不仅表示动作或状态的持续，而且表示对事件持续的确指，具有语用否定功能。并且，经常以应答句形式出现。

（4）丽丽一个劲儿地说着：“阿龙，你在听吗？”“听着呢。”我答道。

例（4）中，根据上下文语境，“你在听吗？”不仅表示疑问，而且包含揣测，暗指“你没在听吧”。“听着呢”不仅表示“我在听”这一客观事实，而且表示对说话人真实心理意图的反驳“我一直在听”。这种表示对持续事件的强调及确指的语用含义主要由“着”“呢”连用来实现。

其次，“V 着呢”结构是对事件发展的正常逻辑顺序的一种提醒或确认。

（5）这就听到李太太在外面叫道：“你父亲叫你写的那封信，你还不快写吗？送信的人，可在门口等着呢。”

例（5）中，根据上下文语境，“叫道、写信、等着”等多个事件在同一时间内相继发生，且互有关联。“等着呢”不仅表示状态的持续，而且凸显对状态持续的确认。从时间轴上来看，“等着”这一状态的持续涵盖了“叫道、写信”，先有“送信的人等着”，后有“李太太叫道、你快写信”。按照正常的逻辑顺序，“叫道、写信、等着”属于前后接续的时间事件；但“信没写”偏离了正常的逻辑顺序，导致多个事件无法按照时间顺序进行理解。

在对外汉语教学中，如果教师只介绍句法形式和语法意义，“V 着呢”结构很容易被学生理解成“V 着”或“在 V”结构。事实上，“V 着呢”结构包含丰富的语用信息，它侧重于表示对动作事件或状态事件的确指及凸显，旨在维持说话人确信的事理逻辑顺序、时间先后顺序。因此，问答双方通常处于博弈的状态中，说话人以为听话人没有保持动作或状态的持续，而听话人强调动作或状态的持续自始至终没有发生改变，进而达到对持续事件的确指及提醒功能。

在教学过程中，教师要通过设置一些“故意曲解意图”的场景，促使学生理解“辩驳、反驳、确指”的语用意图，如“你今天又没带护照吧”等；同时有针对性地进行语言形式的操练，使学生深刻理解句法背后的事理逻辑、语用含义，进而达到熟练运用语法结构的目的。

29.“V 着呢”结构和“A 着呢”结构一样吗？

现代汉语中的“着呢”实际可以分为两种性质不同的单位。一种是由动态助词“着”和语气词“呢”组成，用在动词性成分后，表示动作行为正在进行，同时表示直陈语气，可记作“V 着 + 呢”；另一种是一个独立的虚词，用在形容词性成分后面，表示程度高，有强调或夸张的意味，可记作“A + 着呢”（孟琮，1962；吕叔湘，1999；董秀芳，2017）。

汉语中，有些形容词属于动形兼类词，既可以做动词，也可以做形容词。动形兼类词既可以进入“V 着 + 呢”结构，表示状态的持续，如例（1）的 a 句；又可以进入“A + 着呢”结构，表示夸张的语气，如例（1）的 b 句。

（1）a. 好着呢，他俩，一直在一起，没分开。

b. 好着呢，他俩，马上要结婚了。

“好着呢”既可表示状态的持续，表示他俩正处于“好”的状态之中，如例（1）的 a 句；又可表示程度的强调，强调他俩“好”的程度，存在一定的夸张性，如 b 句。

首先，通过上下文语境，可以辨析“V 着呢”与“A 着呢”的差异。例（2）的 a 句中，“亮着呢”表示状态的持续，“亮”为动词；b 句中，“亮着呢”带有夸张语气强调“亮的程度”，“亮”为形容词。前者属于“V 着呢”结构，而后者属于“A 着呢”结构。

（2）a. 进了大门，往南屋看，屋里的灯还亮着呢。

b. 屋里的灯亮着呢，照得房间如同白昼一般。

其次，采用“删除法”，可以辨析“V 着呢”与助词“A 着呢”的区别。删除“呢”时，句子合法，语法意义不变，则为“V 着呢”结构，如例（3）；如果删除“着呢”，同时在形容词前添加“很”，或用“得很”替换“着呢”，句子合法，语法意义不变，则为“A 着呢”结构，如例（4）。

（3）他屋里灯还开着呢，估计还没睡。

（4）这孩子聪明着呢，数学题一点就通。

第三，采用添加法，可以辨析“V 着呢”与助词“A 着呢”的差异。如“正、在、正在、还、可”等副词，以及“在＋名词（＋方位词）”或“在＋这儿/这里/那儿/那里/哪儿”等短语，只能跟“V 着呢”结构搭配使用，不在“A 着呢”前出现。如例（5）。

（5）孟馆长病了，正在床上……躺着呢！

30. 如何理解“V 着 AP”结构？

“V 着 AP”结构是由动词、助词“着”和形容词性成分组成的。

1.“V 着 AP”结构中动词的特点

“V 着 AP”结构中的动词多是单音节的述人动词。如“念、听、看、闻、吃”都是述人动词。

（1）念着顺嘴　听着蹊跷　看着漂亮　闻着臭　吃着香

有时候，“V 着 AP”结构可以跟“V 起来 AP”结构互相替换。此时，动词均为可重叠的及物动词，可以受“在/正在”修饰。能够进入该结构的动词主要有“吃、喝、看、听、尝、叫、瞅、穿、拿、闻、提、种、拉、挑、夹、瞧、花、读、写、洗”等（王媛，2010）。

（2）a. 穿着凉快　吃着可口　洗着麻烦　看着年轻

b. 穿起来凉快　吃起来可口　洗起来麻烦　看起来年轻

有时候，“V 着 AP”结构跟“V 起来 AP”结构不可互相替换。此时，动词均为不及物动词，主要表示动态动作、姿态及身体状态。能够进入该结构的动词主要有“走、跳、来、跑、去、装$_1$、坐、站、躺、趴、跪、睡、敞、活、待、闲”等（王媛，2010）。

（3）a. 站着累　　躺着舒服　　走着好受

b. *站起来累　　*躺起来舒服　　*走起来好受

2.“V着AP”结构中形容词的特点

“V着AP”结构中的形容词多具有陈述功能。一般来说，形容词多表示的是人对某种行为状态的感受或对事物的评价。

首先，形容词“AP”可以受程度副词修饰，如“很、十分、挺”等。

（4）青苗没见过这种打扮的人，但他看着很顺眼，越看越显得精神。

（5）那个明星电视上看着挺漂亮，底下一看实在一般，脸上还有色斑。

其次，形容词“AP”可以受否定副词“不”修饰。

（6）您没看见这是块男表吗？我是女的，戴着不合适。

（7）牛奶我喝着不甜，你尝尝看。

3.“V着AP”结构的构式义

张黎（1996）认为“V着AP”结构是一种评议句，是对状态“V着”进行评议。“V着AP”结构表示说话人的主观评述，又可分为“条件—评述”和“状态—评述”（王媛，2010）。

首先，“V着AP”结构表达对不同条件的评述。“V着”表示不同的条件。有时，“V着AP”结构会对举出现。

（8）看着好看，用着却不方便。

（9）这盏灯安装着容易，卸下来却挺麻烦。

例（8）中，隐含了“看着”“用着”两种相对照的情况，说话人针对不同条件进行评述。例（9）中，同样隐含了“安装着”“卸下来”两种相对照的情况，说话人针对不同情况进行评述。

其次，“V着AP”结构表达对某种具体持续状态的主观评述。“V着”表示某种持续的状态，形容词“AP”表示对持续状态的主观评述。

（10）这菜尝着有点儿咸。

（11）这话听着有些刺耳。

例（10）表示在“尝”的过程中，感觉有些咸。例（11）表示在“听”的过程中，感觉有些刺耳。

31. 如何理解“有着”句？

“有着”目前已被广泛看作是一个词。“有着”是由词根“有”和后缀“着”组合而成的附加式双音词（吕建军，2008）。“有着”不等于“有＋着”，其中“有”是动词，“着”不应看作是动态助词，而应看作是凑音词缀，既非助词，也不表示动作或状态的持续（李琳，2022）。

“有着”与“有”的相同点是都表示领有、存在，但“有”比“有着”语义更丰富，还可表示具体领有、达到及列举。表抽象领有、表存在的“有”字句可以变换为“有着”句，其他“有”字句则无法顺利变换为“有着”句；而一般情况下“有着”句都可以顺利变换为“有”字句。

（1）她觉得自己对这件事有（着）一定的责任。（表抽象领有）

（2）巢穴的上部有（着）一条条黄色的带状物。（表存在）

（3）我有（*着）一台电脑。（表具体领有）

（4）全校教授有（*着）110名。（表达到）

（5）他买了很多水果，有（*着）芒果、橙子、梨。（表列举）

从句法结构来看，“有着”可以受状语修饰。

（6）有一位东北供货商，曾与胡庆余堂有着10多年的合作关系。

例（6）中，时间副词“曾”、介词短语“与胡庆余堂”做状语。

第二，“有着”可以受范围副词、重复副词、时间副词、语气副词、程度副词修饰，如例（7）～例（11）。

（7）我们报考的这两所顶级名校都有着100多年的历史。（范围副词）

（8）在海外华侨华人的家里，圣诞节也有着“中西结合”的独特味道。（重

复副词）

（9）中国人爱牡丹、画牡丹已经有着两千多年的历史。（时间副词）

（10）我们每一个人都肯定有着自己不同的经历、不同的想法以及对未来不同的憧憬。（语气副词）

（11）想想过去，比比现在，老工人们更有着切身体会。（程度副词）

“有着”不能受否定副词“没”或者“不”修饰，如例（12）的b句和c句。

（12）a. 这是一棵有着2000多年历史的巨树。

b. *这是一棵没有着2000多年历史的巨树。

c. *这是一棵不有着2000多年历史的巨树。

第三，“有着”句宾语多为抽象名词（如“关系、联系、历史、意义、作用、传统、经验、前景、友谊、影响、合作”等），不可以是光杆名词（李琳，2022），如例（13）～例（16）。

（13）据统计，中国目前是世界上最大的文化办公用品消费国之一，每年有着1000多亿元的需求。

（14）木版年画有着1000多年历史，具有很高的文化价值和艺术价值。

（15）她有着10余年的从业经验，在海内外共出版了超过20本漫画。

（16）中马两国有着30多年的友好合作关系。

从语篇功能来看，“有着”句常见于新闻报刊语体，较少用于对话语体。从语篇表达的角度来看，“有着”句的焦点位于后段中心语的定语位置上（刘顺、潘文，2007）。

（17）a. 泰中两国之间的关系有着上千年的基础，历史悠久。

b. *泰中两国之间的关系有着基础，历史悠久。

（18）a. 莱加利说，巴中两国有着最好、最亲密的关系。

b. *莱加利说，巴中两国有着关系。

例（17）中a句的焦点是“上千年”，如果将“上千年”删除，“泰中两国之间的关系有着基础”基本没有传递丰富的交际信息。同理，如果删去例（18）中a句的焦点“最好、最亲密的”，则该句也没有传递新的信息。

在对外汉语教学中，留学生在使用“有着”时，容易出现使用简单宾语的偏误，如例（19）和例（20）的 a 句。

（19）a. *他有着工作经验。

b. 他有着丰富的工作经验。

（20）a. *青藏高原上有着雪峰、冰川和湖泊。

b. 青藏高原上有着白雪皑皑的雪峰、晶莹耀眼的冰川和湛蓝的湖泊。

有时候，还容易出现使用否定副词做状语的偏误，如例（21）的 b 句。

（21）a. 食物链对环境有十分重要的影响，对维护生态平衡有着重要的作用。

b. *食物链对环境有十分重要的影响，对维护生态平衡没有着重要的作用。

第四部分 跨语言差异

32. 助词“着”和英语“-ing”有什么联系和区别？①

从语法形式来看，汪有序（1987）指出“着”可与英语的进行体标记“-ing”对译；但汉语助词“着”为持续体标记，既可以表示动作进行，也可以表示状态持续（陆俭明，1991）。持续体标记“着”不能简单等同于英语的进行体标记“-ing”。

从语法意义来看，汉语持续体标记“着”具有三个语义特征：非完整性、持续性、动态／静态二重性（戴耀晶，1991）。英语进行体标记“-ing”表示正在进行的动作或存在的状态。从时间来看，表示动作发生的时间是“现在”②；从过程来看，表示动作目前的状态是“正在进行中”。相比而言，汉语中，“着”为体标记，且不具有时间参照性。而英语中，“-ing”则是时体标记，既具有时间性，又具有过程性。

因此，助词“着”语法形式和语法意义均为英语母语者的学习难点。以下将着重从语法意义的角度对二者进行辨析。

首先，助词“着”的非完整性指的是“V着”结构是无界的，即动作行为没有内在的终止点。卢福波（1997）指出助词“着”后面不能添加三类词语：表示具体时间长度的词语、表示动量的词语以及表示动作结果的词语。这些要求其实是由“着”的非完整性导致的结果（戴耀晶，1991）。

（1）a. *下着一天雨。

---

① 上海杉达学院英语系副教授马韬博士对本小节内容进行了修订。谨致谢忱！

② “现在”对应某一说话时间。进行体标记（-ing）又分“过去进行”“现在进行”和“将来进行”。

b. 下了一天雨。

c. It has been raining all day.

（2）a. *他打着三次电话。

b. 他打了三次电话。

c. He has been making three phone calls.

（3）a. *他吃完着一条鱼。

b. 他吃完了一条鱼。

c. He has finished eating a fish.

上述三例的 a 句中，汉语持续体标记“着”不能跟有界性成分（如时量补语、动量补语、结果补语）共现。因为助词“着”仅表动作或状态持续，不能表示完成。

上述三例的 b 句中，将持续体标记“着”替换为完成体标记“了”后，句子合法。因为表活动完成或实现的“了”能够跟有界成分共现。

上述三例的 c 句中，英语进行体标记（-ing）可以与有界性成分（如时量补语、动量补语、结果补语）共现。

这说明，汉语助词“着”主要表示动作的持续，不关注动作的开始、完成；英语“-ing”则表示动作正在进行，能够指明动作何时开始、何时完成。

第二，助词“着”的持续性指的是句子所表达的事件正处在连续不断的过程中。

（4）a. 她脑子里不停地闪动着郭辉的身影。

b. Guo Hui kept flashing through her mind.

（5）a. 他一直哭着说。

b. He kept speaking while crying.

（6）a. 我大口地呼吸着这新鲜的空气，真有点坚持不住了。

b. I took deep breaths of fresh air, feeling like I couldn't hold on much longer.

例（4）a 句中的助词“着”出现与否均可，持续义居中。例（5）a 句中的助词“着”无法删除，因此持续义最强。例（6）a 句中的助词“着”可以删除，持续义最弱。并且，助词“着”可以受表持续义的状语的修饰，如“不停地”“一直”“还”等，在语义上不产生矛盾，如上述三例中的 a 句。

英语中，持续时间长的持续性动词往往翻译为“V-ing”形式，持续时间短的持续性动词往往翻译为“V-ed”形式（陈妍，2016）。从英语翻译来看，例（4）和例（5）的b句都用的是“V-ing”结构，例（6）的b句用的是“V-ed”结构也说明了这个问题。

其次，“着”表示动作的持续时常对应英语“V-ing”形式；“着”表示动作完成后所造成状态的持续时，常对应英语“V-ed”形式（陈妍，2016）。英语强调“过去”也包含了“状态未变”；汉语强调“状态未变”则不一定包含“过去”。英汉两种语言在语义加工方面的侧重点不同，导致了这种差异。

（7）a. 我依旧打量着她们。

b. I was still observing them.

（8）a. 我深深地爱着他。

b. I loved him deeply.

例（7）的a句中，时间副词“依旧”表示“打量着她们”过去发生且持续到说话时间。b句中英语过去进行时“was observing”、时间副词“still”均表示动作在过去一定时间段内的持续。在这一点上，汉英保持一致。

例（8）的a句中，“爱”为表示情感状态的词，“爱着”侧重于说明动作行为的持续进行，与“时”无关。b句，英语“-ed”形式主要表示动作在过去发生、完成，指的是“过去爱”，是否持续到现在并不清楚。相比之下，汉语以持续体标记“着”凸显“爱着他”这一状态的持续；而英语则以时标记“-ed”凸显“爱着他”短时持续，并完成于过去。换句话说，助词“着”侧重于强调“状态未变”，英语“-ed”侧重于强调“短时持续”[①]。

此外，上下文语境、说话人心理特征等，均会影响助词“着”的使用。

（9）a. 那么，先生，你听着。昨夜你不在家吧？

b. Well, sir, listen. You weren't at home last night, were you?

例（9）的a句中，“听着”表示命令某人保持某种状态，且贯穿于对话的全过程。b句中，“listen”是弱动作动词，表示动作持续时间短。作为句首发问词，

① 英语中长时持续往往用“-ing”形式来表示，短时持续往往用“-ed”形式来表示。长时持续在认知心理上留有痕迹，短时持续很难留有痕迹；长时持续不指向完成，短时持续往往意味着完成。

具有引人注意、开启话题的功能。

第三，助词“着”的动态/静态二重性指的是，助词“着”与动态动词连用，表示“动作的持续”；与静态动词连用，表示“状态的持续”。

（10）a. 小鸟在树上欢蹦乱跳地唱着晨歌。

b. Birds flitted cheerfully among the branches, singing their morning chorus.

（11）a. 架子床上挂着白色帐幔。

b. The bed hung with white curtains.

例（10）的a句中，“唱”为持续性动词，“唱着”表示动作的持续。例（11）的a句中，“矗立”为静态动词，“矗立着”表示动作行为“矗立”结束后遗留的状态。

例（10）的b句中，“singing”表示动作持续，助词“着”与“-ing”形式对应；例（11）的b句中，“hung”表示状态的持续，助词“着”不与“V-ing”结构对应。

综上所述，汉语持续体标记“着”表动作或状态的持续，不关注动作或状态何时开始、何时结束。英语进行体标记“-ing”形式表示动作正在进行，且具有一定的时间参照性。汉语“着”和英语“-ing”可以有条件地对应。当表动作的持续时，长时持续可由英语“-ing”形式来表示，短时持续则由英语“-ed”形式来表示。当表状态的持续时，动态持续由英语“-ing”形式来表示，静态持续则由英语“-ed”形式来表示。

不管是长时持续、短时持续，还是动态持续、静态持续，均跟动词的情状类型密不可分。而动词情状类型的判定较为主观，往往跟母语者的认知心理密切相关。教师在教学中可以适当引导学生予以注意。

33. 助词“着”和日语“ている”有什么联系和区别？①

汉语助词“着”的日语对应形式为“ている”。从句法结构上看，两者能够基本对应（下兰云，1994）。从语法意义上看，两者则存在较大差别。

---

① 上海师范大学日语系副教授叶琼博士对本小节内容进行了修订。谨致谢忱！

汉语助词“着”为持续体标记，主要表示动作的进行或状态的持续。日语“ている”的时体用法有三种：持续体、完成体和反复体用法（野添健太，2012）。其中，汉语助词“着”的持续体用法对应日语“ている”的持续体用法。然而，汉语助词“着”较少用于“完成体”“反复体”，这是两者的核心差异所在。

1. 动词情状类型上的差异

首先，汉语助词“着”主要与持续性动词共现，日语“ている”也可与持续性动词共现，构成“V + ている”结构，可以表示“进行态”，与汉语中的“着”或者“正在”对应。如：

（1）a. 都在外面玩着。

b. みんな外で遊んでいる。

例（1）的 a 句中，“玩着”表示动作持续，翻译成日语为“遊んでいる”。汉语和日语中，“玩”“遊ぶ”都属于持续性动词。

其次，汉语中“V 着”结构一般不能独立使用，需要添加完句成分后，才可单独使用，如例（2）的 a 句。日语“ている”则不受限制，如 b 句。

（2）a. *他听着音乐。

b. かれは音楽を聴いている。

c. 他听着音乐呢。

例（2）的 a 句中，“听着音乐”表示动作的持续，缺少一个内在的自然终止点，句子可接受度低。如果加上时间副词“在、正、正在”或语气词“呢”，表示动作的进行，句子包含一个内在的自然终止点，可接受度高，如 c 句。

再次，汉语“V 着”结构一般不与关系动词、完结动词、性质形容词共现，如下列三例中的 a 句。日语“ている”可以与关系动词、完结动词、性质形容词共现，如下列三例中的 b 句。

（3）a. *他的脸像着他爸爸。

b. かれの顔は父親に似ている。

（4）a. *她离着好几次婚。

b. 彼女は何度も離婚している。

（5）a. *他运动神经优秀着。

b. 彼は運動神経が優れている。

例（3）a 句中的“像”为关系动词，例（4）a 句中的“离婚”为完结动词，例（5）a 句中的“优秀”为性质形容词。三者均不具有持续义、延续义，与助词“着”的语法意义相矛盾，因此上述三例的 a 句均不合法。

此外，汉语助词“着”不能跟瞬间动词同现，如例（6）～例（8）的 a 句，而日语“ている”可以与瞬间动词共现，如例（6）～例（8）的 b 句。“$V_{瞬间动词}$ + ている”结构，可以表示“存续态”，指的是某一动作或行为完了之后，所出现的动作、行为的结果尚以自在的状态存在着并继续存在下去。在语法上称这种用法为“存续态”，相当于汉语中的“着”或“了”（刘金凤，2012），但又不完全一致。

（6）a. *会议开始着。

b. 会議が始まっている。

c. 会议开始了。

（7）a. *猫死着。

b. 猫は死んでいる。

c. 猫死了。

（8）a. *他回日本着。

b. 彼は日本に帰っている。

c. 他回日本了。

例（6）的 b 句中，“始まる”是瞬间动词，接“ている”表示“某动作结束（会议开始了）且其结果状态存续（会议还在进行中）”，汉语不能替换为“着”。

例（7）的 b 句中，“死ぬ”是瞬间动词，接“ている”表示“某动作结束（死了）且死亡这一结果状态存续”，汉语不能替换为“着”。

例（8）的 b 句中，“帰る”是瞬间动词，接“ている”表示“某动作结束（他回了日本）且结果状态存续（现在还在日本）”，汉语不能替换为“着”。

还有，汉语“V 着”结构中，动词“V”必须是零形式的持续性动词。动结式动词、动趋式动词、时量补语、动量补语不能用于“V 着”结构，如下列四例

中的a句。日语“ている”则没有这种限制①，如下列四例中的b句。

（9）a. * 老李舒适地伸直着他的腿。

b. 李さんは気持ちよさそうに足をまっすぐ伸ばしている。

（10）a. * 他们现在回去着。

b. あいつら今帰っているよ。

（11）a. * 于是沉默着一会儿。

b. そこでしばらく黙っている。

（12）a. * 你怎么一回事？一晚上泻着好几次！

b. 一体どうしちゃったの？一晩で何度も下痢をしてる！

2.“完成/非完成”的对立

日语“ている”既可以表体，关注的是“完成/非完成”，表示动作完了，结果还在；同时也可以表时，关注的是“现在/非现在”。汉语助词“着”仅表示状态的持续，与动作发生的时间没有直接关系；仅关注动作是否持续，不关注动作是否完成。

（13）a. * 花子在昭和十五年就结着婚。

b. 花子は昭和十五年に結婚している。

c. 花子在昭和十五年就结婚了。

例（13）的a句中，“结婚”为瞬间动词，“结着婚”强调在某一短暂的时间内“结婚”的状态的持续，不关注动作发生的时间，因此不能与具体的时间共现。b句，“結婚している”表示“结婚”这一动作在过去发生且完成，强调动作完成后“结婚”状态的留存。有些情况下，“ている”与汉语助词“过”相对应，表示过去的体验，主要说明在过去发生且完成的某一动作、行为。c句中，“结婚”与表动作完成、实现的“了”连用，表示动作行为发生且完成。

① 有专家指出，日语能说的原因还在于“ている”可以用于表示持续、完成、反复等多个意义，和动结式等形式本身应该没有关联。

3. “反复 / 非反复”的对立

有些情况下，“ている”与汉语中的“每天”“经常”“不断”相对应，表示在一段时间过程中，相同的动作经常地、反复地发生、出现。

（14）a. *他每天早上跑着马拉松。

b. 彼は毎朝マラソンをしている。

例（14）的 a 句中，“每天早上”表示动作行为具有习惯性、惯常性，而不表示动作行为重复进行，因此不能与“着”共现。

b 句中，“マラソンをしている”表示动作重复发生，句子合法。

34. 助词“着”和韩语“– 고 있 –”有什么联系和区别？①

1. “动态 / 静态”持续和“未完 / 已完”持续

汉语持续体标记“着”主要表示持续义，如动作行为的持续“我吃着饭”，或者状态的持续“门开着”。前者表示动态持续，后者表示静态持续。

汉语“V 着”结构中的助词“着”不仅可以翻译为韩语“– 고 있 –（–go iss–）”，也可以翻译为韩语“– 어 있 –（–eo iss–）”。“– 고 있 –”是由连接词尾“– 고”加上动词“있（다）（issta）”而形成的，“– 어 있 –”是由连接词尾“아 / 어 / 여（a/eo/yeo）”和动词“있（다）”而形成的②，两者都可以看作是汉语“着”的对应形式，均表示持续义。一般前者意味着动态持续（未完），后者表示静态持续（已完）。

---

① 韩国加图立关东大学中国文化观光学系原招聘教授崔慜知博士对本小节内容进行了修订。谨致谢忱！

② 参见국립국어원지음（2005：55、544–545），《외국인을 위한 한국어 문법 2（용법편）》，서울：커뮤니케이션북스。최봉랑（2008：466），〈중국어 동태조사 “着” 의 한국어 표현에 대하여 – ‘고 있 / 어 있’ 을 중심으로 –〉，《중국어문학》제 52 집。

汉语助词“着”与韩语对应形式“- 고 있 -（-go iss-）”和“- 어 있 -（-eo iss-）”都表示体（aspect），只是在范畴上存在“上・下位”的不同。[①]为了更好地理解“上・下位”范畴的差异，可以表示如下：

未完［如“- 고 있 -（-go iss-）”］＞动态持续（如“着₁”、正在、正、在）

已完［如“- 어 있 -（-eo iss-）”］＞静态持续（如“着₂”）

助词“着”可分为“着₁”和“着₂”，前者用于动态持续，后者用于静态持续。“动态持续”是属于未完成体的下位范畴，着重于动作的持续。“静态持续”则属于已完成体的下位范畴，着重的不是动作的持续，而是动作结束后遗留的状态持续。

韩语的“- 고 있 -”是指未完，因此可以看作动态持续“着₁”和“正在、正、在”的对应形式；韩语“- 어 있 -（-eo iss-）”指的是已完，因此可以看作静态持续“着₂”的对应形式。

（1）a. 我开着一辆大巴车。（动态持续）

　　b. 나는 버스를 몰고 있다 .（动态持续）

　　　我 + 主语标记　大巴车 + 宾语标记　开 + 고 있 + 다（终结词尾）

（2）a. 墙上挂着一幅画。（静态持续）

　　b. 벽에 그림 한 폭이 걸려 있다 .（静态持续）

　　　墙 + 处所助词　画　一　幅 + 话语标记　挂 + 어 있 + 다（终结词尾）

例（1）的 a 句强调“开着车”这一动作持续进行，是否完结并不在听说双方的关注范围内。b 句强调“차를 몰고 있다（开着车）”这一动作的进行，没有行为的完结。例（2）的 a 句强调“挂着画”这一状态持续进行，是否完结也并不在听说双方的关注范围内。b 句强调动作结束后“그림이 걸려 있다（挂着画）”这一状态的持续。

总的来看，持续体标记助词“着”仅关注动作或状态的持续，不关注动作是否完成；韩语中则采用“- 고 있 -”和“- 어 있 -”对“持续”和“完成”进行了

---

① 参见한경숙（2015：3-4）<중국어 부사 ‘在’, 동태조사 ‘着’ 相 자질 중한 대조 분석>,《동양학》제 61 집。

分化。[①]“- 고 있 -（-go iss-）”表示没有完成的持续，而“- 어 있 -（-eo iss-）”则表示已经完成的持续。此外，“- 고 있 -（-go iss-）”基本可以跟汉语中的进行体标记“在、正、正在”相对应。并且，韩语中还存在另外一个进行体标记“- 고 있는 중 -”，它也可以跟“在、正、正在”相对应。[②]

从韩国学习者的角度来看，“- 고 있 -（-go iss-）”可以跟汉语进行体标记相对应；而“- 어 있 -（-eo iss-）”可以跟汉语持续体标记“着”基本对应，但“- 어 있 -（-eo iss-）”表示动作已完成的持续，而“着”仅表持续，不关注是否完成。

2. 语义特征的差异

助词“着”具有［-完整］［+持续］［±动态］的语义特征（戴耀晶，1991）。以下着重分析助词“着”和韩语“- 고 있 -（-go iss-）”“- 어 있 -（-eo iss-）”的联系和区别。

2.1　非完整性的语义特征

汉语助词“着”具有非完整性的语义特征，其本身缺乏一个内在的自然终止点，因此不能跟表示有界性的成分共现，如时量补语、动量补语、结果补语、趋向补语等。

---

① “있다（issta）”是存在动词，“고（go）、어（eo）”是连接词尾，“있다”有“存在、有”等含义，而“고 있다”和“어 있다”是表示动作或状态持续的惯用型。它们与“있다”的“存在义”并不完全等同，而是通过与动词或形容词结合来表示动作或状态的持续。“있다”的“存在义”和“持续”有关，因此，“고 있다”表示过程的持续，“어있다”则表示状态的持续。它们的持续性来自“있다”，只辅助连接词尾“고”和“어”的语义影响到“고 있다”和“어 있다”的语义功能。省略“다”的“고 있（다）”和“어 있（다）”是汉语“着”的对应形式。参见김윤신（2018：29-30），<상 보조 용언‘- 어 있다’와‘- 고 있다’구문의 의미 - 연결 어미의 기능과 보조 용언의 분포를 중심으로 ->，《한국어 의미학》제 62 집。

② “- 고 있는 중 -”是更接近“在、正、正在”的对应形式，因为“- 고 있는 중 -”强调进行，但“- 고 있 -”也可以相对应。正是因为韩语“- 고 있 -”表示“未完体”，这是持续体的上位范畴，未完体的下位范畴包括进行体（Conduct Aspect）、持续体（Continuous Aspect）、反复体（Repeat Aspect）。参见장호득（2013：230）、한경숙（2015：4）。장호득（2013），<현대중국어 상 표지 着 의미소 관련 한중 대조 분석>，《동북아문화연구》제 37 집。한경숙（2015），<중국어 부사‘在’，동태조사‘着’相 자질 중한 대조 분석>，《동양학》제 61 집。

（3）a.* 我等着两个小时。

b. 나는 두 시간째 기다리고 있다.

（4）a.* 下着一天雨。

b. 하루 종일 비가 내리고 있다.

（5）a.* 他打着一下。

b. ?그는 한 대 때리고 있다.①

（6）a.* 我走到着门前。

b. ?나는 문 앞을 걸어가고 있다.②

（7）a.* 看完着一本书。

b.* 책 한 권을 다 읽고 있었다.③

（8）a.* 我走出着教室。

b. 나는 교실에서 나가고 있다.④

例（3）和例（4）的a句中，“两个小时”“一天”为时量补语；例（5）的a句中，“一下”为动量补语；例（6）和例（7）的a句中，“到”“完”为结果补语；例（8）的a句中，“出”为趋向补语。这些成分均为有界性成分，与助词“着”的非完整性相冲突，因此上述例句中的a句均不合法。

韩语中的时量词、趋向补语和表持续义的“- 고 있 -”可以共现，如例（3）、例（4）和例（8）的b句；但动量词、结果补语和表持续义的“- 고 있 -”不搭配，如例（5）、例（6）和例（7）的b句。

---

① 例（5）的b句表示“그는（他 + 主语标记）한（一）대（下）때리（打）고 있 다（终结词尾）.”“때리다（打）”是及物动词，因此“그는 그를 때리고 있다（他打着他。）”“그는（他 + 主语标记）그를（他 + 宾语标记）때리（打）고 있다（他打着他）.”可以成立。不过，这句话里没有数量词。如果一定要用数量词，那就不能用持续体标记，而是要用过去时，句子才合法。如“그는（他 + 主语标记）한（一）대（下）때렸다.”这是因为，“한 대（一下）”是数量词，事件完结以后才有数量。所以有点矛盾，故本文认为韩语中的数量词和持续义的“고 있”不搭配。

② 一般韩语说“나는（나 + 主语标记）문（门）앞（前）으로（方向的格助词）걸어가（走）고 있다（终结尾缀）”，句子才合法。

③ “책（书）한（一）권（本）을（宾语标记）다（完）（“다”表示行为和状态的程度到达限度）읽（看）고 있 었（过去形式）다（终结词缀）.”也可以说“책 한 권을 읽고 있다（看着一本书）”，又可以说“책 한권을 다 읽었다（看完一本书）”。关于“다”的语义功能参见 국립국어원《标准国语大辞典》中的“다$_3$”。

④ “나는（我 + 主语标记）교실（教室）에서［表示“在于前的词汇（比如，教室）为处所”的格助词］나가（走出）고 있다（终结词缀）.”

2.2　持续性的语义特征

汉语助词“着”具有持续性的语义特征，主要与持续动词、状态动词连用，不能与心理动词、瞬间动词、关系动词、完结动词共现。①

首先，汉语助词“着”不能与心理动词连用，如例（9）的a句。韩语心理动词一般与表动态持续的“- 고 있 -”连用，如例（9）和例（10）的b句；不能与表示已完成持续的“- 어 있 -”连用，如例（9）的c句。

（9）a. * 我相信着他。

b. 나는 그를 믿고 있다 .

我 + 主语标记　他 + 宾语标记　相信 + 고 있 + 다（终结词尾）

c. * 나는 그를 믿어 있다 .

受时间副词“一直”修饰，汉语助词“着”可以与心理动词“爱”连用，如例（10）的a句。

（10）a. 她一直爱着他。

b. 그녀는 줄곧 그를 사랑하고 있다 .

她 + 主语标记　一直　他 + 宾语标记　爱 + 고 있 + 다（终结词尾）

其次，助词“着”不能与瞬间动词连用，如例（11）～例（13）的a句。韩语瞬间动词一般与表动态持续的“- 고 있 -”连用，如例（11）的b句；而不能与表示已完成持续的“- 어 있 -”连用，如例（11）的c句。

（11）a. * 一辆列车到着上海。

b. 열차 한 대가 상해에 도착하고 있다 .（动态持续）

列车　一辆 + 主语标记　上海 + 处所助词　到 + 고 있 + 다（终结词尾）

c. * 열차 한 대가 상해에 도착하어 있다 .

当上下文语境强调“死着的静态的状态”时，则应在动词后加上表已完成持续的“- 어 있 -”，如例（12）的b句；而不能与表动态持续的“- 고 있 -”连用，如例（12）的c句。

① 添加完句成分后，助词“着”可以有条件地与心理动词、瞬间动词、关系动词、完结动词共现。

（12）a. ? 我说：“死去的人不必急于考虑。不要紧，反正一直死着”。[①]

b. 죽은 사람은 급하게 생각할 필요 없어 . 괜찮아 . 어쨌든 줄곧 죽어 있잖아 .（静态持续）어쨌든（反正）줄곧（一直）+ 죽（死）+ 어 있 + 다（终结词尾）

c. * 죽은 사람은 급하게 생각할 필요 없어 . 괜찮아 . 어쨌든 줄곧 죽고 있잖아 .

当上下文语境强调“死着的动态的持续”时，则应在动词后加上表动态持续的“고 있”。如例（13）中的 b 句。

（13）a. * 他在死着。

b. 그는 죽어가고 있다 .（动态持续）

他 + 主语标记　死 + 어가[②] + 고 있 + 다（终结词尾）

第三，汉语助词“着”不能与关系动词连用，如例（14）和例（15）的 a 句。韩语中也受到一定的限制。

（14）a. * 他是着中国人。

b. * 그는 중국인이고 있다 .

（15）a. * 他像着他的父亲。

b. * 그는 그의 아버지를 닮고 있다 .

最后，汉语助词“着”不能与完结动词连用，如例（16）和例（17）的 a 句。韩语中也受到一定的限制。

（16）a. * 炸弹爆炸着。

b. 폭탄이 터지고 있다 .

（17）a. * 他们离婚着。

b. * 그들은 이혼하고 있다 .[③]

---

① 例句来源于北京语言大学 HSK 动态作文语料库。

② “– 어가 –”表示某种行为或状态、状态变化的持续或进行。参见국립국어원지음（2005：514），《외국인을 위한 한국어 문법 2（용법편）》，서울：커뮤니케이션북스 .

③ “그들（他们）은（主语标记）이혼하（离婚）고 있다（终结词尾）.”韩语一般说“그들은 이혼 소송 중이다（他们在离婚诉讼中）”，没有“他们离婚着”的说法。

2.3 动态 / 静态二重性的语义特征

受动词情状类型的影响，汉语助词“着”具有动态 / 静态二重性的语义特征。当动词为持续动词时，“V 着”结构表示动作的进行，是动态的，如例（18）的 a 句。当动词为“动作–状态”复合义动词时，“V 着”结构表示状态的持续，是静态的，如例（19）的 a 句。添加进行体标记“在”后，不管动词的情状类型如何，均表示动作的进行，为动态的，如例（18）和例（19）的 b 句。

（18）a. 我吃着一碗饭。

b. 我在吃着一碗饭。

（19）a. 他穿着红衣服。

b. 他在穿着红衣服。

韩语中“动态 / 静态”的判断主要着眼于动作的完成与否，动作未完成的持续就是动态的，动作完成的持续就是静态的。换句话说，动词后加上表动态持续的“– 고 있 –”就是动态的，如例（20）和例（21）的 b 句；动词后加上表已完成持续的“– 어 있 –”就是静态的，如例（22）和例（23）的 b 句。

（20）a. 她一直爱着他。（静态）

b. 그녀는 줄곧 그를 사랑하고 있다 .（动态）

（21）a. —群人围着那辆车。[①]（静态）

b. 사람들이 그 차를 둘러싸고 있다 .（动态）

（22）a. 门口围着一堆人。（静态）

b. 문 입구에 많은 사람들이 둘러서 있다 .（静态）

门 口 + 处所助词 一堆人 + 主语标记 围 + 어 있 + 다（终结词尾）

（23）a. 桌子上摆着书。（静态）

b. 책상 위에 책이 놓여 있다 .（静态）

① 跟汉语一样，韩语中也存在“动作–状态”复合义动词，“围”既表示动态，如例（21）的 a 句；又可以表示静态，如例（22）的 a 句。当句子中出现动作行为的主体时，“围着”的对应形式为“고 있”，如例（21）的 a 句；当句子中没有出现动作行为的主体时，其对应形式为“어 있”，如例（22）的 a 句。

3. 句法结构上的差异

3.1 “V 着”存现句

汉语包含助词“着”的存在句中，可以有施事宾语，如“天上飞来一只鸟”；也可以有受事宾语，如“桌子上放着一本书”。施事宾语、受事宾语的区分主要依靠语义，缺乏外在的形态标记。根据主语、宾语等语义类型的不同，韩语需要添加不同的格标记进行区分。如“公园里坐着一位老太太”，韩国学生更倾向于说成“一位老太太公园里坐着”。这是因为，在韩语中，除非为了强调“处所”，否则一般不把表示处所的词作为主语放在句首。这一点，可能会影响韩国留学生习得包含助词“着”的存现句（卞知美，2012）。

3.2 “V 着”连动句

汉语“V_1 着 V_2”结构中，助词“着”仍表示动作或状态的持续。“V_1”与“V_2”的语义关系较为复杂，可以是方式、目的或伴随。但是，韩语中，“V_1”与“V_2”之间用的是连接性的助词，与“持续”无关。这一点，也可能导致韩国留学生无法较好地习得“V_1 着 V_2”结构。

“V_1 着 V_2”连动句中，若“V_1”表示动态，韩语的对应形式为连接词尾“–면서（–myeon seo）”；若“V_1”表示静态，韩语的对应形式则为连接词尾“–아/어/여서（–a seo）”。[①]

（24）a. 她说着看了我一下。（动态持续）

b. 그녀는 말하면서 나를 힐끗 쳐다보았다.

她 + 主语标记　说 + 면서　我 + 宾语标记　一眼　看了

（25）a. 他一直在坐着讲话呢。（静态持续）

b. 그는 줄곧 앉아서 얘기하고 있다.

他 + 主语标记　一直　坐 + 아서　话 + 说 + 고 있 + 다（终结词尾）

---

① 关于“V 着 V”的韩语对应形式参见장호득（2018：53），<현대중국어 ‘V_1 着$_1$ + V_2［술어］’ 구조의 着$_1$ 중・한 대조 분석>,《동북아문화연구》제 55 집。

“V_1着V_1着……V_2……”连动句中，若“V_1”表示动态，韩语的对应形式为连接词尾“– 다가 –”。

（26）a. 他说着说着哭了。

b. 그는 말하다가 울었다 .

他 + 主语标记 说 + 다가（连接词尾） 哭 + 다（终结词尾）

例（24）的a句“说着”和“看了我一下”表示前后接续的时间关系，可以用“说着的时候怎么了”来提问。例（25）的a句“坐着”和“讲话”表示伴随的状态和动作行为的关系，可以用“怎么样地讲话”来提问。例（26）的a句“说着说着”和“哭了”表示动作行为和结果的关系，可以用“说着说着怎么了”来提问。

最后，汉语形容词有“性质”和“状态”之分。其中，“性质”是事物固有的属性，是静态的、不易变的；“状态”是事物外在的属性，是动态的、易变的。汉语“A + 着”结构中，助词“着”表示状态的持续。韩语中，只有表示“性质”的形容词。因此，相应的韩语结构中，并不具有“状态的持续”的意义。这一点可能导致韩国留学生在习得“A + 着”结构时产生回避现象。

4. 助词“着”本身不具有时间性

汉语助词“着”是持续体标记，属于“未完成体”，表示动作行为或状态的持续缺少一个内在的自然终止点，既不关注动作行为的起始阶段，也不关注动作行为的完成阶段，而仅仅关注动作行为的持续阶段，因此也并不关注动作行为何时发生、何时结束。换言之，助词“着”主要指明动作行为或状态处于持续中，却不关注动作行为发生的时间。因此，汉语助词“着”可自由用于不同时间阶段，如例（27）的a、b、c句。

（27）a. 我昨天开着一辆大巴车。

b. 我今天开着一辆大巴车。

c. 我明天开着一辆大巴车。

d. *나는 어제 버스 한 대를 몰고 있었다.①

首先，汉语中，“过去”并不等于“完成”，“完成”可发生于时间的三阶段中的任一阶段。例（27）的a、b、c句中，“开着”均表示动作行为的持续，可与不同的时间名词共现，说明动作行为的持续可以出现在“过去、现在、将来”任一时间段。这一点，与韩语“- 고 있 -”存在较大差异。韩语“고 있”本身不能表示“过去的持续”，“- 고 있 -”的过去形式为“- 고 있 + 었 -”。在动作发生的同一时点内，还有其他事件发生的时候，才能用“- 고 있 -”的过去形式，也就是需要与其他事件对比时可以用“- 고 있 -”的过去形式。因此例（27）的d句不合法。②

（28）a. 我昨天开着一辆大巴车，就在这时来了个电话。

b. 나는 어제 버스 한 대를 몰고 있었다. 그때 전화가 왔다.

我 + 主语标记　昨天　大巴车　一　辆 + 宾语标记　开 + 고 있 + 过去 + 다（终结词尾）

例（28）的b句中，在同一时点发生了两个事件，“开大巴车、来了个电话”，两事互相参照，可以使用“고 있”的过去形式。

---

① 不过，有学者认为韩语中“昨天 / 今天 / 明天开着一辆大巴车”是合法。当上下文语境提供了一个明确的参照点，句子同样可以接受。

（1）*오늘 버스 한 대를 몰고 있다.（今天开着一辆大巴车。）

（2）?내일 버스 한 대를 몰고 있을 것이다.（明天开着一辆大巴车。）

（3）오늘은 버스 한 대를 몰고 있어요. 하지만 내일은 택시 한 대를 몰고 있을 거 에요.（今天开着一辆大巴车，但是明天开着一辆出租车。）

上述的例（1）单独说是病句，但是在对照复句中是个合法句，例（3）中的“오늘（今天）”和“내일（明天）”算是对照话题（topic），“버스 한 대（一辆大巴车）”和“택시 한 대（一辆出租车）”可以看为焦点（focus）。把对照的“은”加上去的话，例（1）可以接受。

“오늘（今天）은（助词）（“은”用于对照两个以上的名词、副词、复合动词时）버스（大巴车）한（一）대（辆）를（宾语标记）몰（开）고 있 어요（终结词尾）.”“하지만（但是）내일（明天）은（助词）（“은”用于对照两个以上的名词、副词、复合动词时）택시（出租车）한（一）대（辆）를（宾语标记）몰（开）고 있을 거（“을 것”表示对某种情况或事实的猜测）에요（终结词尾）.”

还有，上述的例（2）单独说勉强能接受，但是有参照点更自然。例如：

（4）내일 신년 파티 때 나는 버스 한 대를 몰고 있을 것이다.（明天新年晚会时我会开着一辆出租车。）

“내일（明天）신년（新年）파티（晚会）때（时）나（我）는（主语标记）버스（大巴车）한（一）대（辆）를（宾语标记）몰（开）고 있을 것（助词）（“은”用于对照两个以上的名词、副词、复合动词时）이다（终结词尾）.”

② 参见국립국어원지음（2005：55），《외국인을 위한 한국어 문법 2（용법편）》，서울：커뮤니케이션북스.

如果不表示特指的时点的话，表示过去的动作和行为时，得用过去形式“– 았 / 었 / 였다”，如例（29）。

（29）A：어제 뭐 했어요？（昨天干什么？）

B1：나는 어제 버스 한 대를 몰았어요.（我昨天开了一辆大巴车。）

B2：*나는 어제 버스 한 대를 몰고 있었어요.（*我昨天开着一辆大巴车。）

35. 助词“着”和泰语“อยู่（aho）”有什么联系和区别？①

1. 持续体标记助词“着”的跨语言差异

1.1　汉语助词“着”的语法意义

戴耀晶（1991）指出，表示持续体的助词“着”具有非完整性（无界性）、持续性和动态 / 静态二重性的语义特征。

（1）*我等着两个小时。

（2）*她打量着我两下。

（3）*我走到着门口。

非完整性指的是“着”与表示完整义的词语（如时间词语、动量词语、动作结果词语等）不能同现。持续体标记“着”着眼于事件内部的观察，对事件的其他部分，如“起始”“终结”并不关心。例（1）～例（3）中，“两个小时”“两下”“到”等成分旨在增强事件的完整性，与“着”的非完整性相矛盾，因此句子不合法。

（4）a. *天上掉着馅儿饼。

b. 天上掉着一张张馅儿饼。

持续性指的是事件过程具有持续性的语义特征。一般来说，瞬间动词与“着”在语义上是不相容的，因此不能同现，故例（4）的 a 句不合法。但当动作

① 泰国农业大学中文系助理教授马春霖博士对本小节内容进行了修订。谨致谢忱！

主体为复数时，瞬间动词与“着”同现表达一个持续过程，如例（4）的b句，动作主体为“一张张馅饼”，增强了事件的重复性、持续性。

（5）a.（你打电话的时候），他穿着衬衫。

b. 他穿着衬衫，（拿着包，走了过来）。

动态/静态二重性是由持续性决定的，不过，受动词的语义类型和句中其他成分的影响，实际语句中动态或静态的强弱又会发生偏移。根据上下文语境，例（5）的a句主要表示动作的进行，而b句主要表示状态的持续。

1.2 汉语助词“着”的句法结构

从对外汉语教学的角度来看，助词“着”的主要句法结构为：“V着”句、“V着”存现句、“V着V”句（吕叔湘，1980；刘月华、潘文娱、故韡，1983；孙德金，2000；李蕊、周小兵，2005；周小兵，2007）。

从句法结构来看，汉语助词“着”位于谓语动词之后、宾语之前，主要修饰谓语动词。助词“着”既可以表示状态的持续，如“等着、坐着、睡着”；也能表示动作的进行，如“吃着、看着、喝着”。

汉语“V着”结构可以受时间副词、处所状语修饰。如例（6）～例（8）中，“正、一直、还”为时间副词；例（9）中，“在门口”为处所状语。

（6）他正开着门。

（7）她的头一直低着。

（8）她的脸还红着呢。

（9）李四在门口等着我。

汉语“V着”存现句中，处所名词总是位于句首，“V着”结构居中，宾语置后。受宾语语义类型的影响，“V着”存现句可分为施事宾语存现句，如例（10）；以及受事宾语存现句，如例（11）。

（10）天上飞着一只鸟。

（11）桌子上放着一个杯子。

汉语“V着”连动句中，助词“着”位于第一个动词之后、第二个动词之前。连动式中前后两个动词的关系有三种，主要表示“V_1”是“V_2”的方式，如例（12）；"V_1"是"V_2"的目的，如例（13）；以及"V_1"正在进行中出现"V_2"的动作，如例（14）。

（12）你坐着讲。

（13）他急着去上班。

（14）她想着想着笑起来了。

1.3　泰语 อยู่（aho）的语法特征

从句法形式来看，泰语"อยู่"位于宾语之后，主要修饰整个句子，如例（15）；如果句中有处所名词、时间副词做状语，"อยู่"位于宾语之后，状语之前，如例（16）和例（17）；或者状语之后，如例（18）和例（19）。

（15）他们开着会。

句译：พวกเขา　ประชุม　อยู่

词译：他们　开会　着

（16）她的脸一直低着。

句译：เขา　ก้ม　หน้า　อยู่　ตลอด

词译：她　低　脸　着　一直

（17）他在门口聊着电话。

句译：เขา　คุย　โทรศัพท์　อยู่　ที่　ประตูทางเข้า

词译：他　聊　电话　着　在　门口

（18）他正开着门。

句译：เขา　กำลัง　เปิด　ประตู　อยู่

词译：他　正　开　门　着

（19）她的脸还红着呢。

句译：หน้า　ของ　หล่อน　ยัง　แดง　อยู่　เลย

词译：脸　的　她　还　红　着　呢

从语法意义来看，泰语"อยู่（aho）"具有持续性。泰语"อยู่（aho）"既可以表示状态的持续，如例（15）和例（16）；也可以表示动作的进行，如例（17）。

然而，跟汉语助词"着"不同的是，泰语"อยู่（aho）"不具有非完整性（无界性）的语义特征，可以与表示数量等的述补短语同现，如例（20）。

（20）我看了两个小时书。

句译：ฉัน อ่าน หนังสือ อยู่ 2ชั่วโมง[①]

词译：我 看 书 着 两个小时

此外，泰语“อยู่（aho）”也不具有动态 / 静态二重性的语义特征。因为，泰语中动词缺乏类似于汉语“挂”类动词的“动作–状态”复合语义特征。

从句法结构来看，泰语“อยู่（aho）”的存现句[②]同样包含受事宾语存现句，如例（21）；以及施事宾语存现句，如例（22）。两者最大的区别在于语序。

（21）桌子上放着一个苹果。

句译：มี แอปเปิ้ล วาง อยู่ บน โต๊ะ 1 ลูก

词译：有 苹果 放 着 上 桌子 一个

（22）天上飞着一只鸟。

句译：มี นก บิน อยู่ บน ท้องฟ้า 1 ตัว

词译：有 鸟 飞 着 上 天 一只

跟汉语“V 着”连动句相比，泰语用结构“$V_1 + V_2$”来表示“V_1 是 V_2 的方式、目的”，如例（23）。泰语用“$S + V_1V_1$ + อยู่（aho）+ ก็（就）+ V_2”结构来表示“V_1 正在进行中出现 V_2 的动作”，如例（24）。

（23）李四拿着书去图书馆。

句译：หลีซือ ถือ หนังสือ ไป ห้องสมุด

词译：李四 拿 书 去 图书馆

（24）张三看着看着，睡着了。

句译：จางซาน อ่านๆ อยู่ ก็ หลับ ไป

词译： 张三 看看 着 就 睡 去

① 这个泰语句子需有后续句，比如“我看书着两个小时，还没看完”。前一小句表示动作的持续，后一小句表示结果。

② 这两个句子也可以把数量短语放在宾语后面，如“มี/แอปเปิล/1 ลูก/วาง/อยู่/บน/โต๊ะ”（有 / 苹果 / 一个 / 放 / 着上 / 桌子）；“มี/นก/1 ตัว/ บิน/อยู่/บน/ ท้องฟ้า”（有 / 鸟 / 一只 / 飞 / 着 / 上 / 天）。

第五部分　偏误分析

36. 为什么不能说“他穿红色衣服”？

汉语中有一类特殊的动词，即“动作–状态”复合义动词，如“穿、挂、放、摆”。这类动词既可以表示动作，又可以表示动作结束后遗留的状态。

（1）他在穿着红色衣服，小王走进来了。（动态）

（2）他穿着红色衣服，提着一桶油。（静态）

例（1）中，“V 着”跟进行体标记“在”共现，表动作的进行，具有强动态性。例（2）中，当上下文语境凸显其静态性时，“V 着”表状态的持续，具有强静态性。

（3）?他穿红色衣服，你穿蓝色衣服。

（4）*他在穿红色衣服，小王走进来了。（动态）

（5）*他穿红色衣服，提着一桶油。

有些情况下，“着”可以隐去。例（3）中，“他穿红色衣服”为惯常句，在上下文语境中，以对举的方式，表示状态的持续，句子也可以接受。不过，有些情况下,“着”不能隐去，如例（4）中，进行体标记“在”强制要求“着”出现，否则句子不合法。例（5）中，“穿红色衣服”表示伴随后一小句的状态，强制要求“着”出现，否则句子不合法。

（6）我根本想不起来拿手机或者用手机，因为我的注意力都在剧情上了。

（7）为什么经常拿着手机找手机?

“着”的隐现跟语境有关。当上下文语境具有叙事性时，动词多为零形式，表示动态性，凸显动作行为的变化，如例（6）；当上下文语境带有描写性，动词后需要加“着”，表示静态性，凸显状态的持续，如例（7）中，“找手机”在时间轴上一般要占据一定的时段，因此“拿着手机”凸显状态的持续。

（8）a. 一天，我带着家人去医院。

b. 一天，我带家人去医院。

“着”的隐现跟动词有关。“动作-状态”复合义动词必须加“着”才能表持续义，而部分强持续性动词（如“带、领、陪”等）可以不加“着”直接表持续义（苗东霞，2009），如例（8）的a句和b句。

（9）一群大大小小的孩子往学校走去，天气很冷，但很多孩子都只穿（着）T恤。

（10）这个星期，他的秘书已事先打电话给她，告诉她他们将在马克西姆餐厅进餐，莎伦已选好要穿（*着）一件从瓦伦丁那儿得到的引人注目的模特服。

（11）巴比特看到了她，她坐在车里，穿着一件乳黄色薄纱洋装，外面加了一件红色的外套，明艳动人。

例（9）中，根据上下文语境，动词“穿”表示状态义，可自由替换为“穿着”。例（10）中，根据上下文语境，动词“穿”表示变化义，代表的是动作行为的变化而非状态，是动态的而非静态的，因此不能替换为“穿着”。并且动词前面有能愿动词，整个句子表示的是“打算穿、还没穿”。例（11）中，“她坐在车里”强调状态义，凸显其静态性，表示动作结束后状态的遗留，后续小句都是从不同角度对“她的状态”的描绘，因此“穿着”不能自由替换为“穿”。

“着”的隐现跟宾语有关。宾语是否抽象也会影响助词“着”的隐现。强持续性动词的宾语为具体事物时，动词本身的持续义较为明显，加不加“着”都可以；强持续性动词的宾语为抽象事物时，动词本身的持续义会弱化，必须加“着”才能表持续义。

（12）贾曼打开了另一个世界的门，也唤起了他当宇航员的愿望，他带（着）丽玛卡前往莫斯科。

（13）*许多将大半辈子心血奉献给中国足球运动的老教练和老足球工作者，带（着）惭愧甚至“负罪”的心情，在此商讨足球改革大计。

例（12）中，动词“带”的宾语为具体的人物，因此助词“着”可以自由隐现而不影响句义的理解。例（13）中，动词“带”的宾语为抽象的精神，因此助词“着”必须出现，否则会影响句义的理解。

在对外汉语教学中，教师要有意识地帮助学生对常用动词的情状类型进行初步分析，特别是要简单分析部分“动作–状态”复合义动词，帮助学生理解动词零形式（我穿红衣服）、动词表动态性（我在穿红衣服）以及动词表静态性（我穿着红衣服，戴着白帽子）的差异。同时，在单句教学阶段结束后，要合理安排相应的语篇教学，让学生在语篇中理解“动态”与“静态”、“陈述”与“描写”的差异。

37. 为什么不能回答“同学们写着作业”？

在言语交际中，用时间副词“在 + VP”结构进行提问时，一般不能用“V着”结构回答。因为，时间副词“在”具有延续性，表示一个时间段内多个动作行为的持续进行，通常修饰的是一个事件，而非具体的动作。

（1）A：同学们在干什么？

B：同学们在上课。

（2）A：同学们在干什么？

*B：同学们上着课。

例（1）中，“在上课”这一事件包括了“听课”“记笔记”“回答问题”“看书”“写作业”等多个活动，表示在一个时间段内，多个活动持续进行。问话人 A 想了解事情的全貌，答话人 B 展现了事情的全过程。例（2）中，问话人 A 想了解的是一个完整的事件，关心的是在某一时间段内事件的进展状况。而答话人 B 描述的却是一个具体的动作，关心的是动作行为的持续。因此，例（2）不合法。

并且，“V 着”结构表示动作行为的持续，不关心动作行为在时间上的起止点，具有无界性的语义特征。如果一定要用“V 着”结构来回答问题，那么必须添加有界性的成分，来进一步说明动作行为如何持续，从时长、频率、情状、方位等角度对动作行为的持续进行限定。

（3）A：同学们一直看着书吗？

B：同学们一直看着书。

（4）A：同学们不停地看着书吗？

B：同学们不停地看着书。

（5）A：同学们一起看着书吗？

B：同学们一起看着书。

例（3）中，“一直”为频率副词充当状语；例（4）中，“不停地”为重复副词充当状语；例（5）中，“一起”为情状副词充当状语。例（3）～例（5）强调动作行为的持续，因此可以用“V着”来回答问题。

最后，在言语交际中，人们常用“在＋V”来提问，“在＋V”结构关注的是完整的事件，能够获取事件进展的全局视角，更好地把握事件的整体走向，如例（7）。

（7）A：你在干什么？

B：什么我在干什么？

A：你最近在干什么？

B：休假。

A：真舒服。

B：又不是带薪休假。

A：哈哈哈哈，我还准备抢票回家呢。

B：加油，祝你好运！

“V着”结构关注的是具体的动作，仅表示动作行为或状态的持续，不关注动作行为或状态的开始及结果，主要描述一种均质的过程。如果一定要用“V着”来提问或者回答问题的话，那就一定要提供更为丰富的语用信息。例（8）中，时间副词“还”表示“开着”这一状态从过去持续到说话时刻，疑问形式“还开着吗”是对持续状态的确认。

（8）A：在张家界等我，过两天过去。

B：我明天去凤凰啦！

A：张家界玻璃桥还开着吗？

B：没开了。

38. 为什么不能说“他听着音乐”？

问题 18 论述了“V 着”句的完句条件，指出单句中的各个句法成分均可以提高“V 着”句的完句程度。本小节着重分析语境对“V 着”句完句程度的影响。

在言语交际中，交际双方必须提供句法正确、表意清晰的句子。例（1）中，“他听着音乐”主要描述了动作行为的持续，至于动作行为“何时开始、何时结束、影响多大、结果如何”，人们并不清楚。在缺少语境的情况下，这样的句子是不合法的，因为“他听着音乐”代表动作，而动作是无界的，缺少一个内在的自然终止点。

不过，言语交际中，上下文语境可以展现完整的事件，提供丰富的信息，进而提升“V 着”句的可接受度。事件是有界的，事件内部存在一个内在的自然终止点，事件除了关注动作行为的施受关系以外，还要交代时间、地点、人物、方式、结果等。

（1）A：他在干什么？

B：他听着音乐。

A：什么音乐？

B：可能是古典音乐。

例（1）中，结合语境，“他听着音乐”是可以接受的，不过听者会觉得“他听着音乐”没说完，没说清，没说透，信息量不足，无法获得完整的理解。通过进一步询问“什么音乐”，才能够对“他听着音乐”形成一个更加全面的看法。

（2）铁匠在遥远的那一头坐着，他听着音乐，打着节拍，很愉快的样子。

例（2）中，“他听着音乐”“打着节拍”表示动作的进行，缺乏一个内在的自然终止点。而“很愉快的样子”描述了伴随动作的状态，提高了句子的有界性。

39. 为什么不能说“我跳舞着”？

从句法结构上看，汉语助词“着”总是位于动词之后，宾语之前；“着”主要用于修饰动词，表示动作的进行或者状态的持续；结构上，带助词“着”的句子可以码化为“S + V 着 + O”。

当动词为离合词时，学习者容易出现语序偏误，将“着”放在离合词之后。

（1）a. * 大姐唱歌着，我跳舞着，三姐拍照着，我们开心极了。

b. 大姐唱着歌，我跳着舞，三姐拍着照，我们开心极了。

例（1）的 a 句中，“唱歌、跳舞、拍照”均为离合词，“唱、跳、拍”是动词，“歌、舞、照”是宾语。当离合词与“着”搭配时，“着”要位于动词之后、宾语之前，如例（1）的 b 句。

原因在于，持续体标记“着”主要表示动作的进行或状态的持续，既不关注动作何时开始，也不关注动作何时结束，具有无界性的语义特征。动词“唱、跳、拍”表示动作行为，是无界的，而离合词“唱歌、跳舞、拍照”表示完整的、有界的事件。助词“着”的无界性和离合词的有界性不兼容，因此，当“着”位于离合词之后时，句子的可接受度会大大降低。

40. 为什么不能说“很少打着球”？

“我很少打着球”不合法，因为“很少”与频率有关，仅表示“打球”的频率低，不能提升整句的有界性，也不能顺应并强化助词“着”持续性的语义特征，所以句子可接受度低。通过提升句子的有界性，能够提高整句的可接受度。

首先，助词“着”具有［-完整］的语义特征。“V 着”结构本身缺少一个内在的自然终止点，理论上“V 着”可用于过去时、现在时和将来时，如例（1）～例（3）中的a句。

（1）a. *我昨天打着球。

b. 我昨天一直打着球。

（2）a. *我今天打着球。

b. 我今天还是打着球。

（3）a. *我明天打着球。

b. 我明天仍旧打着球。

例（1）～例（3）的a句中，“打着球”表示动作的持续，“昨天、今天、明天”表示宽泛的时间范围，两者均不关注动作何时开始、何时停止，因此整个句子缺乏一个内在的自然终止点，在言语交际中给人意犹未尽之感。当说话者表示“我昨天打着球”时，听话者总会好奇地询问“跟谁啊？”“在哪里啊？”“怎么打？”“打得如何？”来进一步了解更详细的信息，以获得对事件全貌的了解。

在具体的言语交际中，人们需要通过具有有界性的事件来理解、传递信息。例（1）的b句中，时间副词“一直”给整个事件提供了一个具体的时间范围，表明在此时间范围内，“打球”持续进行。例（2）的b句中，时间副词“还是”表示情况与之前相同，未发生变化，说明“打球”从过去到现在持续进行。例（3）的b句中，情态副词“仍旧”表示情况状态与之前一样，说明“打着球”的状态持续不变。

其次，助词“着”具有［+持续］的语义特征，不能用于描述习惯性、惯常性发生或具有惯常性、瞬时性的动作行为。

（4）*他每天早上跑着马拉松。

（5）*每逢课余时间我就学唱着这首歌，我天天唱着，还邀请我同班的留学生一起来学唱。

（6）*我觉得她感情很丰富，她看电影，有时笑着，有时流着眼泪。

（7）*因为我在旅游公司工作着，所以我在这个方面有一定的知识。

（8）*我的朋友在中国学习着汉语。

（9）*她好多了，我瞧着她旁边有一堆纸巾散在地上，我为了让她开心，就逗她：“你应该赔给我纸巾。”

例（4）～例（6）中，“每天早上”“每逢课余时间”“有时”表示动作行为、习惯性发生；例（7）和例（8）中,“工作”“学习”表示具有恒常性的动作行为；例（9）中，上下文语境表明“瞧”具有瞬时性。上述各句删除“着”以后，句子的可接受度就会大大提高。

另外，当动作行为本身或上下文语境缺乏明显的持续义时，“着”也不能用于描述动作行为。

（10）* 亲爱的李文先生：今天，我在报纸上看到你们的招聘广告后，马上回家，拿着笔给您写信。

（11）* 大学十分大，就像一个村落，有很多建筑都很漂亮，尤其是孔子学院，美极了，一进去就好像你到了中国，所以大多数的导演都会选着这个地方来拍戏。

（12）* 这个故事告诉我们，在走路的时候，不要一边走一边看着一个东西。

（13）* 王先生觉得很奇怪，回头看那个姑娘，一边看着，一边走。

（14）* 我走出去的时候，看见他们等着我。

例（10）中，时间词语“今天”“……后”“马上”给整句增添了动态性，显示了事件进展的不同阶段。而“拿着笔”表示伴随的状态，与整句的现时性、动态性相冲突，因此句子可接受度低。例（11）通过对大学校园环境的静态描写，展现了漂亮、雅致的空间环境，上下文语境缺乏明显的持续义，因此句子可接受度低。例（12）和例（13）中，“看着”表示“持续看，没有中断”，而“走路的时候”很难一直看着某一事物，因此句子不合法。上述各句删除“着”以后，句子的可接受度就会大大提高。例（14）中，“我走出去的时候”表示具体的时点，与“等着”的持续义相冲突。加上时间副词“在、正”以后，“看见他们在/正等着我”表示动作行为“等着”恰好、正好发生，句子的可接受度大大提高。

41. 为什么不能说“下着一天雨”？

助词“着”为持续体标记，具有［-完整］的语义特征，主要关注动作行为或状态的持续，并不关注动作行为是否完成。补语主要用来补充说明动作行为的数量、结果及趋向，具有有界性的语义特征。因此，助词“着”一般不能与各类补语共现。

第一，“V着”结构不能和时量补语共现。

（1）a. *外面下着一天雨。

b. 外面下了一天雨。

c. 外面下一天雨。

例（1）中，“一天”表示动作行为“下”持续的时间，具有有界性，但“下着”表示动作行为的持续，本身是无界的。两者语义上相冲突，因此不能共现。再如：

（2）*我等着他两个小时了，他还没来。

（3）*他们谈着十几分钟了。

（4）*他听着好几个小时广播了。

例（2）中的“两个小时”、例（3）中的“十几分钟”、例（4）中的“好几个小时”均为有界性成分，表明动作行为持续的时间。因此，例（2）～例（4）均不合法。例（1）～例（4）中，将持续体标记“着”改为完成体标记“了”后，句子可接受度大大提高。

第二，“V着”结构不能和动量补语共现。

（5）a. *他打着三次电话。

b. 他打了三次电话。

c. 他打三次电话。

例（5）中，“三次”为动量补语，表示动作行为“打”发生的次数，具有一个内在的自然终止点，但“打着”表示动作行为的持续，本身缺乏一个内在的自然终止点。两者语义上相矛盾，因此不能共现。再如：

（6）*我给他打着三次电话了，他一直不接。

（7）*老师批评着他一回。

（8）*老王瞪着我一眼。

例（6）中的“三次”、例（7）中的“一回”、例（8）中的“一眼”均为有界性成分，表明动作行为的数量特征。因此，例（6）～例（8）均不合法，将持续体标记“着”改为完成体标记“了”后，句子可接受度大大提高。

第三，“V 着”结构不能和数量补语共现。

（9）a. *他写着两封信。

b. 他写了两封信。

c. 他写两封信。

例（9）中,“两封”表示动作行为对象“信”的数量，具有有界性，但“写着”表示动作行为的持续，本身是无界的。两者语义上相矛盾，因此不能共现。

第四，“V 着”结构不能和结果补语共现。

（10）a. *他吃完着一条鱼。

b. 他吃完了一条鱼。

c. 他吃完一条鱼。

例（10）中，“完”为结果补语，表示动作行为的结果，具有有界性，而“着”具有无界性。两者语义上相矛盾，因此不能共现。再如：

（11）*她拉亮着电灯，走了进来。

（12）*我在办公室找到着王老师。

（13）*他哭红着眼睛。

例（11）中的“亮”、例（12）中的“到”、例（13）中的“红”均为有界性成分，表明动作行为的结果。因此，例（11）～例（13）均不合法，将持续体标记“着”改为完成体标记“了”后，句子可接受度大大提高。

第五，“V 着”结构不能和趋向补语共现。

（14）a. *他买回来着一本书。

b. 他买回来了一本书。

c. 他买回来一本书。

例（14）中，“回来”为趋向补语，表示动作行为的趋向，具有有界性，而“着”具有无界性。两者语义上相矛盾，因此不能共现。再如：

（15）*他从办公室走着出去。

（16）*我从地上跳着起来。

（17）*她把书从包里拿着出来。

例（15）中的“出来”、例（16）中的“起来”、例（17）中的“出来”均为有界性成分，表明动作行为的趋向。因此，例（15）～例（17）均不合法，将持续体标记“着”改为完成体标记“了”后，句子可接受度大大提高。

第六，“V 着”结构不能和程度补语共现。

（18）* 雨下着很大，出门须带伞。

（19）* 我们踢球踢着高兴极了。

例（18）中，“下着”强调动作行为“下”的持续，本身是无界的。而“很大”则侧重说明动作行为“下”达到了“很大，……须带伞”的程度，给动作行为“下”赋予了有界性的语义特征，因此句子可接受度低。例（19）中，“踢着”表示动作行为的持续，本身是无界的；“高兴极了”本身是有界的，表示动作行为主体的情绪达到的程度。两者语义上相矛盾，因此不能共现。

第七，“V 着”结构不能和情态补语共现。

（20）* 他学着那样专心，连我进去都不知道。

（21）* 他们放的录音吵着我都睡不着。

例（20）中，“那样专心”表示“学”的情态。例（21）中，“我都睡不着”表示“吵”的情态。两者均具有有界性的语义特征，因此句子均不合法。

综上所述，“V 着”结构本身表示均质的持续义，且具有无界性的语义特征，因此不能跟具有内在自然终止点和有界性语义特征的各类补语成分共现。然而，将非完整体标记“着”替换为完整体标记“了”后，例（1）～例（17）中不合法的句子均合法，一方面恰好佐证了“着”[-完整] 的语义特征，另一方面说明，在教学中应着重解释助词“着”[-完整] 的语义特征，并与学习者母语中的非完整体标记进行深入对比、辨析。

42. 为什么不能说“他在宿舍打着十分钟电话”？

戴耀晶（1991）指出助词“着”具有非完整性的语义特征，主要着眼于事件内部的观察。“着”的非完整性表现在它是对时间进程中的事件起始与终结之间持续情况的观察。“着”关注的仅仅是一个事件的持续部分，对事件的其他部分（如起始和终结）并不关心。而时量补语、结果补语等使句子表达的事件带上了完整的意义，与“着”的非完整义相矛盾，由此这类成分与“着”不能共现。然而，汉语助词“着”为非强制性使用的体标记，具有非完整性的语义特征的助词“着”能否与表完整义的时量补语和结果补语共现，还要看动词自身的语义类型以及上下文语境。

首先，当动词主要描述状态义时，时量补语可以与“着”共现。

（1）在狱中，党的负责人就义时“活着一分钟就要与敌人斗争一分钟”的话激励着他，他对敌人坚贞不屈、对党的事业无限忠诚的精神将永远鼓舞人们。

（2）她足足瞪着这幅世界名画一分钟。“没想到你偏好搜集复制画。”她清了清喉咙。

例（1）中，根据上下文语境可知，“活着”表示动作状态的持续，“一分钟”为时量补语，但它并非实指，而是虚指，指的是“活着的每一分钟”。此外，本句运用了对举结构“活着一分钟就要斗争一分钟”来凸显、强调“活着”的状态持续义。例（2）中，根据上下文语境可知，“瞪着”表示动作状态的持续，“一分钟”为时量补语，指的是“瞪着”这一状态持续的时间为一分钟。

其次，当动词表示强状态性时，结果补语可以与“着”共现。

（3）龙、天二人跑至屋前，发现娘亲并没在屋前等他们回来，而大门却打开着……

例（3）中，“打开”的动作性减弱，状态性增强，“打开着”表示动作结束后遗留的状态，即“大门打开的状态”的静态持续。“打开着”侧重于对状态的持续进行静态描写，而非动态陈述。

（4）再看，架上的书扔得满地都是，书桌的抽屉一个一个都打开着。

例（4）中，最后一分句的主语为“书桌的抽屉”，状语“一个一个”“都”表明存在复数性主语，“打开着”主要表示动作结束后遗留的状态，表示静态的持续。整个句子的各个部分在语义上均能兼容，因此例（4）合法。

（5）当前日本人民进行的斗争，正在不断打开着美日反动派的防线的缺口。

例（5）中，进行体标记“正在”与表持续发生的副词“不断”指明“打开着”主要表示动作的进行，而非状态的持续。这与上述分析并不矛盾，因为“打开着”的动态持续义主要指向副词性状语“不断”，以及复数性主语“日本人民进行的斗争”。正是因为复数性主语和副词性状语均包含重复义，所以“打开着”偏向于“多个事物的动作的不断进行”。

综上所述，助词“着”能否与具有完整性语义特征的时量补语、结果补语共现，跟动词的语义类型及上下文语境密切相关。句中各个成分及上下文语境能够平衡、调和助词“着”非完整性语义特征与动词情状类型之间的矛盾。

43. 为什么可以说“看着”，不能说“看见着”？

持续动词“看”能够与助词“着”共现，完结动词“看见”不能与“着”共现。因为完结动词往往包含一个内在的自然终止点，这与“着”的持续义及非完整性相矛盾。

（1）*老李伸直着他的胳膊。

（2）*他们现在回去着。

（3）*他赢着比赛。

例（1）中，“伸直”为述补式动词，表示结果义；例（2）中，“回去”为述补式动词，表示趋向义；例（3）中，“赢”为达成动词。从意思上看，“伸直”“回去”“赢”均包含一个内在的自然终止点，与“着”的持续义相矛盾，因此三个句子均不合法。

然而，不同语言对动词情状类型的认定不同，对体范畴的划分也有所不同。这主要取决于不同语言的体特征偏好。比如，汉语持续体标记的典型特征为持续性、非完整性，因此具有完整性的动词（如完结动词、达成动词）、表非持续的动词（如瞬间动词、心理动词、关系动词）均不能与“着”共现。但在有些语言中，完结动词、达成动词、瞬间动词、心理动词、关系动词同样可以表示持续，指的是动作结束后遗留状态的持续。

因此，助词“着”的教学不仅要结合动词语义类型开展，而且要确保留学生准确理解汉语助词“着”［+持续］［-完整］的语义特征，还要在汉外对比分析的基础上，了解学习者母语和汉语中的体标记在语法意义上的联系和区别。

44. 为什么不能说“值得着你们的努力”?

郭锐（1997）从过程和非过程的角度，将动词分为静态动词、动态动词。静态动词包括关系动词、心理动词等。动态动词包括动作动词和变化动词。动作动词又包括“动作–状态”复合义动词、瞬间动词、持续动词等。变化动词又包括完结动词、动作结果动词等。其中，静态动词不具有内在的时间过程，因此也不能加上“着”来表示持续。

“值得着你们的努力”不合法，应改为“值得你们的努力”。因为“值得”为关系动词（又称“非动作动词”），不表示具体的动作行为，也不与时间流逝发生关系，所以“值得”不能带动态助词“着”。

关系动词指的是既不表示动作行为，也不表示状态变化的动词，如“是、有、属于、能够、姓、像”等。关系动词大多不能带“了、着、过”等助词，也不能带动量补语、时量补语、结果补语、趋向补语等，因为它们并不表示具体的动作行为，也不表示状态变化。

（1）*我是着英国人。

（2）*我姓着赵。

（3）*你像着你的父亲。

例（1）应改为“我是英国人”，关系动词“是”表示“我”属于“英国人”这一群体。例（2）应改为“我姓赵”，关系动词“姓”表示“我”属于“赵氏”这一群体。例（3）应改为“你像你的父亲”，关系动词“像”表示“你”跟“你的父亲”在容貌上相像。例（1）～例（3）中的关系动词均不表示具体的动作、行为或状态，而是在句法平面上表示某种领属或依存关系，因此不能与动态助词“着”共现。

45. 为什么不能说“她喜欢穿着衬衫和蓝色裙子”？

心理动词、变化动词本身既不表示动作的进行，也不表示状态的持续，因此一般不能与“着”共现。不过，添加完句成分后，心理动词、变化动词等可以有条件地跟动态助词“着”共现。

首先，心理动词能够有条件地跟动态助词“着”共现。能够与“着”共现的心理动词有“想念、想、爱、热爱、讨厌、担心、关心、恨、考虑、盼、盼望、忍、忍受、忍耐、思考、注意”等。

（1）a. *她喜欢穿着衬衫和蓝色裙子。

b. 她喜欢穿着衬衫和蓝色裙子去学校。

（2）a. *这种情况下，没人愿意扛着行李。

b. 这种情况下，没人愿意扛着行李爬山。

心理动词具有静态性，跟其他动词相比，动作性不强。例（1）和例（2）的a句中，“喜欢”“愿意”表示心理活动，与“穿着”“扛着”的持续义相冲突。例（1）和例（2）的b句中，“穿着”“扛着”不再表示动作行为的持续，而是表示伴随的状态或方式，句子的可接受度大大提高。

其次，变化动词可以有条件地跟动态助词“着”共现。

（3）a. *藏羚羊消失着。

b. 藏羚羊在这片土地上慢慢地消失着。

（4）a. *捕鱼的船离开着陆地。

b. 一艘艘捕鱼的船离开着陆地。

例（3）的a句中，“消失”为完结动词，其内部时间过程为非均质的，因此较难与表均质持续义的“着”共现。例（3）的b句中，添加处所状语及形容词性修饰语后，“消失”这一过程的持续受到了限定，因此句子合法。例（4）的a句中，“离开”为完结动词，同样无法与表持续义的“着”共现。

例（4）的b句中，添加数量词语做定语，限定了“离开”这一过程的持续时长，因此句子合法。

46. 为什么不能说“妹妹丢失着钱包”？

瞬间动词不能与持续体标记“着”共现，因为其无法表达时间上的持续。如例（1）～例（4）的a句中，“关、咳嗽”为瞬间动作动词，而“打破、爆炸”为瞬间结果动词，均不能与“着”共现。这类动词还有“死、来、去、跳、踢、拍、买、借、娶、嫁、开始、发生、结束、点头、离开、到达、接受、成为、加入”等。

“妹妹丢失着钱包”不合法，要改为“妹妹丢失了钱包”。因为助词“着”为持续体标记，表示动作行为或状态的持续，而动词“丢失”为瞬间动词。若将持续体标记“着”替换为完成体标记“了”，则整个句子表示动作行为“丢失”瞬间发生、瞬间完成，可接受度大大提高。

瞬间动词若要与持续体标记“着”共现，则必须通过添加修饰性成分，赋予瞬间动词持续义、重复义。

（1）a. *他关着灯。

　　b. 他轻轻地关着灯。

（2）a. *他咳嗽着。

　　b. 他咳嗽着呢。

（3）a. *姚明打破着记录。

　　b. 姚明打破着一个又一个世界纪录。

（4）a. *山上的炸弹爆炸着。

　　b. 山上的炸弹一个接一个地爆炸着。

例（1）的b句中，“轻轻地”为修饰性状语，从情态的角度描写“关着灯”的力度及持续时间。例（2）的b句中，“呢”强调动作行为正在进行并延续下去，从时间的角度限定“咳嗽着”的持续时长。例（3）的b句中，“一个又一个”为定语，从数量的角度描写“打破着”的反复程度。例（4）的 b 句中，“一个接一个”为限制性状语，从数量的角度限定“爆炸着”的程度及持续时间。

47. 为什么不能说“老余进着屋子，发现屋子里没有人”？

汉语助词“着”的语义特点是持续性，反映的是事件过程的连续性。“着”指明句子所表达的事件正处在连续不断的过程之中，具有时间上的延续性。瞬间动词则具有非持续性的语义特征，表现在时间上就是一个封闭状的点，起始与终结“重合”在一起，缺乏过程，具有单维的特点。因此，“着”与瞬间动词在语义上是不相容的，两者一般不能在句子里共现。

（1）*老余进着屋子，发现屋子里没有人。

（2）老余进了屋子，发现屋子里没有人。

例（1）中，动词“进”表示“进入身体外部的某一空间”。从认知心理的角度来看，“进”为瞬间动词，动作行为的开始即意味着动作行为的结束，主体触及客体的那一刹那，动作行为“进”就完成了起始到终结的全过程。由于动作在一瞬间完成，在时间轴上不具有延续性，因此“进”无法跟表动作或状态持续的助词“着”共现。因此，例（1）不合法。

例（2）中，动词“进”仍然表示“进入身体外部的某一空间”，仍为瞬间动词，在时间上具有一个内在的终止点，动态助词“了”表示动作行为的完成。在时间轴上，“进了屋子”跟“发现屋子里没有人”为前后接续的两个动态事件，两者在语义上并不互相排斥，因此例（2）合法。

然而，我们检索 BCC 语料库发现，存在瞬间动词“进”与助词“着”共现的情况。

（3）夫妻俩愉快地进着他们的温馨周末晚餐。

（4）第二天拂晓，草原上寒风刺骨，战士们围着火堆紧张地进着早餐。

（5）她们在默默地进着晚餐。

例（3）中，动词“进”表示“进入身体内部的某一空间”。从认知心理的角度来看，作为客体的“晚餐”进入作为主体的“夫妻俩”的身体内部空间的过程需要耗费一定的时间、占据一定的空间。也就是说，受上下文语境、主客体的影响，瞬间动词“进”具有了一定的持续义。客体“晚餐”触及主体“夫妻俩”的那一刹那，动作行为“进”开始，并持续一段时间，直到整个“晚餐”全部结束，动作行为“进”才会结束。因此，在这里，动作行为“进”的开始并不意味着动作行为的结束。动词“进”并不能简单地被看作瞬间动词。此外，例（3）中，状语成分“愉快地”、定语成分“温馨”都从情状的角度强调了动作事件“进着晚餐”这一过程的持续性。

例（4）中，连动句的前一动作为“围着”，表状态的持续，表示伴随后一动作“进着早餐”的方式。复数性主语“战士们”、状语成分“紧张地”都从情状的角度强调了动作事件“进着早餐”为重复性、持续性事件。例（5）中，进行体标记“在”、状语成分“默默地”也都从情状的角度强调了动作事件“进着晚餐”的持续性和动态性。

“醒”“死”为典型的瞬间动词。然而，我们检索语料库发现“醒”“死”也可以有条件地与助词“着”共现。

（6）维尔福从凳子上惊跳起来，一会儿又倒下去，默默地一动都不动。莫雷尔不知道自己是在做梦还是醒着。

（7）晚上，他们两个先是不肯睡觉，说要等我睡了他们才睡。后来，他们的脖子就支不住脑袋了。最后，倒是我自己醒着。

例（6）中，谓语中心语“不知道”表明充当宾语的小句为虚拟事件而非真实事件，进行体标记“在”表明宾语小句主要表示进行义。其中“做梦”“醒着”均表示状态的持续，而非动作行为的进行。例（7）中，“醒着”仍然表示状态的持续，整个“醒着”的状态从“他们不肯睡觉”开始，经历“他们支不住脑袋了”，并持续到说话时间。

（8）去年三月间发病卧床，又咳痰又咳血，看样子是差不多了。没想到他死着死着又活过来了……你说这是怎么回事？

（9）只要进了我父亲的工厂，都是活着进去，死着出来。

例（8）中，谓语动词“没想到”表明充当宾语的小句为虚拟事件而非真实事件。“死着死着”表示状态的持续，在时间轴上，“发病卧床”“咳痰”“咳血”到生命终结呈现为一个持续的过程。例（9）中，连动句的前一成分“死着”表示后一成分“出来”的伴随状态，与前一小句中的“活着”相对，表明状态的持续。

综上，瞬间动词能否与助词“着”共现主要还取决于主语是否具有复数性语义特征，以及状语成分、定语成分、宾语成分是否具有表达持续义的情状特点。这是因为，助词“着”的持续性不仅仅体现于动作行为的持续，而且体现于整个事件过程在时间性、空间性上的持续。从时间性的角度来看，动作或状态的持续不一定非要由动词来体现，状语成分、定语成分、宾语成分等在人的认知心理中均具有一定的时间性。从空间性的角度来看，动作或状态的持续也不一定非要由动词来体现，主语成分、宾语成分等在人的认知心理中均具有一定的空间性。由此观之，汉语助词“着”的持续义是由句子中各个成分共同赋予的，助词“着”刚好凸显了这种持续性的语义特征。

48. 为什么不能说“他正找着水喝”？

1.“正”与“V着”不能共现的情况

有些情况下“正”与“V着”不能共现，因为“着”是状态化标记，会消除动词的动态属性，帮助动词实现功能的转换，或使整个小句具有语用依存性，产生场景描述的意味，变成其前后小句的背景铺垫，而不再作为话语的核心表述成分。

（1）*他正找着水喝。

例（1）不合法。因为连动结构的前一动作行为“找着水”与后一动作行为“喝”在时间轴上是接续发生，而非同时发生，而且在时间轴上，前后两个动作行为彼此孤立，没有联系，无法被看作一个具体的时点，所以句子不合法。

（2）他正拿着水喝。

例（2）中，连动结构的前一动作行为“拿着水”为后一动作行为“喝”的伴随方式。在时间轴上，前后两个动作行为可以同时发生或互有重叠，可以被看作一个具体的时点。因此，句子合法。

另外，“正”不涉及事件的内在时间结构，所以与表延续、重复和频度的副词不相容。

（3）*他大吃一惊，心想自己怎么连白雪也认不出来了。现在仔细一看觉得她是有点像白雪。而且她正仍然穿着那件红衣服，只是颜色不再鲜红，而成了暗红。

例（3）中，时间副词“仍然”表示延续，说明“穿着那件红衣服”这一事件在时间轴上存在一个延续性的跨度，而这与表时点位置的时间副词“正”在语义上不相容，因此“仍然V着”结构不能与“正”共现。

（4）*她今天思绪汹涌，正不停想着一些有关自己的事。但这是很正常的，毕竟她已经十五岁了……

例（4）中，时间副词“不停”表示重复，说明“想事情”这一事件在时间轴上重复出现，而这与表具体时点位置的时间副词“正”在语义上矛盾，因此“不停V着”结构不能与“正”共现。

（5）*这个夏天，我忽然觉得有说不出的高兴，工作之中，正常常忍不住微笑，口里常常吹着短歌。

例（5）中，时间副词“常常”表示频度，说明“忍不住微笑”这一事件在时间轴上高频出现，而这同样与表具体时点位置的时间副词“正”在语义上矛盾，因此“常常V着”结构不能与“正”共现。

此外，“正”表达的是与时间参照点的精准匹配，而已然、经历、未然以及时间参照点前后都体现的是非精准匹配，“正”与由这些成分修饰的“V着”同样不能共现。

（6）*我心中的画廊里，正已经挂着维也纳三月和五月两幅春天的图画。

（7）*他正曾经扛着这台机器到处跑，寻求资助，但是有钱的人说，我要知道平方根干什么？

（8）*我的驭马站在泉水淙淙的伊达山下，正将要拉着我越过坚实的陆地。

（9）*我想念过去同我一起散步的人，在绿草如茵的时节，她正常常弯着身子，或者坐在地上拔除杂草，正午饭前后她有时逗着包弟玩。

例（6）中的时间副词“已经”表示已然，例（7）中的时间副词“曾经”表示经历，例（8）中的时间副词“将要”表示“未然、将要”，例（9）中的时间短语“午饭前后”表示估量，这些都不能与时点标记“正”的精确性、瞬时性相匹配，因此由它们修饰的“V着”也都不能与时间副词“正”共现。

最后，除了受动词的内在时间性、时间副词的语义指向影响以外，语篇的时间性也会影响“正”与“V着”的共现。

（10）*1998年，大学毕业的肖勇放弃了安逸的“铁饭碗”，正怀揣着1000元和创业的梦想来到了北京。

例（10）中，时间词语为“1998年”，分句中的谓语中心语“放弃了”表明整个事件属于已然事件，已然事件不能体现与时间参照点的精确匹配，因此在此语境下，“怀揣着”不能与“正”共现。

2.“正”与“V着”可以共现的情况

“正”属于时域，着重指时间，强调时间意义（倪立民，1980；郭志良，1991；郭风岚，1998；杨平，2000；欧阳晓芳，2020）。潘文娱（1980）指出，作为时间副词，“正”是一种时点概念。“正”加在动词之前，表示动作行为“恰好”发生于某一时间点。欧阳晓芳（2020）指出，“正”是对事件进行精准时间定位的相对时标记，“正”的功能是相对时间定位，需要有时间参照点与之共现。

“正”侧重于动作进行所发生的时间，“正”要求其所修饰的动作过程是一个时点，或者被看作一个时点。当“V着”结构所表示的进行的动作或持续的状态能够对应于一个具体的、精确的时点时，“正”与“V着”可以共现。“正”是从事件外部来看它与时间参照点之间的相对位置。

（11）只有一次，医生没有走着回家，而是骑着一辆医院的自行车出现在那条路上。那时我正提着满满一篮青草往家中走去。

（12）孩子说：“现在正下着一场雨。”祖母听后打了一个响亮的嗝。

（13）那天下午我们找到了刘小青，他正扛着一个拖把满头大汗地往河边跑去。

例（11）中，“正提着青草”这一事件发生的时刻与外在时间参照点“那时”恰好对应。例（12）中,“正下着雨”这一事件发生的时刻与外在时间参照点“现在”这一说话时刻恰好对应。例（13）中，前一分句中，“那天下午”为表时段的时间词语，“找到刘小青”这一事件可看作一个具体的时点；后一分句中，“扛着拖把跑去”为连动结构，前一事件“扛着拖把”与后一事件“跑去”同时发生，整个结构既可以表示连续的时段，也可以表示离散的时点。因此“正”与“V 着”结构可以同现。

49. 为什么不能说“昨天上午，我一直正等着你”？

“正 V”具有时点性，而“V 着”具有时段性。（详见第 10 小节）

（1）a. *昨天上午，我一直正等着你。

b. 昨天上午，我一直等着你。

例（1）的 a 句不合法。因为“昨天上午”为表时段的时间短语，“一直”为表延续的时间副词，两者跟表时点的时间副词“正”发生冲突。若将表时点的时间副词“正”删除，整个句子的可接受度有所提高。

那什么情况下可以用“正 V 着”结构呢？首先，上下文语境中蕴含的时间必须是时点，而不能是时段。

（2）父亲走了不远又回过头来看她们，发现她们正看着自己，他就走得越发潇洒了。

例（2）中，时间参照点“父亲回过头来看她们”具有时点性，与“她们正看着自己”在时间上相合，表示两个时间事件恰巧在某一时点共现。“父亲看她们，恰巧发现她们看自己”，这种巧合引出了下文的“他就走得越发潇洒了”。

（3）他走到街上，迎面碰上了警察，我当时正陪着他。一秒钟的工夫，我们便被围住了。

例（3）中，时间参照点“当时”指的就是“迎面碰上警察”那一刻，与“正陪着他”相呼应，表示两个时间事件恰巧在某一时点共现。前后两事相合，互相照应，旨在引出下文。“碰上警察，我当时正陪着他”，这种巧合导致了下文的“我们便被围住了”。

如果不用时间副词“正”，那么两个时间事件“不早不晚、不前不后、刚刚好”的意味就会减少很多。句子虽然仍然合法，但无法完整凸显作者的意图，如例（4）和例（5）。

（4）?父亲走了不远又回过头来看她们，发现她们看着自己，他就走得越发潇洒了。

（5）?他走到街上，迎面碰上了警察，我当时陪着他。一秒钟的工夫，我们便被围住了。

其次，“正V着”结构重在表示时间事件“凑巧、恰巧、正好”发生，由多个时间事件串起叙事脉络，并引出下文来进一步阐释、说明这种“凑巧、恰巧、正好”的反预期性。

（6）最后我去了陈力庆的家，陈力庆正拍着桌子在和他父亲吵架，我的脚都没有跨进陈力庆的家门，我不愿意把自己卷进别人的争吵之中，尤其是父子之间的争吵。

（7）他父亲和母亲正吃着晚饭，看见他进来，都惊喜道：“你怎么今天就回来了？”

例（6）中，“去了陈力庆的家”和“陈力庆正和他父亲吵架”两个时间事件恰巧在同一时点共现。这种巧合导致了下文中的“不愿意卷进争吵”，说明了“我”为何“脚没有跨进陈力庆的家门”。例（7）中，“正吃着晚饭”和“他进来”恰好同时发生，这种巧合引出了“父母亲的惊喜”。

综上所述，“正V着”具有时点性，旨在说明前一事件为后一事件提供时间参照。同时通过强调两事相合，说明事情发展超出预期。这种“超出预期、不合常理”的叙事逻辑通常旨在为下文的陈述做铺垫。

50. 为什么不能说“我们常常在路上唱着歌”？

杨荣祥、李少华（2014）指出，汉语时间副词可以表示动作行为、状态变化、事件发生与参照时间（包括说话时间和指定的参照时间）的相对关系或动作行为、状态变化、事件发生所涉时间跨度的大小；助词“着、了、过”也可以表示动作行为、状态变化或事件发生在时间过程中所处的状态。时间副词、体助词两者均具有一定的时间性，因此两者共现必然会有所限制。

时间副词“常常”强调一种规律或惯常行为，而不是一种具体的动作行为。通过在BCC语料库中检索“常常 + V着”格式，我们发现能够出现在该格式中的高频动词为“看、带、望、拿、睡、坐、对、拖、穿、抱”等。这些高频动词与人的动作行为紧密相关，并且均为持续性动词。这说明，“常常 + V着”格式主要用来说明日常生活中的高频事件、规律事件、惯常事件，而“V着”格式仅仅表示具体的动作或状态的持续。

从构式语法的角度来看，“常常 + V着”可以看作一个独立的构式。其中，时间副词“常常”侧重于强调规律或惯常行为，说明某一特定的规律或习惯出现频率稳定，不容易被改变，且符合人们的主观预期。

（1）*我们常常在路上唱着歌。

例（1）可接受度低，因为“在路上唱着歌”并非一种规律或惯常行为，而是在某一特定现实时间开展的某一具体动作。如果删去“常常”，变为“我们在路上唱着歌”，主要强调动作的持续，跟规律或惯常行为无关，整个句子的可接受度会大大提高。

（2）每一年的元旦，我们常常在学校大礼堂里唱着歌，迎接新年的到来。

如果一定要用“常常”，那就需要突出该事件在认知心理上具有规律性或惯常性。例（2）中，“在学校大礼堂举办元旦迎新晚会”属于规律或惯常行为，在认知心理上也具有惯常性。因此，例（2）的可接受度相比例（1）大大提高。

通过给动词添加状语、复杂宾语以及说明动作的目的、原因等可以凸显高频事件的特殊性，如“常常怎么样地 V 着”“常常 V 着什么样的 N”“常常 V_1 着 N + V_2”，使得“常常 +V 着”格式成立。

（3）我看不到她笑，她常常一个人坐着，一坐就是半天。

例（3）中，“一个人”为状语，修饰动词“坐着”，说明“一个人坐着”已经成为她的一种固定的习惯。如果删去“一个人”，变为“她常常坐着”，句法上没有问题，但语义上较为突兀，因为“坐着”仅表示状态的持续，在主观预期上不能构成一个特定的高频现象。

（4）帕丽常常看着父亲的旧照，特别是看着照片上父亲的脸，一直以来都存在的那种感觉在帕丽心头再度升起。

例（4）中，偏正短语“父亲的旧照”充当宾语成分，说明“看着父亲的旧照”已经成为一种规律或习惯，因为“看着照片”是普通且平常的具体动作行为，而“父亲的旧照”对她来说蕴含着特别的意味，往往在特定的日子或时刻才会拿出来缅怀。如果删去“父亲的旧照”，改为“照片”，句法上没有问题，但语义却较为突兀，因为“看着照片”仅表示动作的持续，在主观心理预期上不能构成一个特定的高频现象。

（5）她喜欢打“克里盖”球，常常拿着一支棒，在草地上奔来奔去，输了便又跳又叫，骂同学。

例（5）中，“喜欢打球”属于一种规律或习惯，“常常拿着一支棒”处于前后接续的完整事件的中段，“奔来奔去”“又跳又叫”“骂同学”共同说明“拿着棒怎么样”。尽管“拿着”前没有其他状语成分，宾语“一支棒”也不复杂，但整个句子仍有较高的可接受度，整个事件仍然可以构成一个特定的高频现象。

（6）我很想帮着做点什么，但总是插不上手。于是，我常常拿着猎枪在附近的林子里东瞄瞄，西望望，想吃野味的欲望很强烈。

例（6）中，“常常拿着猎枪”处于连动结构的前段，后接动词性成分“东瞄瞄，西望望”来说明“常常拿着猎枪怎么样”，整个阶段可以构成一个特定的高频现象。

从构式语法的角度来看，“常常 + V 着”格式是一种独立的句法结构，有其特定的句法语义要求，在教学中务必要从句法、语义、语用的角度讲清说透，有效提高教学及学习效率。

通过对“常常 + V 着”格式的分析，我们注意到，以往对外汉语教学较为注重单句句型的操练，存在凸显句法结构、忽视语义环境的倾向，这可能导致学生理解了句法，但却没有准确掌握功能，学生能够说出一个一个准确的句子，但却难以进行成段的语篇表达。

留学生对“常常”的用法并不陌生，对“V 着”的用法也并不陌生，但将“常常 + V 着”格式连用时就容易出错，原因就在于“常常 + V 着”格式并非“常常”和“V 着”用法的直接相加。将“常常 +V 着”的构式义表述为“某种规律或惯常事件的进行或持续”，留学生多半不能理解。记住“常常 + V 着”结构很容易，难的是掌握“常常 + V 着”结构的用法及功能。

因此，教师必须立足于句法结构，从提问入手，将学生的注意力引向“常常怎么样地 V 着”“常常 V 着什么样的 N”“常常（怎么样地）V_1 着 V_2”等，通过句法操练，帮助学生真正意义上地掌握“常常 + V 着”格式的构式义和具体用法。

51. 为什么不能说“他们聊着中国菜了”？

“他们聊着中国菜了”这句话不合法，因为助词“着”为持续体标记，具有非完整性，一般情况下不能与完成体标记“了”共现。删除“了”可以提高该句子的可接受度，即“他们聊着中国菜”[①]；也可以通过添加状语成分，来提高整个句子的可接受度，如“他们已经聊着中国菜了”等。

在“状语 + V 着 N 了”结构中，助词“着”与“了”并非在同一层面上。助词“着”主要表示状态的持续，而非动作的进行；助词“了”与句中其他成分

① “他们聊着中国菜”仍然具有无界性的语义特征。在具体的言语交际过程中，这仍不能算是一个自足性强的句子。

共同指明持续的状态在意愿上、时间上、频次上存在一个变化的临界点。整个结构的语义特征为“处于变化临界点的某种状态”。

“V着N了”结构主要做谓语，经常被否定副词、能愿动词、时间副词、重复副词、程度副词等修饰。

（1）好，我天天跟你们去，反正我也不想待在家里，每天对着电脑了。

（2）快出快出，让我沸腾一下，等开学回学校就不能守着电视了啊。

（3）做事情从来都是后知后觉，我真的不该天天对着电脑了。

例（1）中，“对着”为谓语中心语，表示状态的持续。句末助词“了”与状语“不想”“每天”相呼应，表示对于“对着电脑”这种状态的持续产生了主观上的否定态度，说话者在主观意愿上出现了一个临界点，状态持续到一定阶段，整个事件即将发生变化。例（2）和例（3）中，“守着电视”“对着电脑”表示状态的持续，“不能……了”“不该……了”通过强弱不同的否定，表明状态事件即将产生变化。如果将“了”删去，整个句子主要表示对状态持续的否定。

（4）他们已经知道我要回来，因为先行的人三天前就派出，他们应该得着音信了！

例（4）中，“得着音信”表示状态的持续，句末助词“了”与能愿动词“应该”相呼应，表示对于“得着音信”这一持续事件在意愿上的肯定态度。

（5）这时，太阳已经挨着山了。

（6）她不是抱独身主义吗？大概是觉得不好意思再闭着嘴了。

例（5）中，“挨着山”表示状态的持续，时间副词“已经”与句末助词“了”相呼应，表明这种状态已经出现并将持续下去。例（6）中，“闭着嘴”表示状态的持续，否定词“不好意思”与时间副词“再”连用，跟句末助词“了”相呼应，表明不再持续这种状态。

（7）他最爱和人吵架，我们常常被他挖苦得没有办法。今天也算遇着对手了。

例（7）中“遇着对手”表示状态的持续，重复副词“也”与句末助词“了”相呼应，表明“吵架遇到对手”这种状态从无到有。

综上所述，助词“着”与“了”并不在同一个层面上，“着”主要修饰谓语动词，而“了”则主要通过与否定副词、能愿动词、时间副词、重复副词、程度副词等状语成分以及上下文语境配合，来赋予整个句子变化义。

在对外汉语教学中，教师要单独讲解“状语 + V 着 N 了”结构，不仅要列出能够出现在该结构中的动词，而且要列出能够出现在该结构中的副词，同时要讲明该结构的句法语义特征。

52. 为什么不能说“他可以写着一手好字”？

现代汉语持续体标记“着”与情态成分之间存在着共现限制关系。

受动词情状类型影响，助词“着”具有动态 / 静态二重性。戴耀晶（1997）认为动态和静态是事件的存在方式，动态反映变化，静态不反映变化。

典型的动态动词有“听、说、读、写、看、问、答、叫、学习、画、买、卖、走路、跑、逛、洗、打扫、收拾、唱、玩、吃饭、喝水、哭、笑”等，典型的静态动词有“爱、关心、想、想念、等、存在”等。此外，还有一类“动作–状态”复合义动词，如“坐、站、睡、穿、戴、挂、摆、放、贴、插、装”等。

动态动词与“着”连用，表示动作的持续；静态动词与“着”连用，表示状态的持续；受上下文语境影响，“动作–状态”复合义动词与“着”连用，既可表动作的持续，又可表状态的持续。

彭利贞（2007）考察能愿动词与“V 着”共现的相互作用机制后指出，情态是说话人对命题的真值或事件的现实性状态表达的主观态度。现代汉语情态动词可分为动力情态、道义情态和认识情态三类。动力情态和道义情态合称为非认识情态，表示“对句子施加某种动力以促成事件的改变”；认识情态表示“说话人对命题为真的可能性与必然性的看法或态度”（彭利贞、刘翼斌，2008）。

彭利贞、刘翼斌（2007）进一步指出，表静态持续义的助词“着”往往跟表认识情态的能愿动词（如“可能、能、应该、会、一定”等）共现，而表动态持续义的助词“着”往往跟表道义情态（如“可以、能、应该、必须、得”等）、动力情态（如“能、会、可以、想、愿意、要、肯、敢”等）的能愿动词共现。

（1）*他可以写着一手好字。

例（1）这句话不合法。“写”为动作动词，“写着”表示动作行为的持续，其内部是均质的、不变的，而“一手好字”却具有一定的程度义，其内部是非均质的、变化的，两者在语义上不兼容。

（2）他可以写一手好字。

例（2）中，删去“着”后，句子的可接受度大大提高。其中，“一手好字”具有描述性，客观描述了他的书法水平，能愿动词“可以”表示说话人认为事件成真具有可能性及必然性。整句不表示具体的动作行为，而表示一种价值判断。

（3）他可以写着字跳舞。

例（3）中，删去定语“一手”“好”，添加谓语动词“跳舞”后，句子的可接受度大大提高。因为“写着字跳舞”需要一定的技巧和水平，一般的舞者很难做到兼顾“写字、跳舞”，只有书法技艺高超、舞蹈功底深厚的专业人士才能完成。其中，能愿动词“可以”表示说话人认为“他”具备使事件成真的“能力、许可”。

接下来，我们以“S + 应该 / 要 / 可以 + V 着 + O”句式为例，进一步来说明助词“着”与情态动词的相互作用机制。

在“S + 应该 + V 着 + O”结构中，能愿动词“应该”既可以表示认识情态，又可以表示道义情态。能够进入该结构的动词大多为包含动态 / 静态二重语义特征的持续动词。

（4）我比你们都小，你们应该让着我。

（5）冬天不应该只穿一件单衣出门，而应该穿着厚外套保暖，免得感冒。

例（4）中，“让着我”表示的是动作的持续，整个句子表示说话人认为听话人对“让着我”这一事件成真具备一定的“义务”。例（5）中，“穿着厚外套”表示的是状态的持续。整个句子表示说话人对“应该穿着厚外套保暖”这一观点成真的推断。相比之下,“应该让着我”表达了说话者对事件成真的肯定态度,“应该穿着厚外套保暖”则仅仅是一种看法、一种提议。

在“S+要+V着+O”结构中，能愿动词“要”表示动力情态。

(6) 不管是生是死，都要跟着我，一生一世也不分离。

(7) 我没给他打倒，我不能躺着见他，我要站着见他！

例(6)中，“跟着”表示动作行为的持续，整个句子表示说话人认为“要跟着我”这一事件成真具有必要性。例(7)中，“站着”表示状态的持续，整个句子表示说话人认为“要站着见他”这一状态成真具有必然性。

在“S+可以+V着+O”结构中，能愿动词“可以”表示动力情态。

(8) 爱米今天中午不睡觉了，你可以带着她。

(9) 那家饭店里有一个鳟鱼池，在那里你可以坐着眺望公园景色。

例(8)中,“带着”表示动作的持续，整个句子表示说话人具备使“带着她”这一事件成真的能力或条件。例(9)中，“坐着”表示状态的持续，整句表示说话人推断“坐着眺望公园景色”这一事件具备成真的可能性。

53.“V着”存现句和“有”字句、“是”字句一样吗?

“桌子上放着一本书”“桌子上有一本书”“桌子上是一本书”三个句子[①]都是存现句，表示某处存在某物，但侧重点各有不同。从句法结构来看，上述三个句子都符合“处所+VP+某物”的句法特征，最大的不同是谓语中心语。

其中，“V着”表示动作或状态的持续，“有/是”表示领有、确指。从语义上看，“桌子上放着一本书”强调某物以某种状态存在，“桌子上有一本书”列举某处存有某物，“桌子上是一本书”确认某处存有某物。在单句中，三者相互替换的可能性很高，几乎不影响句子的理解。

① 以下将三个句子的类型分别称为“V着”存现句、“有”字句、“是”字句。

当“V 着”存现句的语篇功能重在描写静态的空间环境时，“V 着”存现句可以替换为“有”字句、“是”字句，也不影响句子的理解，如例（1）。

（1）a. 蓄水池却是斜斜的土岸，草色青青。池里游着五颜六色的金鱼，岸边有高大的树，树下摆放着一些石桌石凳。

b. 蓄水池却是斜斜的土岸，草色青青。池里有五颜六色的金鱼，岸边有高大的树，树下有一些石桌石凳。

c. 蓄水池却是斜斜的土岸，草色青青。池里是五颜六色的金鱼，岸边有高大的树，树下是一些石桌石凳。

当“V 着”存现句的语篇功能重在叙述动态的事件进程时，“V 着”存现句一般不能替换为“有”字句、“是”字句。因为“V 着”存现句能够说明事件以何种状态发生并持续，以及在时间进程中该状态表示的过程，而“有”字句仅表示某处存在某物或者某处领有某物，“是”字句仅表示确认某处存在某物，均不能反映时间进程中事件发生的过程。

（2）a. 他在报道中写道：一天上午，博士邀见了我。我进去的时候，他手里拿着一支铅笔，正在各个城市之间画线，然后又用橡皮涂掉，把它们改成直线。

b. *他在报道中写道：一天上午，博士邀见了我。我进去的时候，他手里有一支铅笔，正在各个城市之间画线，然后又用橡皮涂掉，把它们改成直线。

c. *他在报道中写道：一天上午，博士邀见了我。我进去的时候，他手里是一支铅笔，正在各个城市之间画线，然后又用橡皮涂掉，把它们改成直线。

例（2）a 句中的“V 着”存现句不仅表存在，而且兼表时体等语法意义。从句子的时间性来看，“进去的时候”为参照时间，“拿着”“画线”“涂掉”“改成”为动作行为时间，并且“拿着”这一持续的动作行为与“画线”“涂掉”“改成”是同时进行的。其中“拿着”表示背景事件，而“画线”“涂掉”“改成”为顺次发生的前景事件。从句子的体意义来看，“拿着”贯穿了前后相续的多个事件的总过程，凸显了多个事件接续发生的多层次性。

（3）a. 房子顿时四分五裂，徽因被气浪抛了起来，怀里抱着小弟。她睁开了眼睛，却发现自己和孩子居然还好好的。

b. *房子顿时四分五裂，徽因被气浪抛了起来，怀里有小弟。她睁开了眼睛，却发现自己和孩子居然还好好的。

c. *房子顿时四分五裂，徽因被气浪抛了起来，怀里是小弟。她睁开了眼睛，却发现自己和孩子居然还好好的。

例（3）的a句中，谓语中心语“抱着”贯穿整个事件过程，与“四分五裂”“抛了起来”“睁开眼睛”“发现好好的”同时进行，展现的是并行的多个事件进程。如果将“V着”存现句拿掉，整个句子展现的是前后接续的单线事件进程，因而难以反映整个宏事件的完整状态。

从认知经验的角度来看，事件本身既可以是单线发生的，又可以是多头并进的。“V着”存现句能够通过描述处所、状态、事物将并行的多个事件进程贯穿起来，其中谓语中心语“V着”从时间性的角度展现多个事件的相互勾连，处所、事物则从空间性的角度展现空间环境、参与者角色的相互联系。“V着”存现句能够通过动态演示来描述某处存在某物，而“有”字句、“是”字句主要通过静态描写来展示某处存在某物。“有”字句、“是”字句仅与空间性有关，“V着”存现句则与空间性、时间性均有密切关系。

在连动句中，“V着”存现句和“有”字句的差异更加明显。

（4）a. 侍卫手里捧着个大包进来，放到桌子上就出去了。

b. *侍卫手里有个大包进来，放到桌子上就出去了。

c. *侍卫手里是个大包进来，放到桌子上就出去了。

例（4）的a句中，谓语动词“捧着”表示动作行为的持续，这一持续过程包含了谓语动词“进来”的整个过程，且与后一分句的谓语成分“放到桌子上”“出去”相接。b句和c句不合法，因为“有”字句、“是”字句主要表示某处领有某物、确指某处存在某物，而不能在事件进程中表示一种状态化的过程，不能描述处所、事物、状态在时间、空间中与前后事件的勾连，从而呈现出多头并进的事件过程。

综上，从语篇功能来看，“V着”存现句与“有”字句、“是”字句既有联系，又有区别。三者均可以对处所、事物的关系进行静态描写，但是“V 着”存现句还可以描述事件进程，通过“V 着”将并行或前后接续的多个事件勾连起来，动态展示处所、事物的关系。

54. 为什么不能说“天空中飞了一只老鹰”？

1. 静态存现句中“着、了”可以互换

受动词情状类型影响，“V 着”存现句可分为动态存现句（如“天空中飞着一只老鹰”）及静态存现句（如“墙上挂着一幅画”）。

范方莲（1963）首次探讨了存现句中动词后面“着”和“了”的互换现象，指出存现句中动词后面接“着”是基本形式，但动词后面接“了”基本上和“着”相当。“着”和“了”在存现句中的差别被存现动词中和了（刘宁生，1985；李临定，1986）。在静态存在句中，“着”和“了”可以互换，而且意义保持不变（宋玉柱，1988；聂文龙，1989；任鹰，2000）。如①：

（1）a. 墙上挂着一幅画。

b. 墙上挂了一幅画。

（2）a. 花瓶里插着一束玫瑰花。

b. 花瓶里插了一束玫瑰花。

（3）a. 书架上放着几本杂志。

b. 书架上放了几本杂志。

（4）a. 桌上摆着一盆花。

b. 桌上摆了一盆花。

（5）a. 黑板上写着一道题。

b. 黑板上写了一道题。

① 例句引自王葆华（2005）。

（6）a. 屋檐下站着一个人。

b. 屋檐下站了一个人。

（7）a. 床上躺着一位病人。

b. 床上躺了一位病人。

例（1）的a句中，助词“着”强调动作的持续，侧重于描写眼前状态，以及动作行为的存在、出现及变化，可理解为静态存现句；b句中，助词“了”强调动作的完成，着眼于情况变化的叙述，强调状态的持续，可理解为动态存现句。余类同。

动词“挂”的动静二重性是分化动态/静态存现句的核心要素。动词“挂”属于“动作–状态”复合义动词，“挂”既可以指从“开始挂”到“挂上”的动作的持续，也可以指从“挂上”到下一临界点的状态的持续。

汉语中，“挂”类动词包括“摆、绑、包、踩、藏、插、缠、盛、穿、存、戴、垫、堵、堆、放、盖、搁、挂、关、裹、混、记、夹、举、卷、开、扣、捆、晾、埋、埋葬、拿、捏、泡、铺、拴、松、锁、套、停、弯、压、腌、掩盖、咬、隐藏、长、抓、装”等49个词（郭锐，1993；帅志嵩，2016b）。

“挂”类动词本身包含动态（变化）和静态（状态）两个阶段（荒川清秀，1986）。如“穿”这个动词就有下面两个不同的阶段：“穿$_1$”——从开始穿到穿上衣服为止的阶段（变化），“穿$_2$”——维持穿上衣服以后那种状态的阶段（静态）。“穿$_1$”和“穿$_2$”是一个动词的两个不同阶段（帅志嵩，2020）。

（8）a. 脚上穿着一双皮鞋。

b. 脚上穿了一双皮鞋。

例（8）的a句中，“穿着”表示动作行为“穿”结束后的状态持续的阶段；b句中，“穿了”表示动作行为开始（开始穿）至发生变化（穿上）的阶段。在单句中，a句和b句可以相互替换，而且意义保持不变。

2. 动态存现句中“着、了”不能互换

动态存现句中，“着”侧重描写眼前的状态，“了”侧重叙述情况的变化，两

者不能互换。如[①]：

（9）a. 天空中飞着一只老鹰。

b. *天空中飞了一只老鹰。

（10）a. *这样，在薄膜上就出现着不同颜色的条纹。

b. 这样，在薄膜上就出现了不同颜色的条纹。

（11）a. *这儿来着区委会的陈书记。

b. 这儿来了区委会的陈书记。

例（9）的a句中，“着”强调动作的持续，“飞着”表示“飞”这一动作行为的持续，整句表示状态持续于某处。b句中，“了”强调动作的完成，“飞了”仅表示“飞”这一动作行为的完成，不表动作或状态的持续，与存现句句式义相矛盾。因此，“天空中飞了一只老鹰”不合法。余类同。

（12）a. *天空中飞过来着一只老鹰。

b. 天空中飞过来了一只老鹰。

（13）a. *墙上挂满着画。

b. 墙上挂满了画。

“V着”句是典型的存现句，“V了”句是非典型的存现句。“V着”结构受助词“着”的影响，主要表示动作或状态的持续，不表示完成。“V了”结构既可表示动作或状态的持续，也可以表示完成。“V着”存现句中，动词后不能出现补语；而“V了”存现句中，动词后可以出现补语。动态存现句中，动词具有位移的语义特征，指的是动作行为可以从一个点移动到另一个点。因此，动词后可以加趋向补语，如“过来、下来、起来”等，例（12）的b句中就是“过来”做趋向补语。

3.“V着”存现句和“V了”存现句的区别

从体标记的角度来看，“着”和“了”都是体标记，但“着”和“了”在存现句中体的意义存在差异。“V着”存现句表示持续视点体的意义，凸显事

---

① 例句引自段丹（2018）。

件的中间阶段或结果状态，是非完结性的；而“V了”存现句表示中性视点体或结果完成态的意义，强调事件的终止阶段和结果状态，是完结性的。“V着”存现句主要容纳活动和达成动词，偶尔也接受状态动词，但不接纳成就动词；而“V了”存现句可压制并接受各类动词，表示事物隐现和隐现后的结果状态。

“V着”存现句是非完结性的，凸显动作或状态的持续。因此，句中动词一般为光杆动词，不能带补语，如例（14）中“拿、挂”。

（14）街中心有一个身躯高大的中年人，他穿着褪了色的灰布工人装，手里拿着一面小红旗，脖子上挂着一个哨子，跑前跑后地忙碌着。

“V了”存现句具有完结性，凸显动作或状态的结果。句中动词既可以为光杆动词，如例（15）中的“挂”，也可以带补语，如例（16）中的“挂满”。

（15）她吃完牛排，付过账，低着头走出餐厅。门上挂了一个铃铛，一听到头上铃铛的声音，她心里马上一阵抽痛。她强装镇定，安全地过了马路，但走过停车场时，她几乎喘不过气来。

（16）学生们聚集在用石灰画出的方框里，沿着墙壁，闪开了一圈空地。墙上挂满了一幅幅用五彩的墨水画成的图画，每幅图画下都配有文字解说。

55.“V着”和“V了”存现句的语篇功能一样吗？

问题54提到，在静态存现句中，“V着”“V了”结构均表示状态的持续，可以自由替换，不影响句义的理解，如例（1）。

（1）院中央有棵老松树，树上挂着/了一个大钟，用木棒一敲，悠扬的钟声便在龙虎山上回荡，给人一种温柔的安宁。

例（1）中，“挂着”表示状态的持续，“挂了”表示动作完成后状态的存留。两者可以互换，并且几乎不影响句子的理解。不过，从语篇的角度来看，两者还是存在一定差异。“V着”存现句具有空间描写功能，通过变换视角，对空间环境进行描写，凸显事物在某处存在的状态或动作的持续。“V着”存现句的语篇功能主要是描写，特别适用于小说中的场景描写和剧本中舞台布景的描述。“V着”存现句与事件的叙事主线没有关系。

（2）a. 此时，迎面走来一个左腿微瘸，走路一拐一拐的中年男人，肩上挂着/了一个旧旧的布包，手捧纸盒里有口香糖及水果口含锭，满面笑容地走了过来。“先生，小姐，买不买？”“好。”康元智买了两条口香糖和两包口含锭。“谢谢。”中年男子道过谢后又继续向后面的游客兜售。

b. 此时，迎面走来一个左腿微瘸，走路一拐一拐的中年男人，手捧纸盒里有口香糖及水果口含锭，满面笑容地走了过来。“先生，小姐，买不买？”“好。”康元智买了两条口香糖和两包口含锭。“谢谢。”中年男子道过谢后又继续向后面的游客兜售。

例（2）的a句中，“肩上挂着一个旧旧的书包”侧重于对“中年男人”呈现的状态进行详尽的描写，且可以替换为“肩上挂了一个旧旧的书包”。若删去“V着”结构，不影响句义的理解，如b句。

“V了”存现句的语篇功能是叙述。通过变换视角，对前后接续的事件进行叙述，凸显事物在某处的完结。“V了”存现句主要用于语篇的叙述，表示原来不存在的事物在说话时刻于某处产生，或原来存在的事物在说话时刻消失。

“V了”存现句在语篇中还可以充当事件的顶峰标记。“V了”存现句的主要语用功能是对时间序列中的事件进行叙述，能够推动事件的发生、发展，与叙事主线关系密切。

（3）a. 不会儿，林几道出来招他一道走。三人绕了几个影壁回廊，到得内宅边上的一间小厢房。进门一看，床上躺了/着一位家人。他一动也不动，显然是穴道受制。岑寂知道他乃是折在自个手下，心中很怕他万一能认出自己。

b. *不会儿，林几道出来招他一道走。三人绕了几个影壁回廊，到得内宅边上的一间小厢房。进门一看，他一动也不动，显然是穴道受制。岑寂知道他乃是折在自个手下，心中很怕他万一能认出自己。

例（3）的a句着眼于事件顺序，对先后发生的事件进行了叙述。虽然a句中的“着”可以替换为“了”，但是b句中，删掉“V了”结构会破坏叙事线索，影响句子的解读。

56.“V + 在 NP”和“在 NP + V 着”一样吗？

王还（1957，1980）认为，动词前的处所表示“某个动作在什么地点发生或某种状态存在于什么地点”，而动词后的处所则表示“动作的施事或受事因动作的结果达到什么地点”。范继淹（1982）从及物和不及物动词的角度出发，指出“在 + 处所”在动词前时，指动作发生的处所或状态呈现的处所，在动词后则指动作达到的处所或状态呈现的处所。

张国宪（2010）从心智扫描的角度诠释了两种构式在识解方式和认知路径上的差异，并进一步指出“在 + 处所 + $V_{状}$”关注动作状态，而“$V_{状}$ + 在 + 处所”关注事物状态。从语篇的角度来看，前者的语篇功能在于表述一个前景性的主体事件，主要目的是叙述；后者主要在于为后叙的主体事件引入事件发生的空间处所，主要目的是描写（张国宪、卢建，2010）。我们认为,“两本书在桌子上放着”类结构属于表状态事件的构式，侧重于时间性的表达；“两本书放在桌子上”类结构属于表位移事件的构式，侧重于空间性的表达。

1. 联系

“V + 在 NP”结构主要凸显谓语动词的动作性，而“在 NP + V 着”主要凸显谓语动词的状态性（见表 56–1）。从某种程度上来说，两种结构对动词的语义特征进行了分化。

表 56–1　两种结构中高频动词统计

序号	V + 在 NP	出现频次	在 NP + V 着	出现频次
1	坐	13355	走	314
2	放	8397	坐	312
3	躺	6174	睡	278
4	站	3334	躺	163
5	靠	2837	看	161

续表

序号	V + 在 NP	出现频率	在 NP + V 着	出现频率
6	挂	2729	写	107
7	落	2567	挂	88
8	是	2324	放	88
9	贴	1560	望	84
10	倒	1195	站	84
11	打	1172	画	66
12	睡	1150	打	50
13	搭	1140	爬	42
14	压	1130	擦	42
15	搁	1075	摆	37

从高频动词来看，能够同时出现于“V + 在 NP”结构和“在 NP+ V 着”结构的高频动词为“坐、放、躺、站、挂、打、睡”。前者中高频动词的出现频次远远超过后者。从动词的语义特征来看，这些高频动词具有动态 / 静态二重性的语义特征。以“打”为例，其既可以描述动作“敲打”，指的是动作开始及达到某一临界点的状态，又可以描述状态，指的是动作结束后所遗留的状态。

（1）她长长地叹了一口气，举起锤子，沉重地打在一块酱红色的石片上。

（2）一位云南“老中医”在乙肝网站上打着“只卖方子不卖药”的旗号，兜售自己研制的中草药秘方。

例（1）中，动作行为“打”的终点为“在一块酱红色的石片上”，动词“打”具有位移义。“叹气”“举锤”“打在”等前后接续的动作行为凸显了整个事件的空间性。例（2）中，“打着”表示的是动作行为“打”结束后遗留的状态的持续，侧重于体现动作行为“打”的静态义，因此不具有位移义。通过“打着”“兜售”等前后接续的事件突出整个事件的时间进程，动作状态“打着”的持续涵盖了后一分句中的动作行为“兜售药方”。

2. 区别

2.1 动作事件和状态事件

从语篇角度来看，“V + 在 NP”结构主要表示动作事件，“在 NP+ V 着”结构主要表示状态事件。

（3）只见玉芬躺在一张长沙发上，两只脚高高地架起，放在一个小屉几上。她竟点了一支烟卷，不住地抽着。头向着天花板，烟是一口一口地向上直喷出来。

（4）月光从对着法国的窗子射进来。床是空的。他打开台灯。暗淡的玫瑰色枕头散发着温暖的光。在最大的那只枕头上放着一个信封，上面有他的名字。他撕开信封。

例（3）中，前后接续的动作事件包括“躺在”“架起”“放在”，侧重于描写动作行为发生、持续及终止的处所。例（4）中，“放着”表示状态的持续，侧重于描写状态持续于某处。

2.2 空间位移事件和时间序列事件

从动作行为的内部视点来看，“V + 在 NP”结构凸显空间性，凡是能进入该结构的动词必须带有位移义，前后接续的多个小句重点展现动作行为的起点、过程及终点，可以凸显一定的空间性。例（3）中，“躺在”“架起”“放在”“点了一支烟卷”“抽着”“向着”“喷出来”等连续性的动作行为可以展现空间位置移动。

“在 NP+ V 着”结构凸显时间性，助词“着”凸显了动作行为的静态持续义，这种动作状态的持续将时间进程中的多个事件勾连起来，可以凸显一定的时间性。例（4）中，“打开”“散发着”“放着”“撕开”可以显示在时间轴上一连串前后接续的事件。

从动作的起点、终点来看，“V + 在 NP”结构中，动作行为具有位移性，能够凸显起点、路径及终点。例（3）中，“躺在”“两只脚架起”表示动作进程的开始，“放在小屉几上”表示动作进程的结束。“在 NP+ V 着”结构中，动作行为凸显终点，不具有位移性，如例（4）中的“放着”。

2.3　凸显主体和凸显客体

从主客体的语义关系来看，“V + 在 NP”结构中一定存在一个主体，凸显的是动作行为；而“在 NP+ V 着”结构中一定存在一个客体，凸显的是事物的状态。例（3）中有“玉芬躺在”“两只脚架起”“她点了烟卷”“头向着天花板”等，整段话都在凸显主体的动作，描述的是动作事件，具有较强的动态性；例（4）中有“月光”“台灯”“温暖的光”“枕头”“信封”等，整段话都在凸显客观环境的状态，描述的是状态事件，具有较强的静态性。

57. 为什么不能说“他坐着汽车里看报纸”？

“他坐着汽车里看报纸”不合法，应改为“他在汽车里坐着看报纸”或者“他坐在汽车里看报纸”。前者可码化为“在 NP + V 着”，后者可码化为“V + 在 NP”。

“在 NP + V 着”结构指明动作发生的场所，“V + 在 NP”结构指明动作要达到的场所（戴浩一，1988）。二者均可表示“状态呈现的处所”，在某些情况下两种结构可以互换（范继淹，1982；侯敏，1992）。

能够进入“在 NP + V 着”结构的动词主要为动作动词，能够进入“V + 在 NP”结构的动词主要为状态动词，并表现出朱德熙所说的［+ 附着］的语义特征（崔希亮，1996）。

从语义的角度来看，“在 NP + V 着”侧重于动作的具体动态表现，V 在这里指的是现实动作或即将变为现实的动作；“V + 在 NP”侧重于动作的结果，表现为一种持续态（崔希亮，1996）。俞咏梅（1999）指出，“在 NP + V 着”结构表达预期的、进行的语法特征，而“V + 在 NP”结构表达非预期处所、非预期结果。前者表达处所范畴与动词的先时性、同时性的时序因素，与动词的进行体有关；后者则表达处所范畴与动词的继时性的时序因素，与动词的完成体有关。

当动词表示持续动作时，“在 NP”放在动词前后均可，而且从动词后转换至动词前不须带任何成分。当动词不表持续动作时，“在 NP”从动词后移动至动词前，必须带上特定的附加成分，如状态助词“着”、完成体标记“了”或补语等（林齐倩，2003）。

1. 动词对两种结构的影响

一般而言，“动作–持续”动词可以自由出现在“在 NP + V 着”结构和“V + 在 NP”结构中。这类动词在时间上均表持续义，在空间上均表附着义。如：

（1）a. 皇冠汽车在公路上奔驰着。

b. 皇冠汽车奔驰在公路上。

（2）a. 他在客厅里睡着。

b. 他睡在客厅里。

（3）a. 他在河里跳着。

b. 他跳在河里。

（4）a. 水在盆里流着。

b. 水流在盆里。

当仅表示时间上的持续义，不表空间上的附着义时，“动作–持续”动词只能出现在“在 NP + V 着”结构中，不能出现在“V + 在 NP”结构中。如：

（5）a. 小妹在屋里哭着。

b. *小妹哭在屋里。

（6）a. 他在自己的座位上写着。

b. ?他写在自己的座位上。

（7）a. 她一个人在屋子里打扮着。

b. *她一个人打扮在屋子里。

例（5）的 a 句中，“哭着”表示动作的持续，“在屋里”表示动作呈现的场所。b 句中，“哭”表示动作的持续，但动作行为“哭”本身无法附着于一定的空间。因此，b 句不合法。

例（6）的 a 句和 b 句中，“写”表示动作的持续，“在自己的座位上”表示动作呈现的场所，但二者表意不同。a 句表示动作行为者与场所存在附着关系，表示“他坐在自己的座位上”，而b句表示动作的对象与场所存在附着关系，表示“他写的字在自己的座位上”。

例（7）的a句中，“打扮着”表示动作的持续，“在屋子里”表示动作呈现的场所。b句中，“打扮着”表示动作的持续，但动作行为“打扮”本身无法附着于一定的空间。因此，b句不合法。

瞬间动词不能用于“在NP＋V着”结构，但可以较为自由地用于“V＋在NP”结构。因为“在NP＋V着”结构具有较强的动态性、持续性，而“V＋在NP”结构强调动作附着于某一处所。例（8）的b句指的是“死”的处所为“厨房里”。例（9）的b句指的是“掉”的处所为“地上”。

（8）a. *他在厨房里死着。

b. 他死在厨房里。

（9）a. *手帕在地上掉着。

b. 手帕掉在地上。

“动作–状态”动词既可以出现在“在NP＋V着”结构中，又可以出现在“V＋在NP”结构中。二者在语义特征上有所区别。例（10）的a句重在呈现“跪着”这一状态的持续。b句重在呈现“跪”的处所为“她面前”，强调的是保持“跪着”的姿态。

（10）a. 康熙急忙在她面前跪着。

b. 康熙急忙跪在她面前。

2. 语篇视角下两种结构的联系和区别

从语用的角度来看，张国宪（2010）指出，“在＋处所＋$V_{状}$”关注动作状态，“$V_{状}$＋在＋处所”关注事物状态，因而二者在交际功能上存在着叙述性与描写性的语用分工。从语篇视角来看，前者的语篇功能在于表述一个前景性的主体事件，后者则主要在于为后叙的主体事件引入事件发生的空间处所。

（11）a. 那位母亲看起来似乎跑不动了。她伸出手哭喊着，要抱回儿子，而孩子也在他的肩膀上扭动着，想要挣脱他，想要回到母亲的怀抱。

b. *那位母亲看起来似乎跑不动了。她伸出手哭喊着，要抱回儿子，而孩子也扭动在他的肩膀上，想要挣脱他，想要回到母亲的怀抱。

例（11）的a句描述了“孩子”的一系列动作状态，如“扭动着”“挣脱”“回到”，整个事件具有一定的叙述性，在时间轴上为动态事件。a句的表意重点分别是“她”及“孩子”的动作状态，人们想知道行为主体做了什么。b句的表意重点则是“他的肩膀上”，人们想知道在特定的场景中发生了什么。显然a句更符合上下文语境的要求。

（12）a. 半个月亮倒挂在那面山顶上边，照得院子有半边亮。一只狗躺在院当中，看见他便站起来走过一边去。

b. ?半个月亮倒挂在那面山顶上边，照得院子有半边亮。一只狗在院当中躺着，看见他便站起来走过一边去。

例（12）的a句描写了环境中不同事物的状态，如“月亮”“院子”“狗”“他”，展现的是静态的场景。a句的表意重点是场景，侧重描写静态场景中的人与物。b句的表意重点则是“狗”的动作状态。前者侧重环境，后者侧重动作。前者从空间的角度来对静态事件进行描写，“场景变换”是前景事件，“动作的进行”是背景事件。后者从时间的角度来叙述动作事件，“动作的进行”是前景事件，“场景变换”是背景事件。显然a句更符合上下文语境的要求。

就对外汉语教学来说，如果学生要描写的是动作事件的持续，那采用“在NP + V着”比较好；如果学生要描写的是静态事件的持续，那采用“V + 在NP”比较好。教学的难点或许不在于说明句式的结构、语义、语用，而在于引导学生分清表述重点。

58. 为什么不能说“老师生气着告诉我们”？

“老师生气着告诉我们”这个句子不合法，应改为“老师生气地告诉我们”。

现代汉语中有一些动词既可带结构助词“地”，又可带动态助词“着”，用来做状语修饰后一动词。“V_1着 / 地V_2”结构中，“V_1着 / 地”从状态、方式等方面限制和描写动作“V_2”，整个结构处于“状态—动作”和“方式—动作”的语义框架中。“V_2”后一般加助词“着、了”或补语“起来、下去”，有时也使用重叠形式，来表示动作的持续、完成或动作刚刚了结。

卢付林（2014）进一步指出，“V_1着/地V_2”结构中，“V_1”必须为双音节动词。根据语义特征，可分为身体动作方式类、面部表情动作类、言语行为方式类和心理状态类动词。“V_2”主要是单音节动词，一般是具体行为动词，以言说动词最为常见。如“说、喊、走、看、听、问”等。

（一）身体动作方式类动词。这些动词表示肢体动作的方式或状态，如“踉跄、挣扎、颤抖、哆嗦”。这些动词多具有描写性，本身具有较强的状态义。一般不直接带宾语，可单独做谓语和状语。例如：

（1）“我是一个漂泊的人。”他颤抖地说，不敢瞧连金。

（2）她感动地抬起眼睛，颤抖着说。

例（1）中，“颤抖”主要描述了说话人“说”的伴随状态；例（2）中，“颤抖着说”凸显了“颤抖”和“说”的同时性。一般来说，伴随的状态往往具有同时性。因此，在例（1）和例（2）中，“着”“地”可以互换，且不影响句子的理解。

（二）面部表情动作类动词。如“微笑、苦笑、欢笑、冷笑”。这些词语呈现出一种描写性的动作状态。例如：

（3）只见萧伯纳微笑地向那人鞠了躬，彬彬有礼地说道：“我的朋友，我同意你的意见。”

（4）我朝着我的朋友看看，她正微笑着聚精会神地看着我的女儿。

例（3）中，“微笑”描述的是伴随的状态，跟后一小句中的“彬彬有礼”前后呼应，凸显了动作行为“鞠躬”和“说”的状态；例（4）中，“微笑着看着”跟前一小句“朝着……看看”前后呼应，凸显了动作行为“朝着看看”“微笑着看着”的同时性。例（3）和例（4）中，“着”“地”也可以互换，且不影响句子的理解。

（三）言语行为方式类动词。如“试探、恳求、教训、敷衍、批评”。这些词语多具有明显的动作状态义特征。例如：

（5）在那个时候她能够按时听课，敷衍地读下去，已经是不容易的事情了。

（6）顾宝不大懂得这斯文的老主人末后的两句话，只好敷衍着说：“可不是……”

例（5）中，“敷衍”描述的是伴随“读”的状态。例（6）中，“敷衍着说”凸显的是“敷衍”和“说”的同时性。例（5）中，“着”“地”不可互换，因为“下去”表示持续义，而“着”同样表示持续态，两者共现会导致语义冗余。例（6）中，“着”“地”可以互换，因为说话的态度和说话的动作行为具有同时性。

（四）心理状态类动词。如“试探、讨好、克制、忍耐、坚持”。例如：

（7）瑞全忍耐地坐在床沿上。

（8）但是我终于忍耐着支持下去了。

例（7）中，“忍耐”描述伴随“坐”的状态。例（8）中，“忍耐着支持下去”凸显“忍耐”和“支持下去”的同时性。例（7）中，“着”“地”可以互换，因为心理状态和身体的动作行为具有同时性。例（8）中，“着”“地”不可互换。因为例（7）整个结构处于“状态—动作”的语义框架中，是静态的，具有状态义；而例（8）整个结构处于“方式—动作”的语义框架中，是动态的，具有动态义（卢付林，2014）。

大部分情况下，“V_1着V_2”结构主要表示动态义，“V_1地V_2”结构主要表示状态义，两者不能互相替换。

（9）吃罢午饭，我们一行人商量着去看看颇有特色的通州宠物市场。

例（9）中，“商量着去看看”为连动结构，表示“先商量然后去看看”。“商量着”主要表示动作行为的持续，并且从时间上看，“商量着”和“去看看”是前后接续发生，而非同时发生，因此“着”“地”不能互换。

当“V地”结构具有程度义时，“地”也不能替换为“着”。例（10）中，“不无讽刺”含有程度义。表程度义的“V地”结构不能替换为表方式状态义的“V着”结构。

（10）有人不无讽刺地说，如果没有这么多分析，这些专家靠什么吃饭呢？

当“V_1地V_2”结构中的“V_2”不为言说动词时，“地”不能替换为“着”。例（11）中，“讽刺地笑”强调动作行为“笑”的状态，重在描写而非陈述。因此，“地”不能替换为“着”。

（11）海因里希讽刺地笑了。希尔德这时真正感觉到支撑表弟纤弱身心的力量泉源其实是一种来自内心的邪恶意图，真是无可救药啊！

当“V_1”和“V_2”在时间上具有同时性，并且在方式上具有伴随性时，“着”“地”才可互换。例（12）中，“商量地”表示方式状态义，主要对核心动作动词“说”进行修饰、描写，表示“说”的情况、状态。从时间上看，这种方式状态义贯穿动作行为“说”的全过程，因此“着”“地”可以互换。

（12）我商量地说：“得了儿子，人家怪忙的，免了你们那原则吧！你再跟你们那些核心成员们帮爸爸疏通疏通，就算给你爸个面子行不？”

在对外汉语教学中，针对“V_1 着 / 地 V_2”结构，教师要强调 V_2 主要为单音节动词，以言说动词最为常见。如“说、喊、听、问”等。“V_1 着 / 地 V_2”整个结构处于“方式—动作”和“状态—动作”的语义框架中。“V_1 着 V_2”结构由于使用了动态助词“着”，结构表现出一种或强或弱的动态义。“V_1 地 V_2”结构没有这种动态义，主要表示状态上的伴随关系，但是结构助词“地”的使用使结构呈现出某种方式状态义（卢付林，2014）。

当“V_1”和“V_2”在时间上、状态上存在双重联系时，“着”“地”可以互相替换；当“V_1”和“V_2”在时间上或状态上存在单一联系时，“着”“地”不能互相替换。

59. 为什么不能说“她躺看书”？

“她躺看书”不合法，要改为“她躺着看书”。助词“着”的遗漏偏误现象较为常见，以下从句法结构的角度进行详细辨析。

1. “V_1 着 V_2”连动结构中“着”的遗漏

首先，本书第 32～35 小节已经指出，在英语、日语、韩语及泰语中不存在“V_1 着 V_2”连动结构。由于母语负迁移，部分留学生在使用“V_1 着 V_2”连动结构时，可能出现遗漏助词“着”的偏误现象，如例（1）和例（2）的 a 句。

（1）a. * 他坐看小说。

b. 他坐着看小说。

（2）a. * 我说说着，哭了。

b. 我说着说着，哭了。

其次，“V_1着V_2”连动结构中，前一动词“V_1”表示动作的方式或状态，后一动词“V_2”表示主要的动作行为。如例（1）的b句中，“坐着”表示伴随的状态，“看小说”表示主要的动作行为，“坐着”修饰“看小说”，旨在说明“怎么样看、如何看”，强调的是“坐着看”，而非“站着看、躺着看”。

有时，“V_1着V_2”连动结构中，前一动词“V_1”表示动作或状态的持续，后一动词“V_2”表示动作行为的结果。如例（2）的b句中，“说着说着”表示动作行为的持续，“哭了”表示动作行为的结果，旨在说明“说着说着怎么样了”，强调的是“说的结果是什么”。

2.“V着”存现句中“着”的遗漏

首先，“V着”存现句中的“着”表示人或事物存在的方式或状态，如“庙里住着一个和尚”。若省略“着”，整个句子就变成了供用句，表示“某处可容纳某人或某事物”，如“庙里住一个和尚”表示“庙里可以、能够容纳一个和尚”。有“着”和无“着”，两句的语义完全不同。

其次，用“V着”存现句来介绍人物及职业信息不太合适。

（3）a. * 靠近火车站的小区住我的一位朋友，他的工作是翻译。

b. ? 靠近火车站的小区住着我的一位朋友，他的工作是翻译。

c. 我的一位朋友在靠近火车站的小区住着，他的工作是翻译。

d. 我的一位朋友住在靠近火车站的小区，他的工作是翻译。

“V着”存现句常用于介绍空间环境，多充当背景。例（3）的b句是“V着”存现句，但人物及职业信息一般并非背景信息，而是语篇中的重要信息、关键信息。下文中可能会围绕“朋友、职业”做进一步说明。因此，虽然b句的句法形式正确，但其句式义与上下文语境不相符合。

c句是“在NP + V着”句，表示呈现动作或状态持续的处所，说明状态的持续，属于静态的描写。d 句是“V + 在 NP”句，表示动作或状态终结的处所，属于动态的叙述。虽然 c 句和 d 句两句均可接受，但结合上下文语境，我们认为 c 句不合适，因为朋友的居住状态跟职业信息很难让人产生联想，较难为下文叙述打开一个宽广的通道。相比之下，d 句更合适，既说明朋友的住处，又介绍其职业信息，下文可围绕住处、职业信息进行详细说明。

3. “V 着 + O”结构中“着”的遗漏

汉语中，助词“着”具有非强制性使用的特点。双音节动词带宾语时，“着”出现与否均可，如例（4）的 a 句和 b 句。此类双音节动词还有“工作、讨论、保存、寻找、盼望、倾听”等。

（4）a. 我们盼望你早日归来。

b. 我们盼望着你早日归来。

而单音节动词带宾语时，“着”必须出现，如例（5）的 b 句，否则句子就不合法，如 a 句。

（5）a. *她拿一束花，提一桶水。

b. 她拿着一束花，提着一桶水。

综上所述，留学生助词“着”遗漏现象要分句式进行讲解，教师在教学过程中要运用大量例句加以辨析。在单句教学阶段，教师可以先教“V 着”句及其下位句式“S + V 着 + 数量词 + O”“S + 时间副词 + V 着 + O”“S + 处所状语 + V 着 + O”“S + V 着 + O + 呢”。然后再教“V 着”存现句、“S + V_1 着 + V_2”连动句及下位句式“S + V 着 + $V_{动作}$”“S + V 着 + $V_{结果}$”。此外，在语篇教学阶段，教师要注意对“V 着”句式的语用功能进行辨析，防止学生误用。

60. 为什么不能说“马上穿衣服，打着车回家”？

尚新（2009b）指出，连动结构中的两个动作行为之间总是标定了相互比较、相互依存的两个独立时间性情状，存在时间相互依附性，可称为“时间相互依附性原则”。这种时间相互依附性标定了动作的时间边界，从而使相应的两个动词也表达了相对独立、完整的时间结构，也就标定了由两个动词构建的不同事件所发生的空间范围，可称之为“时空范域”（尚新，2009b）。

（1）他们来到游泳池的尽头，沿着一堵石墙继续向前走。

例（1）中，连动结构“沿着石墙走”中前后两个动词具有同时性，在时间上相互依附。此外，前后两个动作事件“沿着石墙”和“走”在空间上也构成一个完整的空间范围。整个连动结构构成了一个完整的时空范域。连动结构的构建、形成必须建立在一个统一、稳定的时空范围内，否则整个句子就不合法。

（2）a. *马上穿衣服，打着车回家。

b. 马上穿好衣服，打着车回家。

例（2）的 a 句中，“马上”为短时时间副词，“穿衣服”表示活动，而非事件。“马上穿衣服”表示活动发生于某一时点，“打着车回家”表示一个完整的事件。从时间的角度来看，前后小句在界性特征上存在差异。

b 句中，“马上穿好衣服”表示一个具有内在自然终止点的完整事件。从时间上看，这一事件跟“打着车回家”相互保持独立。因此，句子可接受度大大提高。不过，b 句还不够自然，因为“打着车回家”强调以“打车”的方式回家，而不是“走路、坐车、开车”等其他方式。前一小句“马上穿好衣服”似乎没有交代清楚以打车的方式回家的具体原因。

（3）今天喝酒了，你打着车回家吧。

（4）加班 3 个月，今天终于结束了，我要打着车回家！

（5）今天没开车，打着车回家，更方便。

（6）天黑路远，你一个人，还是打着车回家吧！

例（3）中，“打着车回家”的原因是“喝酒了，开车有危险”；例（4）中，“打着车回家”的原因是“庆祝加班结束，放松一下”；例（5）中，“打着车回家”的原因是“没开车，打车更方便”；例（6）中，“打着车回家”的原因是“天黑路远，一个人不安全”。

综上所述，从语篇角度辨析“V 着”连动句的用法，可以帮助学习者快速了解“V 着”连动句中“V_1”和“V_2”之间的关系以及“着”的状态化功能，并更为顺利地进行语段表达。

61.“V_1 着 V_2”和“一边 V_1 一边 V_2”一样吗?

留学生学习汉语连动句时的难点在于区别“V_1 着 V_2”连动句包含的三种逻辑事理关系。

第一，当“V_1 着 V_2”连动句表示动作同时发生或进行时，在单句中可以用“一边 V_1 一边 V_2”结构替换。如:

（1）a. 他笑着对我说。

b. 他一边笑，一边对我说。

第二，当“V_1 着 V_2”连动句表示动作的方式时，不能用“一边 V_1 一边 V_2”结构替换。如:

（2）a. 他戴着帽子走了进来。

b. 他一边戴帽子，一边走了进来。

例（2）的 a 句中，“戴着帽子”表示状态的持续，修饰谓语中心语“走了进来”，说明动作的方式，即“他怎么样走进来”。连动句的前半段侧重于说明状态，后半段侧重于说明动作。b 句中，“一边 V_1 一边 V_2”结构表示动作行为同时发生或进行，凸显了“戴着帽子”的动态性，整个句子的意思与 a 句有较大区别。

（3）a. 他打着电话走了进来。

b. 他一边打电话，一边走了进来。

“V_1 着 V_2”结构凸显状态的持续，具有静态性;“一边 V_1 一边 V_2”结构凸显动作的进行，具有动态性。尽管例（3）的 a 句和 b 句均合法，但两者的表意重点并不相同。a 句中，“打着电话”侧重描写状态的持续，说明“怎么样走了进来”。b 句中，“打着电话”侧重叙述动作的进行，说明前后两个动作行为同时发生或进行。

第三，当“V_1着V_2”连动句表示动作的原因时，不能用“一边V_1一边V_2”结构替换。

（4）a. 他急着赶飞机。

b. * 他一边急，一边赶飞机。

（5）a. 他忙着考大学。

b. * 他一边忙，一边考大学。

接下来，我们重点分析“一边V_1一边V_2”结构的语义特征，并尝试跟表动作同时发生或进行的“V_1着V_2”结构进行对比。

第一，“一边V_1一边V_2”结构表示前后两个动作行为在相同的时间内发生。

（6）a. 五魁拿拌料棍一边笃笃地敲牛槽沿儿，一边用眼睛看着院里的一切。

b. 五魁拿拌料棍笃笃地敲着牛槽沿儿，用眼睛看着院里的一切。

例（6）的a句中，“一边V_1一边V_2”结构可以替换为“V_1着V_2”结构。“敲着、看着”本身就表示动作的持续。b句中，“敲着牛槽沿儿”表示伴随的状态，说明“怎么样看”。

（7）a. 老者一边走一边说，话语声时高时低。

b. 老者走着说，话语声时高时低。

例（7）的a句中，“一边V_1一边V_2”结构不能替换为“V_1着V_2”结构。“一边走一边说”表示两个动作行为“走、说”同时发生。若替换为b句“走着说”，“走着”表示伴随的状态，说明“怎么样说”，往往包含着“不要站着说”“向某个方向走着说”等，侧重于说明“说”的状态，而非强调两个动作行为同时发生。

（8）a. 我喜欢一边工作，一边听音乐。

b. * 我喜欢工作着听音乐。

c. 我喜欢听着音乐工作。

例（8）的a句中，“一边V_1一边V_2”结构不能替换为“V_1着V_2”结构。“一边工作，一边听音乐”表示动作行为“工作、听”同时发生。若替换为b句“工作着听音乐”，则句子不合法。因为“V_1着V_2”连动结构的前段和后段有主次之分，前段修饰、限制、说明后段的状态，后段才是表意的重点。c句中，“听着音乐”表示伴随的状态，说明“怎么样工作”，比较符合人们的认知心理。

第二，“一边 V_1 一边 V_2”结构表示前后两个动作行为交替进行，在时间上不可能重合，而是反复交替进行。

（9）a. 他一边走，一边往后看。

b. *他走着，往后看。

（10）a. 他一边咽饼，一边说话。

b. *他咽着饼说话。

例（9）的 a 句表示动作交替进行，b 句表示动作行为伴随的状态，因此二者不能替换。例（10）的 a 句同样表示动作交替进行，而非同时发生，b 句则表示动作行为的状态持续，因此二者不能替换。

第三，“一边 V_1 一边 V_2”结构表示前后两个动作行为相继发生。

（11）a. 温都太太替女儿往后拢了拢头发，玛丽一边抽搭，一边用手绢擦眼睛。

b. 温都太太替女儿往后拢了拢头发，玛丽抽搭着，用手绢擦眼睛。

例（11）的 a 句表示动作相继发生，“先抽搭，后去擦眼睛”。b 句表示动作行为“擦眼睛”伴随的状态，重点说明“怎么样擦眼睛”。虽然两句均合法，但表意重点不完全相同。前者强调动作行为接续发生，后者强调动作行为的状态。

在单句中，当“一边 V_1 一边 V_2”结构表示动作行为同时发生或进行时，能够与表示伴随义的“V_1 着 V_2”结构替换。但是由于前者强调动作行为的同时性，后者强调动作行为的状态性，因此，在语篇中，两者替换的可能性很小。

（12）a. 中国学生中的演讲会很多，他到处跑着听演讲，时不时自己上台，讲得张牙舞爪。

b. *中国学生中的演讲会很多，他到处一边跑，一边听演讲，时不时自己上台，讲得张牙舞爪。

例（12）的 a 句中，“跑着听演讲”重在表达伴随“听演讲”的状态，“跑着”具有虚化义，旨在说明“他”的积极性。b 句中，“一边跑，一边听演讲”重在表达两个动作行为同时发生，“跑”是实指而非虚指，整句与人们的认知心理有较大差异，因此可接受度较低。

（13）a. 李麦割着地上踩倒的麦子，嫦娥捡着麦穗，她捡得很干净，连踩在地上的一颗颗麦粒也捡在篮子里。她一边捡一边问：“妈，这十个麦穗磨成面，够烙一张饼不够？”

b. * 李麦割着地上踩倒的麦子，嫦娥捡着麦穗，她捡得很干净，连踩在地上的一颗颗麦粒也捡在篮子里。她捡着问：“妈，这十个麦穗磨成面，够烙一张饼不够？”

例（13）的a句中，“一边捡一边问”重在表达两个动作同时发生或进行，“捡”和“问”两个动作具有同等的重要性。b句中，“捡着问”重在表达“问”的状态，说明“以什么方式问”，但“捡着”不能充当“问”的方式，因此整句可接受度较低。

我们也发现，当“一边 V_1 一边 V_2”结构中出现“哭、说、笑、坐”等跟面部表情、身体部位有关的词语时，“一边 V_1 一边 V_2”结构往往可以替换为“V_1 着 V_2”结构，因为这些具身类词语往往跟其他动作行为既具有同时性，又具有伴随性。

（14）a. 母亲实在难为情起来，就拾起门旁的烧火的叉子，向着那孩子的肩膀就打了过去。于是孩子一边哭一边跑回家里去了。

b. 母亲实在难为情起来，就拾起门旁的烧火的叉子，向着那孩子的肩膀就打了过去。于是孩子哭着跑回家里去了。

62. “V_1 着 V_2”和“V_1 了 V_2”一样吗？

连动式“V_1 着 V_2”中的“V_1”和“V_2”在时间上存在先后关系，但“V_1 着”对“V_2”没有表方式语义的修饰作用（李向农、张军，2001）。“V_1 了 V_2”结构则表示前一动作行为完成后，后一动作行为开始，表示“先 V_1，后 V_2”。因此，一般来说，“V_1 着 V_2”结构和“V_1 了 V_2”结构不能互换。

（1）看着电视吃饭≠看了电视吃饭

（2）打着电话开车≠打了电话开车

（3）吃着药休息≠吃了药休息

例（1）中，“看着电视吃饭”表示“一边看电视一边吃饭”，“看了电视吃饭”则表示“先看电视，再吃饭”；例（2）中，“打着电话开车”表示“一边打电话一边开车”，“打了电话开车”则表示“先打电话，再开车”；例（3）中，“吃着药休息”表示“一边吃药一边休息”，而“吃了药休息”则表示“先吃药，再休息”。

有些情况下，“V着”和“V了”两者之间的界限并不清晰、分明。

（4）a. 开着窗户睡觉 / 睡觉的时候开着窗户

b. 开了窗户睡觉 / 先开窗户再睡觉

（5）a. 提着箱子上飞机 / 上飞机的时候提着箱子

b. 提了箱子上飞机 / 先提箱子再上飞机

（6）a. 穿着雨衣出去 / 出去的时候穿着雨衣

b. 穿了雨衣出去 / 先穿雨衣再出去

例（4）的a句中，“开着窗户”表示状态的持续；b句中，“开了窗户”既可表示动作的结束，又可表示状态的持续。例（5）中，“提着箱子上飞机”侧重于说明“上飞机”的方式，而“提了箱子上飞机”侧重于说明先提箱子再上飞机。例（6）中，“穿着雨衣出去”侧重于说明“出去”的状态，而“穿了雨衣出去”侧重于说明先穿雨衣再出去。

综上所述，“V着”和“V了”互换主要由动词语义特征决定。例（1）～例（3）中，“看、打、吃”属于动作性强的动词，“看着”仅表示动作的持续，“看了”仅表示动作的结束。“V着”和“V了”之间的界限十分清晰、分明，因此不能互换。例（4）～例（6）中，“开、提、穿”属于“动作-状态”复合义动词，“V着”既可以表示动作的持续，又可以表示动作结束后状态的遗留。如“开着”既表示动作的持续，也意味着动作结束后状态的遗留。因此，例（4）的a句中，“开着窗户睡觉”既可以理解为睡觉的时候开着窗户，也可以理解为先开窗户再睡觉。余类同。

此外，有时候，上下文语境也会影响“着 / 了”是否可以互换。

（7）a. *然后，他就开了车下山去。

b. 然后，他就开着车下山去。

（8）a. *没关系，你坐了说，不要客气。

b. 没关系，你坐着说，不要客气。

例（7）的 a 句和例（8）的 a 句侧重强调前后两个动作行为接续发生，而例（7）的 b 句和例（8）的 b 句侧重强调动作行为伴随的状态。例（7）的 b 句中，“开着车下山去”侧重强调“伴随下山去的方式或者状态”。例（8）的 b 句中，“坐着说”同样强调“说的方式或者状态”。因此，“着 / 了”不能互换。

（9）a. *四个同学坐了。

b. 四个同学坐着。

同样的，例（9）的 a 句不合法，应改为“坐了四个同学”，表示完成的数量，而 b 句强调持续的状态。因此，此处“着 / 了”同样不能互换。

63. 为什么不能说“我们走着走着，一边走一边聊天儿”？

在语篇中，“V 着 V 着，……”结构对上下文语境依赖程度较高。语篇的叙事模式可分为两种，一种是表示“前时事件—后时事件”，一种是表示“动作事件—结果事件”。

1. 表示“前时事件—后时事件”的“V 着 V 着”结构

表示“前时事件—后时事件”的“V 着 V 着”结构可以码化为“$S_1 + V_1 + O_1$，$S_1 + V_2$ 着 V_2 着 $+ O_2$，$S_1 + V_3 + O_3$（后时事件）”。

首先，在上文中必然会对“V 着 V 着”结构关涉的动作进行描写。前时事件和“V 着 V 着”在时间顺序上紧邻。

（1）a. 有的人还说：“我们营里有不少战士，在河边洗衣服，洗着洗着，就打瞌睡滚到河里去了。”

b. *有的人还说："我们营里有不少战士，洗着洗着，就打瞌睡滚到河里去了。"

例（1）的 a 句中，前时事件为"洗衣服"，中间过程为"洗着洗着"，后时事件为"打瞌睡滚到河里去了。b 句中，删除前时事件后，"V 着 V 着"结构缺少了跟前时事件的关涉或关联度，句子会显得突兀，可接受度也降低了。

（2）他将菜刀往地上一放，然后又仔细看了起来，看着看着他将菜刀调了个方向，认真端详了一番后，接着又将菜刀摆成原来的样子。

例（2）中，"放菜刀、看菜刀"在时间上先于"看着看着"，而"看着看着"在时间上又先于"摆成原来的样子"。整个句子具有"前时事件—后时事件"的语篇表达功能。

2. 表示"动作事件—结果事件"的"V 着 V 着"结构

表示"动作事件—结果事件"的"V 着 V 着"结构可以码化为"$S_1 + V_1 + O_1$，$S_1 + V_2$ 着 V_2 着 $+ O_2$，$S_1 + V_3 + O_3$（结果事件）"。

在下文中必然会描述"V 着 V 着"结构引发的新情况。"V 着 V 着"和后续事件存在一定的因果关系。

（3）这种布料的衣服，穿着穿着就大了。

（4）两位女友说着说着，来到曹冷元的家门口。

（5）他继续往前走，走着走着，突然看见了爱蒂。

例（3）中，"穿着穿着"引发的结果为"（衣服）大了"。"穿着穿着"和"（衣服）大了"之间存在因果关系。例（4）中，"说着说着"的后续事件为"来到曹冷元的家门口"。"说着说着"和"来到曹冷元家门口"之间存在时间上的先后关系。例（5）中，"往前走"在时间上又先于"走着走着"，而"走着走着"在时间上先于"突然看见了爱蒂"。整个句子具有"动作事件—结果事件"的语篇表达功能。

（6）a. *我们走着走着，一边走一边聊天儿。

b. 我们走着走着，走累了。

c. 我们走着走着，走到公园了。

例（6）的a句中，句子的前半段“走着走着”描写了动作行为“走”的持续及反复；而后半段既没有说明“走”的结果，如“走累了、走饿了”；也没有说明“走”的后续事件，如“走到了、走过了”等。因此，句子可接受度低。b句和c句将后续事件替换为表结果的“走累了”和表后续事件的“走到公园了”，句子的可接受度大大提高。

（7）a. *爸爸又说我了：“这钱为什么你不好好看？又忘了放在哪儿？”我找着找着。

b. 爸爸又说我了：“这钱为什么你不好好看？又忘了放在哪儿？”我找着找着，在书包里找到了。

例（7）的a句中，“找着找着”缺少后半段来描述引发的结果或后续事件，因此，句子不合法。b句中，通过添加后续事件“找到了”，句子可接受度提高了。

64.“红着脸”和“红脸”一样吗?

“红着脸”和“红脸”在句法分布和语篇功能上既有联系，又有区别。

1. 句法分布

首先，“红着脸”可以做谓语。

（1）范妮从命了，垂着眼皮，红着脸。

（2）“你们要讲清楚！”她激动得红着脸。

（3）那女子红着脸不说话。

例（1）中，“红着脸”做谓语；例（2）中，“红着脸”为情态补语，补充说明动作行为“激动”的情况和状态；例（3）中，“红着脸”做状语，用于连动句的前段，表示状态的持续。

其次，名词“红脸”可以做定语。

（4）于连能睁眼了，那个红脸人又写上了，看门人已经不见。

例（4）中，“红脸”用于描写“人”的典型特征。

动词“红脸”可以看作是离合词，其中“红”可以重叠，表示使动用法。

（5）姑娘家不许捡热鸡蛋，容易红脸。

（6）他爱笑，也爱红脸。

（7）郭祥红了红脸。叹了口气，说：“一不小心，我这老毛病又犯了。”

例（5）中，“红脸”指的是“使脸的颜色变成红色”；例（6）中，“红脸”指的是“因害羞导致脸的颜色发红”。例（7）中，“红了红脸”表示动作行为短暂、重复发生。

2. 语篇功能

首先，“红着脸”具有较强的语篇描摹功能。

（8）李麦正在刮一根扁担，春义走过来红着脸说：“婶子，你快去吧，有客！”

例（8）中，根据上下文语境可知，春义的老丈人和未婚妻来了，因为是初次见面，春义想请李麦大婶接待一下客人，“红着脸”描写出了春义说话时的神情、状态，为下文“春义的结结巴巴”做好了铺垫。此外，由于“红着脸”具有持续义，因此还具有一定的时体特征。

其次，“红着脸”还可以充当背景句。

（9）他见会场上的人纷纷瞅他，只好红着脸低下头去。军政委还回过头，笑着问：“怎么样，郭祥？演得像不像呵？”

例（9）中，“红着脸”表示状态的持续，贯穿了整个事件，包括“会场上的人瞅他、他低下头、军政委回头、笑着问”等等，具有较强的伴随义，同时能够点明“为什么瞅他、军政委为何笑”等背后的原因。若将“红着脸”删去，则会损伤上下句之间的语篇衔接作用，削弱重复副词“还”的递进功能，还会减弱前后句中“众人、他、政委”各自表现的强烈反差。

“红脸”的主要作用是描写，跟叙事主线没有太大关系，如例（10）。

（10）一个红脸、白胡子的老头抬起头来，这人让保罗想起了一只长毛尖嘴的小狗。

汉语中，除了“红着脸/红脸”以外，还有其他类似的词语，如“低着头/

低头”“皱着眉 / 皱眉”“歪着嘴 / 歪嘴”“斜着眼 / 斜眼”。在学习时要注意分辨它们之间的联系和区别。

65. 为什么不能说“随汉语水平的提高”?

“随着”是介词，表示“介引事件”，所介引的对象往往指明后续事件的时间信息或条件信息，旨在为后续事件提供背景说明。句法结构可码化为“随着 + NP 的 VP，S + V + O”。介词“随着”跟“随”几乎不能相互替换。

“随着 + NP 的 VP”结构旨在为后续事件提供背景信息，后续事件“S + V + O”旨在说明某种变化。整个结构旨在表明“在某种趋势或条件之下，后续事件的发展变化情况”。

“NP 的 VP”多为定中短语，定语中心语多为双音节动词，如“增加、减少、提高、发展、变化、推进、提升、推移、建立、上涨、下跌、扩大、缩小”等表趋势义的词语，或“出版、抵达、进入、落实、改善、开放、流行、实施、联系”等事件词语。

（1）随着生产的发展，这个厂的产品品种和产量不断增加。

例（1）中，“NP 的 VP”为“生产的发展”，表明生产发展的“趋势、速率”可以预测“产品品种和产量的增加”。

留学生“随着”句偏误现象多跟“NP 的 VP”使用不当有关。

“NP 的 VP”结构应为偏正短语，而非动宾短语。

（2）a. *随着提高汉语水平，我的中国朋友也越来越多了。

b. 随着汉语水平的提高，我的中国朋友也越来越多了。

例（2）的 a 句中,“提高汉语水平”为动宾结构，要改为“NP 的 VP”结构，即“汉语水平的提高”。

“NP 的 VP”结构中，“VP”应为双音节动词。

（3）a. *随着春天到了，公园里的花儿都逐渐开放了。

b. 随着春天的到来，公园里的花儿都逐渐开放了。

（4）a. *随着时间的过，我自己也越来越失去对自己的信心。

b. 随着时间的过去，我自己也越来越失去对自己的信心。

例（3）的 a 句中，"到了"应改为"到来"。例（4）的 a 句中，"过"应改为"过去"。

"NP 的 VP"结构中，"VP"应为定语中心语。"的"要在"VP"之前。

（5）a. *随着人们的生活水平提高，越来越多的人关心健康问题。

b. 随着人们生活水平的提高，越来越多的人关心健康问题。

例（5）的 a 句中，"人们的生活水平提高"应改为"人们生活水平的提高"。

"NP 的 VP"结构中，"NP"同样不可缺少。

（6）a. *随着进步发展，他需求的内容也涉及各个方面。

b. 随着时代的进步发展，他需求的内容也涉及各个方面。

例（6）的 a 句中，"进步发展"没有指明是哪方面的进步发展。下文中"他需求的内容"意思不甚清晰。

"NP 的 VP"结构中，前后事件必须是密切相关的。后续事件中多出现状语性成分来对这种"变化"情况进行修饰，如"不断、越来越、更加、大大、逐渐"。

（7）随着世界各国的联系越来越紧密，许多问题越来越具有跨国性质。

例（7）中，"越来越"表明"联系紧密"和"问题具有跨国性质"具有相同形态、相同速率的发展趋势。

（8）a. *随着人们食品意识的增加，"绿色食品"受到人们的热烈欢迎。

b. 随着人们食品安全意识的增加，"绿色食品"受到人们的热烈欢迎。

例（8）的 a 句中，"食品意识的增加"和"受到人们的热烈欢迎"联系不紧密。"食品意识"表意不清晰，应该为"食品安全意识"，表明"安全意识与绿色食品"联系紧密。

（9）a. *随着生活条件的改善，我们的勤奋精神却减弱了。

b. 随着物质生活条件的改善，我们的勤奋精神却减弱了。

例（9）的 a 句中，"生活条件的改善"跟"勤奋精神减弱"联系不清晰。"生活条件的改善"应改为"物质生活条件的改善"，表明"物质与精神"相对。

此外，"随着"也可以做动词，表示"跟从、顺沿、依从"等。

（10）他随着两个女子，绕过池端，穿过图书馆旁边，向斜对面的大红门走去。

（11）小燕随着声音，走进隔屋去。

（12）那就随着他，比如说他想玩，或者想踢球，那就跟着他一起玩。

例（10）中，“随着”表示“跟从”，说明“具体的位移方向”；例（11）中，“随着”表示“顺沿”，说明“抽象的位移趋向”；例（12）中，“随着”表示“依从”，说明“心理上的跟随”；例（10）～例（12）中，动词“随着”可以跟“随”替换。

对留学生来说，介词“随着”偏误现象较为常见，因为涉及句法结构、语法意义上的组合搭配，很难在学习者母语中找到相对应的形式。动词“随着”使用方法相对简单，能够在学习者母语中找到相对应的形式，因此偏误现象相对较少。

66. 什么情况下必须使用助词“着”？

印欧语言的体标记具有强制性使用的特点，而汉语助词“着”具有非强制性使用的特点。汉语持续动词本身就可以表持续义，如“我等你”，时间副词“正/在/正在/一直”等也可表示持续义。因此，有些情况下，学习者会出现应该使用助词“着”而没有使用的情况，我们称之为“遗漏”。出现“遗漏”的原因在于学习者没有注意到哪些情况下必须使用助词“着”。

1.“V_1着V_2”连动句

“V_1着V_2”连动句中，前一部分“V_1着”表示伴随的状态，后一部分“V_2”表示具体的动作行为。留学生常常会遗漏“着”，如例（1）和例（2）。

（1）* 可父亲看（着）我们的表情高兴地说：“啊哈哈，我真是个很幽默的好父亲！”

（2）* 每天上课老师的手上都提（着）一杯咖啡进教室来。

有时，前一部分“V_1着”表示方式，后一部分“V_2”表示具体的动作行为。留学生常常会遗漏“着”，如例（3）和例（4）。

（3）*他们坐（着）看电影。

（4）*小偷骑（着）摩托车逃走了。

有时，前一部分“V_1着”表示目的，后一部分“V_2”表示具体的动作行为。留学生常常会遗漏“着”，如例（5）和例（6）。

（5）*“一个给我深刻印象的人”就是我爸爸。虽然爸爸跟妈妈离婚，但爸爸不会让我伤心，他天天都忙（着）照顾我，做饭给我吃，很关心我。

（6）*妹妹现在还帮（着）看店吗?

“V_1着V_1着……V_2……”连动结构中，前一部分“V_1着V_1着”表示伴随的状态，后一部分“V_2”表示由此引发的结果。留学生常常会遗漏“着”，如例（7）。

（7）*我和朋友在酒吧的时候，玩得很高兴，玩着玩（着）就到回家的时间，我就交钱了。

“一边V_1一边V_2”句式中的“V着”结构往往成对出现。留学生常常会遗漏“着”，如例（8）和例（9）。

（8）*过了一会儿，国王就离开大王宫大殿回到皇宫去了，但是人们还站成一排，一边唱（着）国歌，一边摇举着小国旗。

（9）*除此之外，中秋节那天月亮特别圆特别亮，所以人们一边吃（着）月饼，一边看着美丽的月亮。

“V着”结构表示两个动作同时进行时，一般应成对出现。留学生有时会遗漏“着”，如例（10）和例（11）。

（10）*叔叔就拉（着）我和抱着妹妹走了，走到了奶奶家。

（11）*去学校的第一天，我哭着，拉（着）妈妈的手，不想让她把我一个人丢在这儿，我很难过，那个时候我以为妈妈不爱我了。

2.“V着”存现句

“V着”存现句的基本结构为“处所词＋V着＋事物”，表示“某物以某种状态存现于某处”。留学生常常在此类存现句中遗漏“着”，如例（12）～例（14）。

（12）* 沙发上坐（着）一个人。

（13）* 墙上挂（着）一幅画。

（14）* 在桌子上放（着）一个蛋糕和一瓶汽水。

其中，例（12）为施事存现句，例（13）为受事存现句。有时，受母语影响，留学生会在处所主语前加“在”，如例（14）。

3.“V着”句

当上下文语境蕴含持续义时，“V着”句必须使用助词“着”。留学生常常在此类“V着”句中遗漏“着”，如例（15）～例（17）。

（15）* 我叫她，她回头看（着）我，她笑得很开心。

（16）* 门开（着），电视机也开（着）。

（17）* 房间的灯一直亮（着）。

首先，“V着”结构表示动作的进行，如例（15）；也表示状态的持续，如例（16）。有时，“形容词＋着”表示状态的持续，如例（17）。以例（15）为例，“笑得很开心”表示状态，具有一定的持续义，“回头看我”应改为“回头看着我”，表示前后相续的动作在时间上具有统一性。

其次，当“V着”用于描绘情状，而不是陈述事实时，助词“着”必须出现。

（18）* 纳西族的老太太都穿（着）富有民族风格的蓝色背心。

（19）* 她们走着路去超市。第一个女人拿（着）手包，第三个人穿（着）紫色的衣服，戴（着）帽子。

（20）* 突然看到一个女孩，长头发，长得很漂亮，穿（着）很漂亮的衣服。

再次，有些情况下，动态动词后可能会遗漏“着”。

（21）* 外面刮（着）风感觉很踏实。

例（21）中，“刮风 / 刮着风”都可以接受，但考虑到上下文语境中“感觉很踏实”表状态的持续，“外面刮风”应改为“外面刮着风”。

有些情况下，强持续义的状态动词后可能会遗漏“着”。

（22）* 在晚上的时候，每个人都带（着）蜡烛、鲜花和佛香顺时针在寺庙里转。

（23）* 有一个女生拿（着）红色的书包。

（24）* 他父母都抱（着）他，然后哭起来。

例（22）“带”、例（23）“拿”、例（24）“抱”均具有动态 / 静态二重性，根据上下文语境，它们均表示动作结束后遗留的状态的持续，因此必须使用助词“着”。

有些情况下，出现离合词时，可能会遗漏“着”。连动结构的前一部分为离合词，且离合词表示伴随的状态时，必须使用助词“着”。

（25）* 他妈妈流（着）泪舍不得离开。

例（25）中，“流泪”是具有强持续性的动词。

有些情况下，“在 P + V 着”句可能会遗漏“着”。

（26）* 英男在床上躺（着）。

根据上下文语境，例（26）中“躺”表示动作结束后遗留的状态的持续，因此必须使用助词“着”。

最后，上下文语境蕴含一定的持续义时，助词“着”也必须出现。如例（27）动词“洋溢”，例（28）时间副词“一直”，例（29）处所短语“在瑞士”。

（27）* 还没到情人节，花店里已经洋溢（着）过节的气氛。

（28）* 我们就这么一直走（着）。

（29）* 他在瑞士过（着）愉快的生活。

4. 词缀化的助词“着”

助词“着”跟名词、介词、动词结合出现词化倾向，如“意味着、随着、代表着、顺着、有着”等。留学生之所以遗漏助词“着”，主要是因为对动词的词性以及动宾搭配掌握得不够牢固。以“随 / 随着”为例，动词“随”一般加表具体事物的宾语，如“随你”；介词“随着”一般修饰表抽象事物的宾语，如“随着时间的推移”。

（30）* 但随（着）时间的推移，我把这个难题解决了。

（31）* 这句话意味（着），我的想法错了。

（32）* 现在我们两个国家有（着）友好的关系。

（33）* 在我国，可以说广播台录音机平常放的歌曲就是流行音乐，因为它代表（着）当天老百姓在购买什么唱片。

67. 助词“着”容易跟哪些成分产生混淆？

有些情况下，留学生使用助词“着”容易跟其他成分产生混淆，即在该用助词“着”的时候用其他成分进行替代，这种现象又叫“误代”。

第一，助词“着”与表结果义的补语产生冲突。

（1）* 总之，我不管汉语怎么难，我慢慢地爱着汉语。

（2）* 烟对人们的身体是一种损害，但是对烟草公司来说，越来越多人吸烟，那么他们的利益也越来越大，所以唯一的办法，政府让他们在烟盒外写着烟对人们的伤害。

例（1）中“爱着”应为结果补语“爱上”，因为前一分句表示条件，后一分句需表示一个确定的结果。“V 着”结构仅表动作的进行或状态的持续，不能跟有界性成分共现。例（2）中“写着”应为结果补语“写上”，在兼语句中，后一动词主要表示动作的进行，根据上下文语境，“写着”在这里主要表示状态的持续，与整句的句式义产生了冲突。

（3）* 与不同的人在一起，会受着不同影响。

（4）* 我看着她偷东西了！

例（3）中“受着不同影响”应为“受不同影响”或“受到不同影响”。“受”本身可以表示动作的持续。并且，根据上下文语境，整句句式义侧重于表示动作行为的结果，而非动作行为的持续，因此应删去助词“着”。例（4）中“看着”应为“看到”。“偷”为瞬间动词，与表动作持续的“看着”在语义上产生了冲突。

第二，助词“着”与表趋向义的补语产生冲突。

（5）* 原来我的老家是韩国的城市全州，在那儿我的父亲做了加工贸易，有的时候他去汉城把各种资料和机械带着来给职员做各种衣服。

（6）*我读的时候一直流下了眼泪。

例（5）中“带着”应改为表趋向义的“带回”。“把”字句的语义特征主要是表示“位置移动”，即“从汉城到全州”，而“V着”“把”字句的语义特征为“使某事物处于某种状态”，两者产生了冲突。例（6）中，应删除“一直”或将“流下了”改为“流着”。时间副词“一直”表示“持续不断”，与表示趋向义、结果义的“流下了”不兼容。

第三，助词“着”与表状态的补语产生冲突。

（7）*对面宿舍的音响，吵着我睡不着觉。

（8）*我们一起聚餐，聊天聊着很开心。

例（7）中“吵着我睡不着觉”应改为“吵得我睡不着觉”。原句中，“吵着”表示动作的持续，“睡不着觉”表示新出现的情况，与“吵着”的语义特征产生了冲突。例（8）中“聊着很开心”应改为“聊得很开心”。原句中，“聊着”表示动作的持续，“很开心”表示说话人开心所达到的程度，与“聊着”的语义特征产生了冲突。

第四，助词“着”与介词结构“V + 在 NP”产生误代。主要原因在于未能分清楚“在 NP + V 着”和“V + 在 NP”的区别。前者主要凸显状态性，后者主要凸显动作性。

（9）*他走进屋以后，看见了挂着墙上的照片。

（10）*我爸是一位好爸爸，他每天起得最早，回家也是最晚，我和弟弟每天晚上，会站着家里的小院等他回来。

（11）*她们对每一个小摊都有兴趣，所以我和我朋友走着她们的前边时常常找不到她们。

例（9）中“挂着墙上”应改为“在墙上挂着”，整句侧重于描写状态的持续。例（10）中“站着家里的小院”应改为“站在家里的小院”，整句侧重于描写动作的进行，而非状态的持续。例（11）中“走着她们的前边时”应改为“走在她们的前边时”，整句同样侧重于描写动作的进行。

第五，助词“着”与时间副词“在”产生误代。助词“着”主要表示动作的进行或状态的持续，时间副词“在”侧重于表示动作的时间性。

（12）A：同学们在干什么？

B：*同学们写着作业。

（13）*我走出去的时候看见他们等着我。

例（12）中“同学们写着作业”应改为“同学们在写作业”，因为问句强调时间性，而非状态性。例（13）中“等着我”应改为“在等我”，前一小句“走出去的时候”强调时间性，后一小句“等着我”侧重于状态性，前后语义不一致，产生了冲突。

第六，“X着”类介词的误用。

（14）*有一天其他朋友想给她开个生日晚会，他向着我商量这事情，最后我们打算不告诉她，又不跟她说话。

（15）*那时候的我一早上都不想去上课，因为一到那个小小的教室，同学们都会用冷言冷语对着我说话。

例（14）中“向着”应改为“向”，因为“向着”带有一定的持续义，与动宾结构“商量这事情”的有界性发生冲突。例（15）中“对着”应改为“对”，因为“对着”也带有一定的持续义，与动宾短语“说话”的有界性也发生冲突。

第七，助词“着”与“了”产生误代。“着”“了”误代是双向并行的。有些情况下，留学生倾向以“着”代替“了”。

（16）*这种药我一直吃着几个星期了。

（17）*我爸爸找到了那张重要的纸，看到有小孩的画，他瞪着我一眼，我不停地哭起来。

（18）*大家都不知道是怎么回事，火车怎么突然停着。

例（16）中“吃着几个星期了”应改为“吃了几个星期了”，第一个“了”表示动作的完成，第二个“了”表示动作的持续；也可删去数量成分改为“一直吃着”。例（17）中“瞪着我一眼”应改为“瞪了我一眼”，因为“V着”结构不能与数量短语同现。例（18）中，时间副词“突然”具有瞬时义，与表持续义的“V着”结构不能共现，“停着”应改为“停了”。

有些情况下，留学生倾向于以“了”代替“着”。

（19）* 两个和尚在山上的庙里好好地过了日子。

（20）* 车在路上跑了。

（21）* 他们跳了，唱了，笑了。

（22）* 然后他就开了车下山去。

（23）* 没关系，你坐了说，不要客气。

例（19）中“过了日子”应改为“过着日子”，“了”与整句表持续义的语义特征产生冲突。例（20）为“V着”存现句，应改为“车在路上跑着”。例（21）～例（23）为“V着”连动句，表示多个动作行为具有同时性，其中的“了”都应改为“着”。

第六部分　教学设计

68. 如何开展助词“着”的分级教学？

1. 按照学习者汉语水平进行分级

以往的对外汉语教学语法大纲注重依据语法点的难易度进行分级教学，比如《对外汉语教学语法大纲（初中级）》中，助词“着”在初级阶段、中级阶段、高级阶段都有出现。这样做的好处是遵循先易后难的习得顺序，方便教师针对特定水平的汉语学习者，就某一具体语法点开展教学。如《对外汉语教学语法大纲（初中级）》将助词“着”划为动态助词，其语法特点为“和相应的词或短语结合，表示某种动态意义”，如“外面下着雨”。但另一方面，关于助词“着”的语法意义、句法结构的描写失之过宽。

2. 按照助词“着”句法结构难易度分级

《现代汉语八百词》以助词“着”句法结构为分类标准，《实用现代汉语语法》以语法意义、句法结构为分类标准。研究者指出，助词“着”常出现于“V着（动态/静态）”句、“V_1着V_2”连动句、“V着”存现句、“A着+数量词”结构中（吕叔湘，1980；刘月华、潘文娱、故铧，1983）。李蕊（2005）、周小兵（2007）进一步将“V着”句分为状语“V着”句、“V着O”句、“在P+V着”句；丁雪欢（2014）将“V着”连动句分为方式句、变化句、叠用句。

研究者以母语者助词“着”的使用情况和留学生作文中介语语料库中的使用情况为研究对象，对母语者和二语者助词“着”的使用频率、使用正确率进行了对比，考察“目标语系统”和“学习者中介语系统”的差异，进而得出了助词“着”的习得顺序。

然而，这一习得顺序往往主要考虑了“目的语系统”和“学习者中介语系统”的差异，没有将“学习者母语系统”纳入进来，较少考虑学习者母语和目的语的交互作用。因此，所得出的“习得顺序”是否能如实反映习得过程尚待商榷。

另外，按照句法结构难易度进行分级，忽略了学习者母语迁移的重要作用。事实上，学习者习得汉语助词“着”的过程不可避免地会受到母语的影响。从语言类型学的角度来看，汉语助词“着”在英语、日语、韩语、泰语、印尼语中存在对应形式，二者在语法意义、句法结构上既存在联系，又存在区别。①

比如汉语助词“着”为持续体标记，日语的“ている”结构则可表示持续体、反复体和完成体，韩语的“－고있－”结构则可表示完成体。语法意义的差异，导致句法结构的限制条件又存在较大区别。

再比如，汉语助词“着”的常用句式“V 着”句、“V 着”存现句在其他语言中能够找到相应形式，其中汉语“V 着”句中动词必须为持续动词、状态动词，而不能为关系动词、瞬间动词、完结动词，日语对应形式“ている”结构则不受限。

又比如，汉语“V 着”结构不能跟时量补语、动量补语、结果补语、趋向补语等结构同现，泰语对应形式“อยู่（aho）”则不受限。

这表明，在助词“着”的教学中，仅仅将汉语母语者和留学生中介语对应起来的做法失之偏颇，以汉语母语者的使用习惯来对标留学生中介语的做法是不够科学的。不管是教师还是研究者，都要自觉从类型学的角度对汉语助词“着”和留学生母语对应形式进行对比，进而充分考虑“目的语系统”和“学习者母语系统”对“学习者中介语系统”的潜在影响，只有这样，对外汉语教学才能做到有的放矢。

3. 根据母语和目的语特征差异分级

我们提倡助词“着”的教学不仅要分级，而且要分国别。并且，分国别的重

① 具体内容详见第 32～35 小节助词“着”汉外对比分析。

要性、必要性及紧迫性似乎强于分级。以下，我们以泰语母语者为例，从句法结构的角度，详细论述助词“着”的分级教学（见表 68-1）。

表 68-1 泰国学习者助词“着”分级教学设计

句式		句法结构	下位句式	例句
“V 着”存现句		NP 处所 + V 着 + O	NP 上 + V 着 + NP	桌子上放着一本书。 教室里坐着一个学生。
“V 着”句	动态“V 着”句	S + V 着 + O	S + 在 / 正 / 正在 + V 着 + O	老师在说着，同学们在听着。
			S + adv. + V 着 + O	我一直在看着书。
	静态“V 着”句	S + V 着 + O	S + V 着 + 定语 + O	丽丽穿着红裙子。
			S + 在 P + V 着	我在图书馆前面等着。
“V 着”连动句		S + V 着 V + O	S + V_1 着 V_2	老师坐着看书。
			S + V_1 着 V_1 着 + V_2	他坐着坐着睡着了。

《对外汉语教学语法大纲（初中级）》中，助词“着”各句法结构的出现顺序为：“V 着”句、“V 着”存现句、“V 着”连动句。不过，结合第 35 小节的分析，我们发现，这一习得顺序并不完全符合泰国学习者助词“着”习得的真实情况。

首先，“V 着”句使用限制条件较多，下位句式较多。“V 着”结构不能与补语成分同现，且只有持续动词、状态动词能与“V 着”结构共现。因此，需要针对不同类型的补语、不同情状类型的动词反复练习，才能顺利掌握。

其次，汉语“V 着”存现句基本能够与泰语“อยู่（aho）”对应起来，因此，理解汉语“V 着”存现句并不难，教学中只要针对“V 着”存现句的语序进行反复操练即可。

最后，相比而言，汉语“V 着”连动句不应过度细分，因为泰语中没有对应的形式。从习得的角度来看，“目的语有而母语无”对学习者来说是最难习得的。但最难习得不一定就是必须习得的，汉语“V 着”连动句常常表示逻辑上的事理关系（如时序、方式、目的等），泰语往往通过连词来表示。在教学中，如果能让学习者认识到变换说法同样可以达到交际的目的，那必定会起到事半功倍的效果。

然而，上述以泰语母语者为对象的助词“着”的句式分类主要建立在教学经验、文献资料的基础上，要想使上述说法立得住脚，还必须经由实验研究来验证。因为，助词“着”的语法意义和句法结构主要由母语者（接受过语言学训练的专业人士）语感得出，是否具有心理现实性还需经由实践检验。

此外，就对外汉语教学而言，对助词“着”的语法意义、句法结构进行详细描写和分类还远远不够，更重要的是要说清楚用法。有时候，留学生知道语法规则，但一用就错，主要原因就在于没有搞清楚助词“着”的语篇功能。这就容易导致助词“着”的泛化使用，不但没有出现使用不足的情况，反而出现了多用的情况。

69. 怎么进行“V 着 O”结构的教学？

从句法形式来看，一般情况下，汉语助词“着”位于动词之后、宾语之前，可记作“V 着 O”。然而，泰语助词“着”的对应形式则位于宾语之后，记作“VO 着”。因此，针对泰国留学生，教师要有意识地设计一些语序练习。如连词成句、判断正误等，强化“V 着 O”的句法形式。

从语法意义来看，“V 着 O”既可表示动作的进行，又可表示状态的持续；而在韩语、泰语、印尼语中，“V 着 O”的对应形式仅表示状态的持续，不能表示动作的进行；日语、英语中，“V 着 O”的对应形式有时跟助词“着”相对应，有时跟“在 / 正在 / 正”相对应。因此，“V 着 O”的语法意义是对外汉语语法教学的一大难点。

1. “V 着 O”表动作的进行

“V 着 O”表示动作的进行。教学中，通过动作演示、图片展示、视频播放等方法，教师对学生进行提问。如：

教师：老师在干什么？ / 老师干什么？

学生：老师看着书 / 喝着水 / 走着路。

看上去，学生理解了“什么是动作的进行”。实际上，这种做法存在一定的问题。从提问来看，“老师在干什么”这一句中，时间副词“在”本身就表示动作的进行，容易给学生造成困扰：“在”和“着”的区别是什么？另外，“老师干什么”是一个常态句，也容易让学生疑惑“看着书”和“看书”的区别是什么。

表面上看，师生一问一答的过程中，老师讲清楚了，学生也练到位了；但实际上，学生仍然不甚清楚。在实际交际过程中，可能会“一说就错”。那老师该如何进行“V着O”的教学呢？

首先，要紧扣动词的情状类型，指出“V着O”结构中的动词通常为持续动词。如：

教师：（呈现视频），操场上的学生在做什么呢？

学生：他们在跑步。他们跑着（步）。[1]

教师：（呈现视频），饭店里的客人呢？

学生：他们吃着（饭）。

教师：（呈现视频），电影院里的观众呢？

学生：他们看着（电影）。

教师在黑板上写下“V着”的格式，将上述句子补充完整，并通过领读、分读、齐读的方式帮助同学们聚焦于形式（见表69-1）。

表69-1 “V着”句法形式教学展示

序号	S	V着
1	操场上的学生	跑着
2	饭店里的客人	吃着
3	电影院里的观众	看着
4	老师	站着
5	同学们	坐着
6	沙发上的小狗	躺着

① “在V”和“V着”的联系和区别详见第9节。此处，教师应强调，“在V”表示在一个明确的时段内动作的进行，如“8点到9点，他们在跑步”。“V着”重在强调动作的持续，在时间上缺少一个明确的起点和终点，且不能独立使用。

其次，要指出包含持续义的状态动词也可以进入“V 着”结构。如：

教师：（呈现视频），教室里的老师站着还是坐着？

学生：*老师在站。老师站着。[1]

教师：（呈现视频），教室里的学生呢？

学生：*学生在坐。他们坐着。

教师：（呈现视频），沙发上的小狗呢？

学生：*小狗在躺。小狗躺着。

接着，通过替换场景练习，进一步帮助同学们理解“V 着”结构可以表示“多个事件同时进行”。[2]

教师：在宿舍的时候，你写着作业，你室友呢？

学生：他看着手机 / 听着音乐 / 上着网。

教师：在家的时候，妈妈做着饭，你呢？爸爸呢？哥哥呢？

学生：我做着作业。爸爸浇着花。哥哥玩着电子游戏。

教师在黑板上写下“S_1 + V 着 + O，S_2 + V 着 + O”的格式，将上述句子补充完整，并通过领读、分读、齐读的方式帮助同学们聚焦于形式（见表 69–2）。

表 69–2 “S_1 + V 着 + O，S_2 + V 着 + O”句法形式教学展示

序号	S_1	V 着	O	，	S_2	V 着	O
1	我	写着	作业	，	我室友	看着	手机
2	妈妈	做着	饭	，	我	做着	作业
3	妈妈	做着	饭	，	爸爸	浇着	花
4	妈妈	做着	饭	，	哥哥	玩着	电子游戏

需要注意的是，韩语、泰语、印尼语中，“V 着 O”的对应形式主要表示状态的持续，不能表示动作的进行。同学们可能会混淆“在 / 正在 / 正 +

① 此处，教师应强调，“在 V”表示动作的进行，“动作–状态”复合义动词进入“在 V”结构后，仍侧重于表示动作的进行。如“老师在坐”应理解为“老师的姿态由站转变为坐”，而不能理解为“老师呈现坐着的状态”。“V 着”结构中，“老师坐着”表示状态的持续，而非动作的进行。

② 在最开始的教学中，教师应着重帮助学生理解助词“着”的语法意义，不必担心同时出现两个“V 着 O”结构学生是否会理解。

V”和“V 着 O”结构。[①] 这时，教师要指出，时间副词“在”主要跟持续动词连用，表示一段时间内动作的进行[②]；“正在 / 正”多跟时点词连用；而“V 着 O”既能跟持续动词共现，又能跟“动作–状态”复合义动词共现。从时段词 / 时点词、动词语义特征的角度出发，基本能够帮助留学生辨析清楚两者的区别。

2.“V 着 O”表持续义受何种成分影响？

有时，受课堂教学的影响，学生习惯了简单句“S + V 着 + O”的表达，看起来语法上没有错误，但总觉得可接受度差一些。因此，教师在教学中要向学生说明，“V 着 O”并不能单独使用，而要添加状语性成分后才可独立使用。[③] 如：

教师：春天来了，树上的小鸟怎么样地叫着？

学生：树上的小鸟开心地叫着。

教师：操场上的学生怎么样地跑着步？

学生：他们努力地跑着步。

教师：饭店里的客人怎么样地吃着饭？

学生：他们大口大口地吃着饭。

教师：电影院里的观众怎么样地看着电影？

学生：他们微笑地看着电影。

教师在黑板上写下“S + adv. + V 着 + O”的格式，并通过领读、分读、齐读的方式帮助同学们聚焦于形式（见表 69–3）。

表 69–3 “S + adv. + V 着 + O”句法形式教学展示

序号	S	adv.	V 着	O
1	树上的小鸟	开心地	叫着	
2	操场上的学生	努力地	跑着	步

① 两者最大的区别为：“S + 在 / 正在 / 正 + V + O”直接表进行，而“V 着 O”必须加上时间副词“在 / 正在 / 正”才能表进行。“V 着 O”本身仅表动作行为或状态的持续，且不能独立成句。

② 有关“在 V”和“V 着”的区别，详见第 9 节。

③ 关于“V 着 O”结构的完句成分，详细内容见第 18 小节。

续表

序号	S	adv.	V着	O
3	饭店里的客人	大口大口地	吃着	饭
4	电影院里的观众	微笑地	看着	电影

此外，时间副词、频率副词等也会影响“V着O”的持续义表达[①]。如：

教师：上课的时候，老师一直站着吗？

学生：老师一直站着。

教师：你的室友总是看着手机吗？

学生：他总是看着手机。

教师在黑板上写下“S + adv. + V着 + O”的格式，并引导学生聚焦于形式（见表69–4）。

表69–4　“S + 副词 + V着 + O”句法形式教学展示

序号	S	副词	V着	O
1	老师	一直	站着	
2	他	总是	看着	手机

3.“V着O”的动态/静态二重性如何辨析？

“V着O”的动态/静态二重性跟动词的情状类型密切相关。一般来说，当动词为持续动词时，“V着O”结构呈现动态性，如“他一直跑着步”。当动词为状态动词时，“V着O”结构呈现静态性，如“他一直想着这个问题”。

不过，跟其他语言相比，汉语中还有一类动词较为特殊。“动作–状态”复合义动词会呈现出“动态/静态”两种状态。以“挂”为例，当视点集中于动作行为本身，如从动作开始到动作结束时，“挂”具有动态性，如“老师在挂着画”；

---

① 时间名词、处所状语、修饰性定语及具有复数语义特征的主语、宾语等均会影响“V着O”是否可以独立成句。教学过程中，教师可结合教材内容有选择地进行介绍，帮助学生体会“V着O”的完句成分的作用。但不可不加选择地将所有完句成分一次性地介绍给学生，这样做违背了基本的教学原则，教学效果会适得其反。

当视点集中于动作行为完成后遗留的状态时，“挂”具有静态性，如“墙上挂着画”。

因此，在教学中，教师要根据学生的理解能力，对“动作-状态”复合义动词进行简单的辨析，如“挂、放、装、包、穿、戴”等。通过教师动作演示、图片展示等方法，帮助学生理解“挂类”动词的特殊性。但不可过多延伸，以免使学生产生误解。

70. 怎么进行“在P＋V着”结构的教学？

“在P＋V着”结构的教学难点在于，留学生不明白为何动词后一定要加“着”。因为，汉语中有些强持续性动词本身就具有较强的持续义，加不加“着”区别并不大。如“他在台上说”和“他在台上说着”。

1. “在P＋V着”表示动作持续的场所

在教学中，教师可利用图片展示进行师生问答，帮助学生理解“在P＋V着”表示动作持续的场所。如：

教师：小鸟在哪里叫着？

学生：小鸟在树上叫着。

教师：学生在哪里跑着步？

学生：学生在操场上跑着步。

教师：客人在哪里吃着饭？

学生：客人在饭店里吃着饭。

教师：观众在哪里看着电影？

学生：观众在电影院里看着电影。

教师引导学生聚焦于如下形式（见表70-1）。

表 70-1 “$S_{有生命体}$ + 在 P + V 着 + O” 句法形式教学展示

序号	S	在 P	V 着	O
1	小鸟	在树上	叫着	
2	学生	在操场上	跑着	步
3	客人	在饭店里	吃着	饭
4	观众	在电影院里	看着	电影

教师还要通过视频或者图片，帮助学生理解“在 P + V 着”表示动作持续于某一处所。如：

教师：（呈现视频）他在宿舍里写着作业（表示动作正在进行）。你呢？

学生：我在宿舍里听着音乐。

教师：你的室友呢？

学生：我的室友在宿舍里看着手机。

教师引导学生聚焦于如下形式（见表 70-2）。

表 70-2 “$S_{有生命体}$ + 在 P + V 着 + O” 句法形式教学展示

序号	S	在 P	V 着	O
1	他	在宿舍里	写着	作业
2	我	在宿舍里	听着	音乐
3	我的室友	在宿舍里	看着	手机

2. “在 P + V 着”表示状态持续的场所

当主语为非生命体时，“在 P + V 着”表示状态持续的场所。教师可利用教室环境来进行师生问答，帮助同学们理解“在 P + V 着”的语法意义。如：

教师：老师在教室里站着，同学们在教室里坐着。那老师的水杯呢？

学生：老师的水杯在桌子上放着。

教师：老师的包呢？

学生：老师的包在墙上挂着。

教师：老师的手机呢？

学生：老师的手机在桌子上放着。

教师引导学生聚焦于如下形式（见表 70–3）。

表 70–3 “$S_{无生命体}$+在 P+V 着+O”句法形式教学展示

序号	S	在 P	V 着
1	老师的水杯	在桌子上	放着
2	老师的包	在墙上	挂着
3	老师的手机	在桌子上	放着

接着，教师设置情境并要求同学们介绍一下自己的房间。如：

教师：大卫，你的房间怎么样啊？

大卫：东西很多。

教师：有什么东西？

大卫：衣服、鞋子、书、电脑等等。

教师：衣服在哪儿呢？

大卫：衣服在衣柜里挂着。

教师：鞋子呢？

大卫：鞋子在鞋架上放着。

教师：书呢？

大卫：书在桌子上放着。

教师：电脑呢？

大卫：电脑也在桌子上放着。

教师引导学生聚焦于如下形式（见表 70–4）。

表 70–4 “$S_{无生命体}$+在 P+V 着+O”句法形式教学展示

序号	S	adv	在 P	V 着
1	衣服		在衣柜里	挂着
2	鞋子		在鞋架上	放着
3	书		在桌子上	放着
4	电脑	也	在桌子上	放着

3. 语篇中的“在P+V着”结构

“在P+V着”结构既可以表示“动作持续于某一场所”，又可以凸显“状态持续于某一处所”。其中，“空间环境”是事件进展的主线，呈现的是处于同一时空场所的人、事、物的状态。如：

教师：下课的时候，教室里怎么样？

学生1：我在教室里喝着水。他在教室里写着作业。

教师：你的水杯呢？

学生1：我的水杯在桌子上放着。

教师：你的作业呢？

学生1：我的作业在书包里放着。

教师总结归纳：下课的时候，我在教室里喝着水。他在教室里写着作业。我没写作业，我的作业在书包里放着。

教师：周末的时候，新天地怎么样？

学生1：有的人在新天地里喝着咖啡。有的人在新天地里唱着歌。

教师：他的咖啡呢？

学生1：他的咖啡在桌子上放着。

教师总结归纳：周末的时候，新天地很热闹。有的人在新天地里喝着咖啡。有的人在新天地里唱着歌。他的咖啡呢？哦，咖啡在桌子上放着。

总的来看，“在P+V着”结构可以看作是“V着O”结构的一种延续，不仅凸显动作或状态的持续，而且强调某一特定空间环境中动作或状态的持续。其中，空间环境是事件进展的主线。所有关于人、事、物的描写、介绍，均围绕空间环境展开。

71. 怎么进行“V 着”存现句的教学？

汉语“V 着”存现句可分为受事存现句、施事存现句。泰语中存在相对应的结构；韩语中，受主宾格语法标记的影响，施事存现句语序跟汉语有所不同。

1. 受事存现句

从句法形式来看，受事存现句可记作“某地 + V 着 + 某物”，表示某物以何种方式存在于某地。教师在教学中应通过师生问答，帮助学生理解受事存现句的句法形式和语法意义。如：

教师：桌子上放着什么？

学生：桌子上放着一个水杯。

教师：地上放着什么？

学生：地上放着一个书包。

教师：书包里放着什么？

学生：书包里放着一个手机。

教师：墙上挂着什么？

学生：墙上挂着一幅画。

教师引导学生聚焦于如下形式（见表 71–1）。

表 71–1　“某地 + V 着 + 某物”句法形式教学展示

序号	某地	V 着	某物
1	桌子上	放着	一个水杯
2	地上	放着	一个书包
3	书包里	放着	一个手机
4	墙上	挂着	一幅画

泰国留学生常会在主语前误加介词“有”“在”，如“在桌子上放着一个水

杯”。教师要指出“在桌子上”为介词短语，加上“在”以后，整个句子由存现句变成了动词谓语句。

根据学生的作答情况，教师要利用图片、视频，根据具体情境，引导学生进行自由问答练习。如通过实时参观在线博物馆，引导学生介绍一下博物馆的陈设。

教师：博物馆门前放着什么？

学生：博物馆门前放着一个大玻璃柜。

教师：玻璃柜里放着什么？

学生：玻璃柜里放着一个面具。

教师：玻璃柜上写着什么？

学生：玻璃柜上写着“黄金面具”。

2. 施事存现句

从句法形式来看，施事存现句可记作“某地 + V 着 + 某人”，表示某人以何种方式存在于某地。教师教学中应通过图片展示、师生问答，帮助学生理解施事存现句的句法形式和语法意义。如：

教师：教室里坐着一个学生吗？

学生：教室里坐着一个学生。

教师：教室里站着一个老师吗？

学生：教室里站着一个老师。

教师：床下躺着一只小猫吗？

学生：床下躺着一只小猫。

教师：前面走着一个小学生吗？

学生：前面走着一个小学生。

汉语缺乏主格、宾格标记，因此施事存现句、受事存现句的语序是一致的。韩语主格、宾格有外在形式标记，语序跟汉语有所不同，这一点教师在教学中应加以注意。

教师引导学生聚焦于如下形式（见表 71–2）。

表 71-2 “某地 + V 着 + 某人”句法形式教学展示

序号	某地	V 着	某人
1	教室里	坐着	一个学生
2	教室里	站着	一个老师
3	床下	躺着	一只小猫
4	前面	走着	一个小学生

根据学生回答情况，教师应进一步说明“某地 + V 着 + 某人”能够出现的上下文语境。

教师给出例句：

我经过教室的时候，教室里坐着一个学生。

进一步解释：

在时间上，“经过教室”和“坐着一个学生”有重叠，两者都表示持续义。

教师：我经过教室的时候，教室里坐着一个学生。你呢？

学生：我经过教室的时候，教室里站着一个老师。

教师：我去大卫的宿舍找大卫，发现床下躺着一只小猫。你呢？

学生：我去地铁站坐地铁，发现前面走着一个小学生。

最后，教师总结，“某地 + V 着 + 某人”结构中，宾语“某人”常常为新出现的情况；说话人在做某事的时候，发现施事宾语“某人”以某种方式保持状态的持续。

3. 与其他存现句的区别

从语法意义来看，除了“V 着”存现句以外，汉语中的“有”字句、“是”字句均可表示“某处存有某物”。因此，学生很容易认为“V 着”存现句和“有”字句、“是”字句是可以相互替换的。事实上，受动词情状类型影响，“V 着”存现句表示某一特定时间段内，某物以某种方式存在于某地。

当上下文语境为静态描写“某物以某种方式存在于某地”时，“V 着”存现句可以跟其他句式替换。替换后，“有”字句表示列举，说明某地存有某物，且不具有排他性。“是”字句表示确指，说明某地仅存有某物，具有排他性。如：

教师：桌子上是什么？

学生：桌子上是水杯。（表示确认）

教师：桌子上是狗熊吗？

学生：你看错了，桌子上不是狗熊。

教师：桌子上有什么？

学生：桌子上有水杯、书。（表示列举）

教师：桌子上有狗熊吗？

学生：没有，桌子上没有狗熊，只有水杯、书。

教师：桌子上放着什么？

学生：桌子上放着水杯。

教师：桌子上还放着什么？

学生：桌子上还放着书。

教师：*桌子上没放着什么？（“V着”存现句一般没有否定形式，主要是描写，且多为前景句。）

教师展示留学生宿舍的照片，请同学们用“桌子上/墙上/地上＋V着＋O”结构来描写。

总结：在单句中，“V着”存现句、“有”字句、“是”字句可以相互替换。但是在语篇环境中，“V着”存现句的作用是描写，多用于文章开头，通过描写背景，引出叙事主线。“有”字句多用于应答句中，表示列举。“是”字句也多用于应答句中，表示确认。“有”字句、“是”字句均有否定形式，用于否认某处存在某物。“V着”存现句的否定形式比较少见。

72. 怎么进行“V_1着V_2”结构的教学？

从语法意义上来看，“V_1着V_2”结构前后两个动词之间存在同时性的语法特征，有时可以用“一边V_1一边V_2”进行替换。从事理逻辑上看，前后两个动词之间的关系可分为：动作—结果、方式—动作。从语法形式来看，“V_1着V_2”结构主要充当谓语。

1. 教学设计

“V_1着V_2”表示“V_1”“V_2”两个动作行为同时进行，“V_1着”可理解为“V_2”的伴随方式。教师通过图片展示进行师生问答。如：

教师：我听着音乐开车。“开车”和“听音乐”同时进行，“开车”是主要的事情，“听音乐”是伴随的状态。你怎么样地开车？

学生2：我唱着歌开车。

教师：你怎么样地开车？

学生3：我聊着天儿开车。

教师：你怎么样地开车？

学生4：我看着导航开车。

教师引导学生聚焦于如下形式（见表72-1）。

表72-1 “V_1着V_2”句法形式教学展示

序号	人	伴随的状态	动作
	S	V_1着	V_2
1	我	听着音乐	开车
2	我	唱着歌	开车
3	我	聊着天儿	开车
4	我	看着导航	开车

教师通过图片展示，进行师生问答，引导学生观察“V_1”是“V_2”伴随的方式。

教师：大卫怎么回家？

学生：大卫走着回家。

教师：麦克怎么回家？

学生：麦克坐着地铁回家。

教师：玛丽怎么回家？

学生：玛丽骑着自行车回家。

教师：你怎么回家？

学生：我开着车回家。

教师引导学生聚焦于如下形式（见表72-2）。

表72-2　“V_1着V_2”句法形式教学展示

序号	人	方式	动作
	S	V_1着	V_2
1	大卫	走着	回家
2	麦克	坐着地铁	回家
3	玛丽	骑着自行车	回家
4	我	开着车	回家

教师通过设置情境，进行师生提问，引导学生观察“V_1”是“V_2”的原因，“V_2”是“V_1”的目的。如：

教师：快要考试了，你忙着做什么？

学生：快要考试了，我忙着复习。

教师：快要回国了，你忙着做什么？

学生：快要回国了，我忙着买礼物。

教师：快要毕业了，你忙着做什么？

学生：快要毕业了，我忙着找工作。

教师：最近，你忙着做什么？

学生：我忙着上课。/ 我忙着上班。/ 我忙着写报告。

教师引导学生聚焦于如下形式（见表 72–3）。

表 72–3 “V_1 着 V_2”句法形式教学展示

序号	人	原因	目的
	S	V_1 着	V_2
1	我	忙着	复习
2	我	忙着	买礼物
3	我	忙着	找工作
4	我	忙着	上课
5	我	忙着	上班
6	我	忙着	写报告

2. 课后练习

除了师生问答练习，教学过程中还可通过课堂活动及练习，帮助学生掌握“V_1 着 V_2”结构的句法形式特征。

2.1 你说我做

要求两个人一组，一个人做动作，另一个人用“一边 V_1 一边 V_2”说句子，最后共同用“V_1 着 V_2”结构[①]进行表达。教师给出常用动词，如“走、跑、看、听、说、拿”等。

如：一个人做一边走路一边听音乐的动作；另一个人说“他一边听音乐一边走路”；最后，两个人共同说“他听着音乐走路”。

教学难点在于，“V_1 着 V_2”结构中，前后两个动词存在“伴随动作”和“主要动作”的区分。通过“一边……一边……”结构代入，会让学生误以为前后两个动词地位相当，从而出现错误使用情况，如将“他听着音乐走路”，说成“他

① “一边 V_1 一边 V_2”和“V_1 着 V_2”结构的联系和区别详见前述第 61 小节。表时序的“V_1 着 V_2”结构可以跟“一边 V_1 一边 V_2”结构相互替换，而表“方式—动作”“动作—目的”的“V_1 着 V_2”结构跟“一边 V_1 一边 V_2”结构不能自由替换。

走着路听音乐”。

又如“我们喝着咖啡聊天儿”，表意重点在于“聊天儿”；而“我们聊着天儿喝咖啡”，表意重点在于“喝咖啡”。前一句较为符合情理，因为“聊天儿”贯穿整个事件的全过程，“喝咖啡”只是伴随的状态。

2.2　造句练习

要求学生用“V_1 着 V_2”结构进行造句练习。如：

唱　洗：我唱着歌洗澡。

走　去超市：我走着去超市。

站　喝咖啡：我站着喝咖啡。

3. 语篇练习

“V_1 着 V_2”结构的教学难点在于：首先，其他语言中助词“着”的对应形式很少用于连动式；其次，汉语“V_1 着 V_2”结构语法意义较为丰富，可以表示“先时—后时”“状态—动作”“动作—结果”等多种逻辑事理关系，而其他语言中则多用连词或分句形式来表达。因此，“V_1 着 V_2”结构的教学既要聚焦形式，又要聚焦意义，切忌发散式教学，否则会导致学生无所适从。

现以如何教授表“状态—动作”的“V_1 着 V_2”结构为例开展语段练习。

首先，我们以最常用的动词“说、看、吃”为例，构造连动式短语，如“哭着说、笑着说、站着说、坐着说、走着说、跑着说”“坐着看、站着看、躺着看、哭着看、笑着看”“坐着吃、站着吃、走着吃、哭着吃、笑着吃、跑着吃、躺着吃”。

其次，在学生领会上述连动式结构后，我们会根据某一场景提问，请同学们用“怎么样地说”“怎么样地看”“怎么样地吃”来描绘场景，由短语练习逐渐扩展至单句练习、语段练习。如：

教师：中国朋友说你汉语很好。你怎么回答？

学生：我笑着说“谢谢”。

教师提供语段练习模板：我有一个中国朋友小王。我们常常一起学习汉语。最近小王常常说“你的汉语越来越好了”。我听了，笑着说“谢谢”。

教师：你晚上常常做什么？

学生：我常常看手机。

教师：你怎么看手机？坐着看？躺着看？站着看？

学生：我喜欢躺着看手机，很舒服。

教师提供语段练习模板：晚上我有时候看书，有时候看手机。我喜欢躺着看，虽然对眼睛不好，但很舒服。

最后，课堂教学中，教师要将学生有限的注意力集中到特定的连动式结构上，让学生能够领会“V_1着V_2”结构的使用情景。因为，对留学生而言，“V_1着V_2”结构完全可以换一种说法，那教学中就一定要点明非用“V_1着V_2”结构不可的情形，从而帮助学生理解“V_1着V_2”结构语用上的特殊性。

73. 怎么进行“V_1着V_1着V_2”结构的教学？

汉语本体语法对“V_1着V_1着V_2”结构的分类较细。从语法意义上看，前后动词之间事理逻辑关系又分为：动作—结果、方式—动作。从语法形式上看，又分为前后动词相同的，如“V_1着V_1着VP”；以及前后动词不同的，如“V_1着V_1着V_2”“V_1着V_2着VP”“V_1着V_2着，VP”等等。就对外汉语教学而言，句法结构的选取不能求全，而要以课文和语用功能为依据。教学中切忌面面俱到，而是要围绕固定结构或短语进行练习。

此外，“V_1着V_1着V_2”结构在其他语言中不存在对应形式，而是要换一种说法来表达。因此，除了针对“V_1着V_1着V_2”结构进行句型操练以外，还要指出“V_1着V_1着V_2”结构前后动词之间存在“动作—结果、方式—动作”的语义关系，使学生明白在什么情况下一定要用“V_1着V_1着V_2”结构，什么情况下换一种说法也可以表达相同的语义关系。

以下，我们重点围绕“V_1着V_1着V_2”结构进行教学设计。教师通过图片展示、动作示范进行师生问答。

1. 导入

教师：上课的时候，老师讲汉语，一开始你可能没听懂，听着听着会怎么样呢？

学生：听明白了。

教师：上课的时候，老师让你做口头汇报，一开始你觉得太多了，说不完，后来说着说着会怎么样呢？

学生：说完了。

教师：你跟朋友去饭店吃饭，吃着吃着会怎么样呢？

学生：吃饱了。

教师：你和朋友一起喝啤酒，喝着喝着会怎么样呢？

学生：喝醉了。

教师：表示动作的“V”一般为单音节词；表示结果的“VP”结构一般为复杂短语，一般情况下需要带补语，如“说完、吃饱、喝醉”等。整个结构表示动作的持续导致某种结果的出现（见表 73-1）。

表 73-1　“V_1 着 V_1 着 V_2”句法形式教学展示

序号	动作的持续	动作持续的结果
	V_1 着 V_1 着	动词 + 结果补语
1	听着听着	听明白了
2	说着说着	说完了
3	吃着吃着	吃饱了
4	喝着喝着	喝醉了

2. 聚焦形式

教师先展示图片。

教师：他在干什么？

学生：他在走路。/ 他在散步。/ 他在去学校。

教师进行动作示范。

教师：他走着走着，最后怎么样了？

学生：他走着走着走到学校了。/他走着走着走累了。/他走着走着看见学校了。

教师：走着走着是“动作”，走到学校了/走累了/看见学校了是“结果”。那“走着走着写作业了”，对吗？“写作业”是“走着走着”的结果吗？

学生：不对。不是。

教师引导学生聚焦于如下形式（见表 73–2）。

表 73–2 “V_1着V_1着V_2”句法形式教学展示

序号	主语	动作的持续	动作持续的结果
	S	V_1着V_1着	动词 + 结果补语
1	他	走着走着	走到学校了
2	他	走着走着	走累了
3	他	走着走着	看见学校了

3. 句型操练

根据学生回答情况，教师设置多种情境，帮助学生理解“V_1着V_1着V_2”结构，并进行句型操练。

教师：你听音乐的时候，听着听着怎么了？

学生：我听音乐的时候，听着听着睡着了。

教师：朋友最近心情不好，你陪他聊天，他说着说着怎么了？

学生：他说着说着哭了。

教师：你吃饭的时候，你吃着吃着怎么了？

学生：我吃饭的时候，我吃着吃着吃饱了。

教师：你喝咖啡的时候，你喝着喝着怎么了？

学生：我喝咖啡的时候，我喝着喝着喝完了。

教师引导学生聚焦于如下形式（见表 73–3）。

表 73-3 "V_1 着 V_1 着 V_2"句法形式教学展示

序号	主语	动作的持续	动作持续的结果
	S	V_1 着 V_1 着	动词 + 结果补语
1	我	听着听着	睡着了
2	他	说着说着	哭了
3	我	吃着吃着	吃饱了
4	我	喝着喝着	喝完了

根据学生回答情况，教师设置多种情境，帮助学生理解"V_1 着 V_1 着 + 形容词性成分"结构，并进行句型操练。如：

教师：你听音乐的时候，听着听着会怎么样？

学生：我听音乐的时候，听着听着会很开心。

教师：朋友最近心情不好，你陪他聊天，他说着说着会怎么样？

学生：他说着说着不难过了。

教师：你吃饭的时候，你吃着吃着会怎么样？

学生：我吃饭的时候，我吃着吃着会很高兴。

教师：你喝咖啡的时候，你喝着喝着会怎么样？

学生：我喝咖啡的时候，我喝着喝着不困了。

教师引导学生聚焦于如下形式（见表 73-4）。

表 73-4 "V_1 着 V_1 着 V_2"句法形式教学展示

序号	主语	动作的持续	伴随的状态
	S	V_1 着 V_1 着	（会 +）形容词性成分
1	我	听着听着	会很开心
2	他	说着说着	不难过了
3	我	吃着吃着	会很高兴
4	我	喝着喝着	不困了

4. 情境演练

在句型操练结束之后，教师可以在课堂教学中设置“情景练习”这一环节，通过多媒体设备来进行句型操练。

教师提前选取经典的影视剧片段（1～2 分钟左右），视频内容最好是能够体现多个动作状态以及多个动作状态变换的日常生活片段。

首先，针对视频内容，教师采用“V_1着V_1着怎么了”结构进行提问；其次，针对学生回答问题的情况，教师应及时进行纠正性反馈；最后，针对学生容易出问题的部分，教师应进行点评、总结。教师要强调“V_1着V_1着V_2”结构前后两个动作同时发生或者前后接续发生。“V_1着V_1着”结构是无界的，没有内在的自然终止点；“V_2”必须由表示结果的动补短语或者表示动作结果、状态的形容词性短语来充当。两者前后相连，构成一个闭环事件，表示事件的持续及持续的结果。此外，“V_1着V_1着”和“V_2”之间还存在一定的事理逻辑关系，即动作行为“V_1”的持续，能够引出“V_2”所表示的结果或状态。否则，该结构同样无法接受。

留学生在练习“V_1着V_1着V_2”结构时，常出现的问题是对“V_2”的结构特征、语义特征把握不清楚；对“V_1”和“V_2”之间的语义关系理解不准确。对此，教师要在教学中通过句型操练、情境设置，讲清讲透“V_1着V_1着V_2”结构的句法语义语用特征，帮助学生顺利掌握并灵活运用。

74. 怎么进行助词“着”的语篇教学？

受结构主义语言学影响，句型操练对汉语二语教学及习得研究影响深远。

首先，助词“着”的习得研究主要围绕句法结构进行探讨。研究发现，母语迁移影响助词“着”的习得（刘瑜、陈德胜，2010b；丁雪欢、曹莉敏，2014）。

母语背景不同，助词“着”句法结构的习得顺序也不同。[①]孙德金（2000）指出，以英语为母语的留学生助词“着”句法结构的习得顺序依次为“V着”存现句、“V_1着V_2”句、“V着”句；李蕊、周小兵（2005）则指出，助词“着”的习得顺序应为“V着”句、“V着”存现句、“V_1着V_2”句。刘瑜（2010）指出，韩国留学生助词“着”的习得顺序为“V着”存现句、“V着”句、“V_1着V_2”句。丁雪欢、曹莉敏（2014）则指出，东南亚留学生助词“着”句法结构习得顺序为“V_1着V_2”句、“V着”句、“V着”存现句。

其次，助词“着”的教学也以句型操练为主。考察《发展汉语》系列教材发现，《初级综合Ⅱ》中首先出现的是“V着”句，其次是“V着”存现句，最后是“V_1着V_2”句。《中级综合Ⅰ》中出现了“V_1着V_1着”句；《中级综合Ⅱ》中出现了“有着、意味着、眼看着”。

通过助词“着”习得顺序研究、教材编排顺序研究发现，基于学习者的汉语水平开展助词“着”分级教学，应该能够帮助学习者建立助词“着”的全部句型框架。不过，句型操练或许能够保证学习者理解助词“着”的基本用法，但却很难确保学习者理解助词“着”的语篇功能。因此，助词“着”的教学要在句型操练的基础上，关注语篇中助词“着”的语用功能，有计划地开展语篇教学。

1. 助词“着”的语篇功能

首先，“V着”句的依存性很强（陈刚，1980；刘宁生，1985；方梅，2000），如果脱离上下文语境，“V着”句常常无法自足。

（1）a. *两个孩子围着妻子。

　　b. 两个孩子围着妻子，把旅行包抢了下来。

例（1）的a句意思上似乎没有完句，人们总要补充问一句“孩子围着妻子干什么”。b句是自足的，“围着妻子”与后一小句“把旅行包抢了下来”语义联系紧密。

其次，“V着”结构具有描写性（陈刚，1980；刘宁生，1985；陈月明，

---

① 李蕊、周小兵（2005）以及丁雪欢、曹莉敏（2014）根据动词情状类型对助词“着”句法结构进行了细化。本书根据三种目标结构对该习得顺序进行了简化。

1999）。“V 着”结构常与描写动作状态、方式的词语共现（泽田启二，1993）。

（2）他还没真正出去过，一时也不知该往哪儿走，便一个人在路边慢慢地走着。

例（2）中，“走着”与表示方式的“一个人”、表示处所的“在路上”、表示状态的“慢慢地”等成分共现，体现了动作行为“走着”以何种方式、在何处以及如何持续。句中各个成分共同体现了“V 着”结构的描写性。

最后，“V 着”结构具有背景化的语用功能（方梅，2000），其主要作用是将“V”所表示的动作行为或事件背景化。“V 着”结构不陈述主要事件，而是为主要事件提供细节或评价等支持性材料。

（3）瑞宣的手摸着脸，细细地思索。钱先生倒了半杯酒，慢慢地喝着。想了半天，瑞宣忽然立起来：“我先回家一会儿，和老三商议商议，马上就回来。”

例（3）中，“摸着脸”“喝着酒”表示状态的持续，前者指的是瑞宣细细思索的状态，后者指的是钱先生的状态。两者均不陈述主要事件，而是为主要事件“瑞宣思索”这一进程提供细节。

2. 助词“着”的语篇教学

首先，语篇重在表达，需有侧重点。助词“着”既可以表示动作的进行，又可以表示状态的持续。前者重在叙述事件，后者重在描写状态。

（4）小姑娘虽然很饿，却无论如何不肯先吃，还把野鸽蘸了蘸盐水，送到郭祥的嘴边。等郭祥咬了一口，她才不好意思地一小口一小口地吃着。他们互相劝让着，争执着，把司机给吵醒了。

例（4）中，先时事件“咬了一口”是事件的起点，后时事件“吵醒了司机”是事件的结果，“吃着”表示动作的进行，可以看作是事件的过程。将事件进展中的“起点—过程—结果”与“V 着”句的语篇训练结合起来，必将有助于学习者掌握如何运用助词“着”叙述一个完整的事件。

（5）人和厂的前脸是三间铺面房，当中的一间作为柜房，只许车夫们进来交账或交涉事情，并不准随便来回打穿堂儿，因为东间与西间是刘家父女的卧室。西间的旁边有一个车门，两扇绿漆大门，上面弯着一根粗铁条，悬着一盏极亮的、没有罩子的电灯，灯下横悬着铁片涂金的四个字。大概有十一点多了，祥子看见了人和厂那盏极明而怪孤单的灯。柜房和东间没有灯光，西间可是还亮着。

例（5）中，说话者“祥子”的视角由“人和厂—柜房—东间—西间—车门—西间”缓慢展开。车夫祥子最关注的是“车”“车门”的状态，因此在语篇中重点描写了“绿漆大门—粗铁条—电灯—铁片涂金的四个字—厂灯”，旨在渲染、凸显祥子的孤单。将场景描写中的“空间环境—特殊事物”与“V 着”存现句的语篇训练结合起来，必将有助于学习者掌握如何运用“V 着”存现句描写一个完整的场景。

（6）郭祥乐得眉开眼笑……文化教员大李插嘴说：“现在老模范当了咱们的指导员了。疙瘩李也回来了。孙亮营长调到咱们营了。”郭祥十分高兴，笑着说：“看这阵势，又可以干个痛快的了！”小姑娘规规矩矩站在郭祥身后，文雅地微笑着。

例（6）中，“说”表示动作行为，“笑着”表示伴随的状态。说话人的视角由“眉开眼笑—十分高兴—笑着说—文雅地微笑着”逐一展现伴随事件进展的状态。语篇中，通过描写在场人员“郭祥、大李、小姑娘”的神态，重点烘托主人公“郭祥”的高兴状态。将事件中交际双方的状态描写与“V_1 着 V_2”句的语篇训练结合起来，必将有助于学习者掌握如何运用助词“着”叙述一个多线并行的事件。

（7）那一路走得真是叫我心里难受，我不让自己去看凤霞，一直往前走，走着走着天黑了，风飕飕地吹在我脸上，又灌到脖子里去。凤霞双手捏住我的袖管，一点儿声音也没有。

例（7）中，“往前走”为前时事件，“走着走着”为动作持续的过程，“天黑了”为伴随的结果。整个语篇由“开始—过程—结果”构成。将这一过程与“V 着 V 着”的语篇训练结合起来，必将有助于学习者掌握如何运用“V 着 V 着”结构叙述一个完整事件的方法。

其次，语篇表达跟认知语用心理有关。助词“着”为持续体标记，动态的持续展现事件过程，静态的持续描写事物的状态。在动态持续过程中，必定会呈现事件发展的“起点—过程—结果”；在静态持续过程中，必定会呈现“空间环境—焦点事物”描写的交替轮换；在现实生活中，事件的发展往往多头并进，助词“着”作为伴随的状态，可以用来充当事件发生、持续的背景，描述动作行为的状态、方式及目的。

倘若语篇教学缺失，就会产生学生在课堂上牢记语法规则，课后却很难顺利交际的尴尬局面。这就好比，新手司机虽然牢记交通规则，掌握了关于驾驶的知识，但却没有熟练掌握驾驶技巧，一到实战演练就容易手忙脚乱。

此外，二语学习者不仅要了解语法规则，而且要掌握限制条件。以“V 着”句为例，留学生并非不能掌握动态“V 着”句表动作进行，而是不能准确把握语篇中时间副词“正 / 在 / 正在”与“V 着”结构同现时的隐现规律，不能准确理解“V 着”句的完句条件。

以“V 着”存现句为例，留学生并非不能掌握“V 着”存现句表“某物以某种方式存在于某处”，而是不能准确理解“V 着”存现句和“有”字句、“是”字句、“在”字句的差别，不能准确理解“V 着”存现句如何体现描写场景的独特语篇功能。

以“V 着”连动句为例，留学生并非不能掌握“V 着”连动句“方式—动作”“动作—结果”的语义特征，而是不能准确理解“V 着”连动句的语篇功能在于推动事件的进展，在于将多个事件按照逻辑事理关系勾连起来，增强表达效果。

综上所述，汉语助词“着”单句训练要解释清楚句法规则及限制条件；在此基础上，语篇教学要从时间进展的角度，教授学生叙述完整的事件，包括事件持续的对象（主体、客体）、场所、方式、情态等；要从空间变换的角度，教授学生描写空间环境中的人、物以何种方式存在；要从事件进展的角度，教授学生叙述事件的起点、过程和结果。

参考文献

A.A. 龙果夫（1958）《现代汉语语法研究》，北京：科学出版社。

Comrie, B. (1976) *Aspect*. Cambridge: Cambridge University Press.

Krashen, S. (1985) *The Input Hypothesis: Issues and Implications*. London & New York: Longman Group Limited.

Kubler Cornelius C. (1985) *A study of Europeanized grammar in modern written Chinese*. 台北：台湾学生书局。

Light Timothy (1991) The door is closed on ZHE NE（"着"还关在门外呢），见 James H-Y Tai &Frank F.S. 所编 *Functionalism and Chinese grammar*, 1989. 摘译见王宗炎《黎天睦论"着"的核心意义》，载《国外语言学》第 1 期。

M. van den Berg，Wu Guo，杨素英，黄月圆（2009）《汉语语气词"了"：汉语的语篇构造和语用标记》介绍，《当代语言学》第 1 期。

Quirk, R. et al. (1985) *A Comprehensive Grammar of the English Language*. London: Pearson Longman.

Ronald, W. Langacker. (1987) *Foundations of cognitive grammar. Volume 1. Theoretical prerequisites*. Stanford: Stanford University Press.

R. R. K. 哈特曼，F. C. 斯托克（1981）《语言与语言学词典》，黄长著、林书武等译，上海：辞书出版社。

Teng, Shou-Hsin (1973) Negation and aspect in Chinese, *Journal of Chinese Linguistics*, 1(1).

Vendler, Z. (1967) Verbs and times. In Z.Vendler, *Linguistics in Philosophy.* Ithaca: Cornell University Press.

安丰存（2007）再论汉语"被"的句法地位及"被"字句，《汉语学习》第 1 期。

北京大学中文系 1955、1957 级语言班（1982）《虚词释例》，北京：商务印书馆。

北京大学中文系现代汉语教研室（1961）《现代汉语》，北京：商务印书馆，1993 年版。

毕燕娟（2011）"着（·zhe）"的意义系统研究，华东师范大学硕士学位论文。

卞兰云（1994）汉语助词"着（zhe）"的种种译法，《日语知识》第 2 期。

卞知美（2012）韩国留学生动态助词"着"的习得情况考察，复旦大学硕士学位论文。

蔡忆铭（2013）形容词致使结构附加成分考察，《励耘学刊》（语言卷）第 2 期。

曹广顺（1995）《近代汉语助词》，北京：语文出版社。

陈刚（1980）试论“着”的用法及其与英语进行式的比较，《中国语文》第1期。
陈建民（1986）《现代汉语句型论》，北京：语文出版社。
陈莉（2016）事件语义学视角下汉语的谓语分类，《外国语》（上海外国语大学学报）第6期。
陈莉、潘海华（2017）现代汉语“不”和“没”的对立关系研究，《同济大学学报》（社会科学版）第1期。
陈立民（2002）汉语的时态和时态成分，《语言研究》第3期。
陈立民（2005）也说“就”和“才”，《当代语言学》第1期。
陈立民（2006）时间的两种相对切分方式和“着”的语法意义，《语言教学与研究》第6期。
陈平（1988）论现代汉语时间系统的三元结构，《中国语文》第6期。
陈前瑞（2003）汉语体貌系统研究，华中师范大学博士学位论文。
陈前瑞（2008）句末“也”体貌用法的演变，《中国语文》第1期。
陈淑梅、杨凯、张志华（2012）对外汉语语法教学中时态标记“着”与连动式，《孝感学院学报》第3期。
陈庭珍（1957）汉语中处所词作主语的存在句，《中国语文》第8期。
陈晓桦（2007）“在、正、正在、呢”的语义特征、句法功能及其教学次序，《语言与翻译》第1期。
陈妍（2016）以英语为母语的留学生“V着”句型语义搭配及运用研究，山东大学硕士学位论文。
陈月明（1999）时间副词“在”与“$着_1$”，《汉语学习》第4期。
陈忠（2003）“着”的语义特征对其句法分布规律的制约，《云南师范大学学报》第4期。
陈忠（2009）“着”与“正”、“在”的替换条件及其理据，《语言教学与研究》第3期。
陈祖荣（1995）浅谈动词的分类问题，《四川师范学院学报》（哲学社会科学版）第1期。
程琪龙（1993）被字句的语义结构，《汕头大学学报》第2期。
程钰茹（2018）《发展汉语》与《新汉语水平考试大纲》副词对比研究，兰州大学硕士学位论文。
崔希亮（1996）“在”字结构解析——从动词的语义、配价及论元之关系考察，《世界汉语教学》第3期。
戴浩一、黄河（1988）时间顺序和汉语的语序，《国外语言学》第1期。
戴浩一、薛凤生主编（1994）《功能主义和汉语语法》，北京：北京语言学院出版社。
戴耀晶（1991）现代汉语表示持续体的“着”的语义分析，《语言教学与研究》第2期。
戴耀晶（1997）《现代汉语时体系统研究》，杭州：浙江教育出版社。
邓楠楠（2007）现代汉语“形+（X）+宾”结构研究，上海师范大学硕士学位论文。
刁晏斌（2006）《现代汉语史》，福州：福建人民出版社。
丁雪欢、曹莉敏（2014）东南亚留学生对“着”使用条件的认知及其习得过程，《华文教学与研究》第3期。
董成如（2010）也谈存现句中“着”和“了”的差异，《解放军外国语学院学报》第3期。
董秀芳（2017）从动作的重复和持续到程度的增量和强调，《汉语学习》第4期。

段丹（2018）“着”、“了”存在构式语义比较研究，《湘南学院学报》第4期。
范方莲（1963）存在句，《中国语文》第5期。
范继淹（1982）论介词短语“在＋处所”，《语言研究》第1期。
范晓（1993）关于句子合语法或不合语法问题，《中国语文》第5期。
方梅（1999）从“V着”看汉语不完全体的功能特征，《语法研究和探索》第9期，北京：商务印书馆。
房玉清（1992a）《实用汉语语法》，北京：北京语言学院出版社。
房玉清（1992b）动态助词“了”“着”“过”的语义特征及其用法比较，《汉语学习》第1期。
费春元（1992）说“着”，《语文研究》第2期。
冯惠愉（2020）英语母语者汉语动态助词偏误研究，云南师范大学硕士学位论文。
冯丽娜（2016）汉语进行体标记对英语进行体习得过程的影响，《英语广场》第8期。
付义琴（2013）近代汉语“着”字句和“在”字句的篇章功能比较，《当代修辞学》第6期。
傅惠钧、陈艳丽（2007）略论隐性否定祈使句，《汉语学习》第3期。
高宏伟、孙志祥（2008）从动态助词“着”的英译看汉语的“时”问题，《沈阳农业大学学报》（社会科学版）第5期。
高霞、曹晓宏（2013）汉英的时制对比与汉语动态助词“着”，《楚雄师范学院学报》第10期。
高名凯（1948）《汉语语法论》，北京：商务印书馆，1986年版。
高顺全（2003）进行体、持续体的否定及相关问题，《世界汉语教学》第4期。
高顺全（2004）试论汉语通指的表达方式，《语言教学与研究》第3期。
高顺全（2008）表祈使的“V着点儿”的来源和语法化，《语言研究》第2期。
龚千炎（1994）现代汉语的时间系统，《世界汉语教学》第1期。
龚千炎（1995）《汉语的时相时制时态》，北京：商务印书馆。
郭风岚（1998）论副词“在”与“正”的语义特征，《语言教学与研究》第2期。
郭锐（1993）汉语动词的过程结构，《中国语文》第6期。
郭锐（1997）过程和非过程——汉语谓词性成分的两种外在时间类型，《中国语文》第3期。
郭锐（2015）汉语谓词性成分的时间参照及其句法后果，《世界汉语教学》第4期。
郭圣林（2006）被字句的语篇考察，《汉语学习》第6期。
郭志良（1991）时间副词“正”“正在”和“在”的分布情况，《世界汉语教学》第3期。
郭志良（1992）时间副词“正”“正在”和“在”的分布情况（续），《世界汉语教学》第2期。
何薇、朱景松（2015）瞬间动作动词的确定和语义语法特征，《苏州大学学报》（哲学社会科学版）第6期。
贺民（2009）“A_单＋着”结构句法语义功能研究，上海师范大学硕士学位论文。
贺阳（2008）《现代汉语欧化语法现象研究》，北京：商务印书馆。
侯敏（1992）“在＋处所”的位置与动词的分类，《求是学刊》第6期。
侯友兰、徐阳春（2002）“V_1着V_1着……V_2……”句式语法语义分析，《语言教学与研究》第5期。

胡承佼（2012）“A 着呢”语串的构成差异及其演化历程，《安徽师范大学学报》（人文社会科学版）第 5 期。
胡方芳（2006）由范畴转换看“形容词 + 着”，《济宁师范专科学校学报》第 3 期。
胡裕树（1962）《现代汉语》，上海：上海教育出版社。
胡裕树、范晓（1995）《动词研究》，开封：河南大学出版社。
荒川清秀（1986）中国語動詞の意味における段階性，《中国语》321 期（中译文“汉语动词意义中的阶段性”，载大河内康宪主编《日本近、现代汉语研究论文选》，北京：北京语言学院出版社，1993 年）。
黄慧英、曾小武（2003）试论“V 着 A”结构，《华南农业大学学报》（社会科学版）第 1 期。
黄月圆、杨素英、高立群、张旺熹、崔希亮（2007）汉语作为第二语言“被”字句习得的考察，《世界汉语教学》第 2 期。
江妍秀（2017）印尼学生习得汉语时间副词“正”“在”“正在”的偏误分析，福建师范大学硕士学位论文。
蒋绍愚（1994）《近代汉语研究概况》，北京：北京大学出版社。
蒋文会（2017）基于语料库的泰国学生汉语动态助词“着”、“了”、“过”的习得研究，云南大学硕士学位论文。
金奉民（1991）助词“着”的基本语法意义，《汉语学习》第 4 期。
金利民（2009）《汉语中介语的体标记变化规律》. 北京：外语教学与研究出版社。
金忠实（1998）“形容词 + 着”格式的句法语义特点，《汉语学习》第 3 期。
劲松（2004）被字句的偏误和规范，《汉语学习》第 1 期。
孔令达（1985）动态助词“过”和动词的类，《安徽师范大学学报》（哲学社会科学版）第3期。
赖帆（2011）时间副词“正”、“在”、“正在”与“着”共现与替换条件研究，华东师范大学硕士学位论文。
黎锦熙（1924）《新著国语文法》，北京：商务印书馆。
李广瑜（2013）否定祈使句式“别 V 着”刍议，《语言教学与研究》第 1 期。
李临定（1985）动词的动态功能和静态功能，《汉语学习》第 1 期。
李临定（1986）汉语语法的若干特点，《语文建设》第 6 期。
李琳（2022）也论“有着”句，《汉字文化》第 1 期。
李凌燕（2009）新闻叙事中“着”、“了”、“过”的使用情况——兼谈新闻话语的主观性，《修辞学习》第 5 期。
李讷、石毓智（1997）论汉语体标记诞生的机制，《中国语文》第 2 期。
李沛（2014）说“向着”，《汉语学报》第 2 期。
李泉（2004）面向对外汉语教学的语体研究的范围和内容，《汉语学习》第 1 期。
李蕊（2004）对留学生“着”习得情况的调查分析，《云南师范大学学报》第 1 期。
李蕊、周小兵（2004）对外汉语教学助词“着”的选项与排序，载赵金铭主编《对外汉语教学的全方位探索——对外汉语研究学术讨论会论文集》，北京：商务印书馆。

李蕊、周小兵（2005）对外汉语教学助词“着”的选项与排序，《世界汉语教学》第1期。
李少华（1996）现代汉语时间副词的分类描写，《荆州师专学报》第4期。
李铁根（1999）定语位置上的“了”、“着”、“过”，《世界汉语教学》第3期。
李铁根（2002）“了”、“着”、“过”与汉语时制的表达，《语言研究》第3期。
李文浩（2013）作为典型构式的非典型“X着呢”及其固化分析，《汉语学习》第2期。
李文山（2007）句末助词“着呢”补谈，《语言教学与研究》第5期。
李向农、张军（2001）“V着V”结构的意义关系及结构中“V”的语义特征分析，《华中师范大学学报》（人文社会科学版）第3期。
李宇明（1996）非谓形容词的词类地位，《中国语文》第1期。
李志贤（2014）现代汉语介词短语“在+NP”的语序制约因素及其构式义考察，上海师范大学博士学位论文。
林齐倩（2003）“VP+在L”和“在L+VP”，《暨南大学华文学院学报》第3期。
蔺碧晴（2019）基于汉泰对比和语料库分析的汉语动态助词“着”的类型学特征研究，云南师范大学硕士学位论文。
刘海燕（2006）试论存在句中“了”和“着”的互换问题，《重庆文理学院学报》（社会科学版）第1期。
刘汉武、丁崇明（2016）汉越语时间副词进行体标记对比及其习得研究，《国际汉语教学研究》第3期。
刘汉武、丁崇明（2018）汉语持续体标记“着”在越南语中的对应形式，《海外华文教育》第1期。
刘街生（2009）存在句的构成、理解和语用状态，《当代语言学》第3期。
刘金凤（2012）印尼学生汉语语篇连接词语偏误研究，《长春理工大学学报》第1期。
刘丽萍（2007）浅析“V着呢”与“adj+着呢”的语法意义，《现代语文》（语言研究版）第12期。
刘宁生（1985）论“着”及其相关的两个动态范畴，《语言研究》第2期。
刘顺、潘文（2007）现代汉语“有着”句的考察与分析，《语言教学与研究》第3期。
刘一之（1997）现代汉语“着”的语法意义及其来源，《圣德学园·岐阜教育大学纪要》第33期。
刘一之（2001）《北京话中的“着（zhe）”字新探》，北京：北京大学出版社。
刘瑜（2010）韩国留学生汉语持续体“V着”的习得考察，《语言教学与研究》第4期。
刘瑜、陈德胜（2010）“V着”的汉越对比及偏误分析，《云南师范大学学报》（对外汉语教学与研究版）第4期。
刘月华、潘文娱、故韡（1983）《实用现代汉语语法》，北京：外语教学与研究出版社。
卢福波（1997）汉语比较句中肯定式与否定式的不对称现象，载胡明扬主编《第五届国际汉语教学讨论会论文选》，北京：北京大学出版社。
卢付林（2014）现代汉语“V_1着（地）V_2”结构考察，《汉语学报》第2期。
卢华岩（2007）句末“点儿”的语法功能和认知模式分析，《语言文字应用》第S1期。

卢英顺（2000）现代汉语中的“延续体”，《安徽师范大学学报》（人文社会科学版）第3期。
陆方喆（2013）汉语作为第二语言体标记习得研究综述，载北京大学对外汉语教育学院研究生院编《北京地区对外汉语教学研究生论坛论文集》，未出版。
陆俭明（1991）现代汉语时间词说略，《语言教学与研究》第1期。
陆俭明（1999）“着（·Zhe）”字补议，《中国语文》第5期。
陆俭明（2010）《汉语语法语义研究新探索》，北京：商务印书馆。
陆俭明、马真（1985）《现代汉语虚词散论》，北京：北京大学出版社。
吕建军（2008）补议“有着”句，《现代语文》（语言研究版）第6期。
吕叔湘（1982）《中国文法要略》，北京：商务印书馆。
吕叔湘（1990）《吕叔湘文集第一卷·中国文法要略》，北京：商务印书馆。
吕叔湘主编（1999）《现代汉语八百词》（增订本），北京：商务印书馆。
吕叔湘、朱德熙（1951）《语法修辞讲话（合订本）》初版 / 第2版，北京：开明书店 / 中国青年出版社，1979年版。
吕文华（2013）“被”字句和意义被动句的教学构想，《语言教学与研究》第2期。
吕晓华（2012）单音节形容词不对称现象的考察——以“A单 + 着 + N”为例，《湖北师范学院学报》（哲学社会科学版）第4期。
罗自群（2002）从“坐着吃比站着吃好”谈起——汉语方言中持续意义的几种表现形式，《语文研究》第1期。
马庆株（1981）时量宾语和动词的类，《中国语文》第2期。
马庆株（2000）结合语义表达的语法研究，《汉语学习》第2期。
马希文（1987）北京方言里的“着”，《方言》第1期。
毛婧雅（2011）“还、再、又、也”重复义的比较与二语习得的偏误分析，华中师范大学硕士学位论文。
毛翔（2019）连谓式“V着AP”的构成及形成机制，《现代语文》第11期。
毛翔（2021）“V着AP”结构研究，上海师范大学硕士学位论文。
梅祖麟（1988）汉语方言里虚词“著”字三种用法的来源，《中国语言学报》第3期。
孟琮（1962）谈“着呢”，《中国语文》第5期。
苗东霞（2009）从维吾尔语反观汉语“着”的特点，《中央民族大学学报》（哲学社会科学版）第2期。
木村英树（1983）关于补语性词尾“着 /zhe/”和“了 /le/”，《语文研究》第2期。
倪立民（1980）谈现代汉语时态助词“着”的发展趋势，《杭州大学学报》（哲学社会科学版）第4期。
聂文龙（1989）存在和存在句的分类，《中国语文》第2期。
欧阳晓芳（2020）“正”“在”“着”的功能再分析，《语言研究》第3期。
潘文娱（1980）谈谈“正”“在”和“正在”，《语言教学与研究》第1期。
潘允中（1982）《汉语语法史概要》，郑州：中州书画社。

彭利贞（2007）论情态与“着”的分化，《语言研究》第2期。
彭利贞、刘翼斌（2007）论“应该”的两种情态与体的同现限制，《语言教学与研究》第6期。
彭利贞、刘翼斌（2008）论情态与词尾“了”的同现限制，《对外汉语研究》第00期。
齐沪扬（1994）“N＋在＋处所＋V”句式语义特征分析，《汉语学习》第6期。
齐沪扬（1998）表示静态位置的“着”字句的语义和语用分析，《华东师范大学学报》（哲学社会科学版）第3期。
齐沪扬（2005）《对外汉语教学语法》，上海：复旦大学出版社。
齐沪扬、韩天姿、马优优（2020）与对外汉语教学语法体系建构相关的一些问题的思考，《杭州师范大学学报》（社会科学版）第1期。
钱乃荣（2000）体助词“着”不表示“进行”意义，《汉语学习》第4期。
仇志群（1981）“在＋V”与“V着”式，《兰州大学学报》（社会科学版）第4期。
瞿云华、冯志伟（2006）汉语时体的分类和语义解释，《浙江大学学报》（人文社会科学版）第3期。
饶宏泉（2015）篇章时间推进的相关研究综述，《华文教学与研究》第1期。
任鹰（2000）静态存在句中“V了”等于“V着”现象解析，《世界汉语教学》第1期。
尚平（2005）“介词＋着”现象考察，《语言文字应用》第S1期。
尚新（2009a）汉语体系统内部的概念空间化配置对立——以“在”和“着”为例，《语言科学》第2期。
尚新（2009b）时体、事件与汉语连动结构，《外语教学》第6期。
邵敬敏（1985）把字句及其变换句式，《研究生论文选集·语言文字分册》，南京：江苏古籍出版社。
沈梅英（2016）“在VR”和“VR着”体态特征及语用功能差异性，《语言科学》第5期。
石兴慧（2003）关于“V着AP”，延边大学硕士学位论文。
石兴慧（2010）浅析“V着AP”格式中动词的语法特点，《郑州航空工业管理学院学报》（社会科学版）第3期。
石兴慧、王林、董敏（2006）浅析“V着AP”格式中形容词的特点，《现代语文》第12期。
石兴慧、王林、董敏（2007）“V着AP”结构分析，《唐山学院学报》第4期。
石毓智（1992）论现代汉语的“体”范畴，《中国社会科学》第6期。
石毓智（2001）《肯定和否定的对称与不对称》（增订本），北京：北京语言文化大学出版社。
石毓智（2006）论汉语的进行体范畴，《汉语学习》第3期。
史金生、胡晓萍（1998）动词带“着”的“把”字结构，《语言教学与研究》第4期。
矢野光治、蓝清汉（1985）关于汉语的存在句，《河北师院学报》第2期。
帅志嵩（2016a）从汉语动词的阶段性看“了$_1$”的语义功能，《世界汉语教学》第2期。
帅志嵩（2016b）“挂”类动词阶段性特征初探，《语言教学与研究》第3期。
帅志嵩（2020）从动词的阶段性看“扒”“爬”“趴”的语义演变，《语文研究》第4期。
税昌锡（2011）事件过程与存现构式中的“了”和“着”，《语言科学》第3期。

税昌锡（2013）汉英事态范畴的类型学比较，《国际汉语学报》第2期。
宋金兰（1991）汉语助词“了”“着”与阿尔泰诸语言的关系，《民族语文》第6期。
宋玉柱（1979）处置新解——略谈“把”字句的语法作用，《天津师范学院学报》第3期。
宋玉柱（1982）动态存在句，《汉语学习》第6期。
宋玉柱（1988）略谈“假存在句”，《天津师范大学学报》（社会科学版）第6期。
宋玉柱（1992）谈谈存在句系列，《逻辑与语言学习》第3期。
宋玉柱（2004）存在句研究史上的一篇重要文献，《汉语学习》第1期。
苏小苗（2018）现代汉语“V着点儿”构式研究，辽宁大学硕士学位论文。
孙朝奋（1997）再论助词“着”的用法及其来源，《中国语文》第2期。
孙德金（1997）现代汉语动词作状语考察，《语言教学与研究》第3期。
孙德金（2000）外国学生汉语体标记“了”“着”“过”习得情况的考察，载世界汉语教学学会编《第六届国际汉语教学讨论会论文选》，北京：北京大学出版社。
孙瑞（2005）副词“在”与助词“着（·zhe）”的语义分析，广西师范大学硕士学位论文。
孙锡信（1992）《汉语历史语法要略》，上海：复旦大学出版社。
太田辰夫（1995）北京话里的进行与持续，《中国语》杂志，第1卷第2、3号。又见太田辰夫《中国语文论集（语学·元杂剧篇期》，汲古书院，日本京都。
陶晶（2015）动态助词“着”的偏误分析研究——基于HSK动态作文语料库，安徽师范大学硕士学位论文。
田臻（2009）汉语静态存在句中动词语义偏离现象研究述评，《外语研究》第6期。
田臻（2012）汉语存在构式与动词关联度的实证研究，《语言教学与研究》第3期。
万国鹏（2012）动态助词“着”的英译研究，《剑南文学》（经典教苑）第10期。
汪有序（1987）怎么教“不、没、了、过、着”，《世界汉语教学》第4期。
王葆华（2005）存在构式“着”、“了”互换现象的认知解释，《外语研究》第2期。
王春红（2011）汉语中动句的意义研究，吉林大学硕士学位论文。
王聪、张明辉（2017）现代汉语被动句研究综述，《云南师范大学学报》（对外汉语教学与研究版）第5期。
王红旗（2003）“把”字句的意义究竟是什么，《语文研究》第2期。
王还（1957）说“在”，《中国语文》第2期。
王还（1980）再说说“在”，《语言教学与研究》第3期。
王还（1984）《“把”字句和“被”字句》，上海：上海教育出版社。
王惠（1993）“把”字句中的“了/着/过”，《汉语学习》第1期。
王力（1943）《中国现代语法》，北京：商务印书馆，1985年版。
王力（1944）《中国语法理论》，《王力文集》第1卷，济南：山东教育出版社，1984年版。
王力（1947）《中国语法理论（下册）》，北京：中华书局，1954年版。
王力（1954）《汉语史稿（修订本）》，北京：中华书局，1980年版。
王鲁男（2007）标记性与二语习得，《四川外语学院学报》第6期。

王唐燕（2009）现代汉语助词“着”的多角度研究，浙江大学硕士学位论文。
王晓凌（2002）“着”字句与“在”字句，《语文学刊》第4期。
王媛（2010）“V着AP”结构的语义分析，《现代语文》（语言研究版）第11期。
王媛（2012）复数化事件及其进行体，《世界汉语教学》第4期。
王昭、徐彩华（2022）中、高级汉语水平英语母语者对汉语语法体标记“了、着”的习得过程，《世界汉语教学》第4期。
王志（1998）时间副词“正”的两个位置，《中国语文》第2期。
王梓秋（2014）“仍然”与“在”“着”“了”功能比较研究，《现代语文》（语言研究版）第9期。
韦黎明（2018）中高级阶段泰国留学生“着”的习得研究，广西民族大学硕士学位论文。
吴春相（2003）现代汉语时体与连续动作连动式，延边大学硕士学位论文。
吴福祥（2005）汉语体标记“了、着”为什么不能强制性使用，《当代语言学》第3期。
吴佳晨（2017）情态视角下“X着+呢”与“X+着呢”语用功能分析，南开大学硕士学位论文。
伍云姬（1996）论汉语动态助词之统系，见《湖南方言的动态助词》，长沙：湖南师范大学出版社。
武柏索、许维翰、陶宗侃、阎淑卿（1988）《现代汉语常用格式例释》，北京：商务印书馆。
夏群（2009）也论“一直”与“从来”的区别，《宁夏大学学报》（人文社会科学版）第6期。
肖奚强（2002）“正（在）”、“在”与“着”功能比较研究，《语言研究》第4期。
邢福义、汪国胜（2011）《现代汉语（第二版）》，武汉：华中师范大学出版社。
徐彩华、徐晴、王昭、丁崇明（2019）“体假设”与俄语母语者“了”“着”的习得研究，《云南师范大学学报》（对外汉语教学与研究版）第4期。
徐丹（1992）汉语里的在与着，《中国语文》第6期。
许尔茜（2009）留学生“V着（zhe）”的习得研究，北京语言大学硕士学位论文。
许歆媛、潘海华（2019）“台上坐着主席团”的生成路径新探，《语言研究》第3期。
薛凤生（1994）“把”字句和“被”字句的结构意义——真的表示“处置”和“被动”？，沈家煊译，载戴浩一、薛凤生主编《功能主义和汉语语法》，北京：北京语言学院出版社。
薛宏武（2012）“有着”语义语法功能的形成及其“着”的问题，《汉语学习》第5期。
荀恩东、饶高琦、肖晓悦、臧娇娇（2016）大数据背景下BCC语料库的研制，《语料库语言学》第1期。
雅洪托夫（1959）《汉语的动词范畴》，陈孔伦译，北京：商务印书馆。
杨平（2000）副词“正”的语法意义，《世界汉语教学》第2期。
杨荣祥（2019）从语法表现看副词“已经”“曾经”的差异，《汉语学报》第3期。
杨荣祥、李少华（2014）再论时间副词的分类，《世界汉语教学》第4期。
杨素英（1998）从情状类型来看“把”字句（上），《汉语学习》第2期。
杨素英（1999）从非宾格动词现象看语义与句法结构之间的关系，《当代语言学》第1期。
杨素英（2016）“体假设”及“了”“着”的二语习得，《世界汉语教学》第1期。
杨素英（2017）句子类型、情状类型、语篇进展与汉语中介语体标记的使用，《汉语学习》第

2 期。

杨西彬（2013）“在 + V”与“V 着”的格式义及其对句法语用的制约，《语言教学与研究》第 1 期。

杨晓黎（1993）“V 着”前修饰成分的考察，《安徽大学学报》第 1 期。

野添健太（2012）汉日时体标记对比研究——兼谈对日汉语“了、着”教学，上海外国语大学硕士学位论文。

叶向阳（2004）“把”字句的致使性解释，《世界汉语教学》第 2 期。

殷少华（2019）现代汉语“X 着呢”构式研究，上海师范大学硕士学位论文。

应玮、骆健飞（2019）基于 HSK 动态作文语料库的留学生介词“随着”偏误研究，《海外华文教育》第 4 期。

游舒（2005）被字句的语息表达对其成分消隐的制约与影响，《华中科技大学学报》（社会科学版）第 3 期。

于秀金、吴春相（2017）已然 / 未然范畴下时体助词的同形异质性，《汉语学习》第 3 期。

俞咏梅（1999）论“在 + 处所”的语义功能和语序制约原则，《中国语文》第 1 期。

袁莉容（2011）现代汉语句子的持续体及其标记“着”，《宜宾学院学报》第 3 期。

袁梅（2002）论“V_1 着 V_2”结构的性质，《唐都学刊》第 3 期。

袁思思（2016）汉语进行体标记“正”“在”“正在”的对比研究及其对外汉语教学，南昌大学硕士学位论文。

袁野（2011）试论汉语的体压制，《世界汉语教学》第 3 期。

袁毓林（1991）祈使句式和状态补语的类，《汉语学习》第 1 期。

袁毓林（1992）祈使句式“V 着！”分析，《世界汉语教学》第 4 期。

袁毓林（1993）《现代汉语祈使句研究》，北京：北京大学出版社。

泽田启二（1993）谈“在”，载大河内康宪主编《日本近、现代汉语研究论文选》，北京：北京语言学院出版社。

曾常年（1998）现代汉语动词持续体的反复态，《华中师范大学学报》（人文社会科学版）第 5 期。

张爱民、王媛媛（2004）“着”字虚化问题研究，《徐州师范大学学报》第 1 期。

张百领（2009）形容词在“A 着”结构中的句法语义特征，《长春师范学院学报》（人文社会科学版）第 1 期。

张保胜（1983）“在 + NP”在句中的位置和动词的类，《河南师大学报》（社会科学版）第 5 期。

张斌（2001）《现代汉语虚词词典》，北京：商务印书馆。

张伯江（2000）论“把”字句的句式语义，《语言研究》第 1 期。

张国宪（2006a）性质形容词重论，《世界汉语教学》第 1 期。

张国宪（2006b）性质、状态和变化，《语言教学与研究》第 3 期。

张国宪（2009）“在 + 处所”构式的动词标量取值及其意义浮现，《中国语文》第 4 期。

张国宪、卢建（2010）“在 + 处所”状态构式的事件表述和语篇功能，《中国语文》第 6 期。

张辉女（2002）“正在”的分布特点及相关问题，《陕西教育学院学报》第 2 期。

张娟（2013）现代汉语持续反复义格式研究，北京大学博士学位论文。
张黎（1996）“着”的语义分布及其语法意义，《语文研究》第 1 期。
张黎（1997）汉语句子的态——以了、着为例，日本中国语学会第 47 回全国大会上宣读。
张美霞（2015）方向介词“对着”的演变过程与形成机制，《语言教学与研究》第 4 期。
张伟君（2017）汉语“着［tʂə³¹］”与泰语“อยู่［ju：²¹］”的比较研究，云南民族大学硕士学位论文。
张秀（1957）汉语动词的“体”和“时制”系统，载《语法论集（第一辑）》，北京：中华书局。
张旭（2013）现代汉语“有着”句研究，华中师范大学硕士学位论文。
张谊生（2000a）论与汉语副词相关的虚化机制——兼论现代汉语副词的性质、分类与范围，《中国语文》第 1 期。
张谊生（2000b）现代汉语副词的性质、范围与分类，《语言研究》第 1 期。
张谊生（2004）试论“由”字被动句——兼论由字句和被字句的区别，《语言科学》第 3 期。
张渊、吴福祥（2021）谈语气助词“着呢”的来源及演变，《古汉语研究》第 2 期。
章婧（2007）动态助词“着”的成句条件研究，《山东行政学院山东省经济管理干部学院学报》第 2 期。
赵金铭（1979）敦煌变文中所见的“了”和“着”，《中国语文》第 1 期。
赵磊、安丰存（2017）汉语非数量意义“点”的形态属性及句法功能研究，《现代语文》（语言研究版），第 8 期。
赵冉冉（2017）“短～”类形容词的双音化及其句法后果，上海师范大学硕士学位论文。
赵元任（1979）《汉语口语语法》，北京：商务印书馆。
志村良治（1995）《中国中世语法史研究（中译本）》，北京：中华书局。
周金雷（2019）从“形容词＋着”看“着”的可变性持续——兼论汉语的谓语类型，南京大学博士学位论文。
周小兵（2007）“着”的习得情况考察，载陆俭明主编《第八届国际汉语教学讨论会论文选》，北京：高等教育出版社。
周元琳（1998）祈使句式“V 着点儿！”对动词的语用、语义和句法选择，《安徽师范大学学报》（哲学社会科学版）第 3 期。
朱德熙（1981）“在黑板上写字”及相关句式，《语言教学与研究》第 1 期。
朱德熙（1982）《语法讲义》，北京：商务印书馆。
朱冠明（2020）“意味着”和“是时候 VP 了”的来源——兼谈百年来汉语与外语接触方式的变化，《世界汉语教学》第 4 期。
祝东平、祝郝（2011）从汉语时间感知模式看与时间相关的“下来 / 去”，《南开语言学刊》第 1 期。
邹海清（2010）从时间副词的功能看其范围和类别，《华文教学与研究》第 1 期。
左思民（1997）现代汉语的“体”概念，《上海师范大学学报》（哲学社会科学版）第 2 期。
左思民（1998）试论“体”的本质属性，《汉语学习》第 4 期。

后　记

感谢恩师齐沪扬教授的信任，使我能够参与到“书系”项目组。

2006 年北语硕士毕业后，我先后在浙江大学国际教育学院、上海师范大学对外汉语学院工作过 9 年，主要从事留学生对外汉语教学工作，其间积累了一定的教学经验，也深深体会到语法教学看似简单，实则精妙。说简单，是因为零起点班语法点较少，更少涉及汉语和学习者母语的特征对比。说精妙，是因为从初级班开始，几乎每一个语法点都会在教室里产生一场头脑风暴。

最开始工作的那几年，为了上课能讲清楚、说明白一个语法点，我养成了翻阅《现代汉语八百词》《实用现代汉语语法》《对外汉语教学实用语法》等语法工具书的习惯。课前先自行学习、揣摩汉语语法点；课上再根据学生的理解水平，把相关语法点的用法传授给学生；课后一边批改学生的作业，一边思考下次怎样讲得更清楚一些。我时常感觉，要想做好对外汉语教学这份工作，除了要能说清楚汉语中相近语法点的区别和联系，还要有意识地进行汉外对比。

2010 年起，我开始跟随齐老师攻读现代汉语语法博士学位。按说我应该如饥似渴地学习本体语法知识，把以前工作中没弄明白、没想清楚的语法点想明白、搞清楚。然而，每次上课我却诚惶诚恐，特别是张谊生老师的语法专题课程，每周都会指定一位同学来解读文献，我清楚地记得其他同学不仅能顺利、流畅地进行分享，而且能在文献综述的基础上进行探索。而我自己读起语法文章味同嚼蜡，写起语法文章抓耳挠腮。那时，我既体会不出本体语法研究的精妙，也感受不到本体语法和教学语法之间的相通之处。

我甚至产生了这样一种印象，在本体语法研究和教学语法研究之间横亘着一条马里亚纳海沟。我不禁揣测，虽然本体语法研究的成果如此精妙，但在教学中想要应用实在是太困难了。本体语法和教学语法绝非一体两面的关系，应该从三维的角度来理解两者的关系，其中一个维度毫无疑问是汉语语法知识，另一个维度是学习者母语语法知识，第三个维度则是基于学习者母语和目的语（汉语）特征对比而形成的学习者中介语。中介语并非实实在在的学习者语言，而是汉语和学习者母语互相调和与渗透所形成的一种特殊语言系统。倘若对汉语语法系统进行深入的描写、分析和解释，却不顾及学习者母语语法系统，那势必不能完全理解中介语语法系统的全貌，自然也就说不清楚学习者是怎么学会汉语的，自然也就讲不明白怎样能帮助学习者提高汉语学习效率。

记得 2020 年 5 月，我第一次忐忑不安地把《助词“着”》的写作大纲交给齐老师。齐老师、胡建锋老师、邵洪亮老师、刘慧清老师对写作大纲进行了细致的批注。齐老师特别指出，《助词“着”》的写作大纲对助词“着”的语法意义、句法结构、成句条件和语用功能分析得还不够透彻，特别是对助词“着”和其他体标记的联系和区别介绍得还不够全面。

之后，通过反复读文献、改大纲、写稿子，我逐渐意识到，本体语法研究的重点、难点、亮点有时不一定是教学语法的重点。换言之，本体语法研究中的抽象语法规则，并不一定就是教学语法中留学生最应该掌握的“用法”。

本体语法多通过方言语料、古汉语语料来辨析、探索助词“着”语法意义的来源、形成机制、演变过程及动因；而教学语法则要重视类型学研究，要有意识地将汉语语法系统和学习者母语语法系统进行对比。因为，课堂上，当老师解释助词“着”表动作的进行、状态的持续，台下留学生脑袋里冒出来的问题一定是：“什么是进行？跟-ing 一样吗？什么是持续？进行和持续一样吗？什么时候用‘着’？为什么要用‘着’？”每一个问题都绝非寥寥数语或列出几条句法规则就可以圆满解决的。当老师用汉语解释，学生往往因为汉语水平有限而听不懂；当老师转而用英语解释，往往又因为汉外对比理解不够透彻而难以说清楚。

本体语法侧重于挖掘、探索、概括、归纳助词“着”的语法性质、句法分布、语法意义及语用功能；而教学语法则要先立足于句式，讲清楚“V 着”句的完句条件、“V 着”存现句描写背景的语用功能，以及“V 着”连动句表示“方式—动作”“动作—结果”的语义特征；其次，还要重视语言的交互性，不仅要教学生单句怎么说，还要教会学生肯定形式、否定形式、疑问形式以及答复形式；最后，还要有意识地根据学生的汉语水平开展语段教学。不仅要教会学生怎么说一个一个独立的、完整的句子，还要教会学生如何进行语段表达。

这是因为，句法规则是语言学家根据日常生活语言抽象、提炼、总结而来的。使用条件是结合日常交际生活情景得来的，反映的就是真实的语言运用过程。句法规则一般不关注语言的具体使用情景，而使用条件则要说清楚“别人怎么问？我怎么回答？为什么要这样回答？这样回答起到什么作用？”。

忽视本体语法和教学语法的区别，就会产生这样的结果：尽管教师在课堂上花费大量时间、精力去解释助词“着”，但课后同学们使用的时候，仍然屡屡出错。原因就在于，教师将学习重点放在“助词‘着’是什么”“助词‘着’有哪些句法规则”上；而学生的学习难点却在于“什么情况下要使用助词‘着’”“什么情况下不能使用助词‘着’”。

强调本体语法和教学语法的区别，并不是要否定任何一方的重要性，而是要在吸收本体语法研究成果的同时，深刻地体察两者的重大差异，进而找到一条更加符合一线汉语教学实际需求的路子。正是基于这种认识，本书进行了多样化的探索。

本书共 74 小节，基于前人研究文献，对助词“着”理论、习得及教学方面的问题进行了梳理、辨析、整合和总结。在观点梳理、例句选取、语料分析方面均参照前人研究，确保观点正确、内容翔实、论证充分。读者可结合个人学习、教学、研究需求自行选择。

“共现与连用”“组合与分布”等部分详细描写了助词“着”的性质、语法意义、句法分布。“句法规则”部分探讨了助词“着”各句式的句法结构、语法意义、语用功能及限制条件。

“跨语言差异”部分对比了助词“着”与英语、日语、韩语及泰语中相对应形式的联系和区别。“限制条件”部分则从偏误分析的视角分析了“V 着”句与状语、补语等成分共现的完句条件，“V 着”存现句与“有”字句、“是”字句、“V 了”存现句的联系和区别，以及“V 着”连动句与“一边 V_1 一边 V_2”结构的联系和区别。

“教学设计”部分探索了助词“着”的分级分层教学，展示了“V 着”句、

"V 着"存现句、"V 着"连动句等的教学设计，重点论述了助词"着"的语段教学、语篇教学方法。

最后，我要感谢齐老师的精心指点和耐心教导！从写作大纲、初稿、二稿、三稿，无一不凝聚着齐老师的心血和智慧！齐老师总是高屋建瓴、一针见血地指出写作中存在的问题，常常令我有茅塞顿开、醍醐灌顶的感觉。

在整个写作的过程中，我有幸得到了太多人的帮助，感谢崔懋知、马春霖、叶琼、金英实、马韬、吴善子等老师帮忙审核汉外对比方面的内容，感谢井上晴美、曾琼月、林淑慧等同学帮忙校对外语语料，感谢华东师范大学中文系郭瑞老师帮忙查找图书资料，感谢范伟、潘国英、胡建锋、李宗宏、李翠等老师一直以来对我的鼓励和帮助，使得岁月不再漫长，未来亦有可期！

我还要感谢我的家人！感谢公公婆婆、爸爸妈妈不辞辛苦、任劳任怨，来帮忙照顾孩子们长大！感谢先生的理解和支持，使我能有充足的时间来完成书稿！感谢我的两个可爱的女儿——薇薇和莉莉，正是你们给予我的鼓励和陪伴，使我能够坚定地走下去！

崔维真

2022 年 9 月 28 日